Spelen met werkelijkheden

Spelen met werkelijkheden

Systeemtheoretische psychotherapie

met kinderen en jongeren

E. Reijmers
L. Cottijn
M. Faes (red.)

Bohn Stafleu van Loghum
Houten 2005

© 2005 Bohn Stafleu van Loghum, Houten
Alle rechten voorbehouden. Niets uit deze uitgave mag worden verveelvoudigd, opgeslagen in een geautomatiseerd gegevensbestand of openbaar gemaakt, in enige vorm of op enige wijze, hetzij elektronisch, mechanisch, door fotokopieën, opnamen, of op enige andere manier, zonder voorafgaande schriftelijke toestemming van de uitgever.

Voorzover het maken van kopieën uit deze uitgave is toegestaan op grond van artikel 16b Auteurswet 1912 j° het Besluit van 20 juni 1974, Stb. 351, zoals gewijzigd bij Besluit van 23 augustus 1985, Stb. 471 en artikel 17 Auteurswet 1912, dient men de daarvoor wettelijk verschuldigde vergoedingen te voldoen aan de Stichting Reprorecht (Postbus 3060, 2130 KB Hoofddorp). Voor het overnemen van (een) gedeelte(n) uit deze uitgave in bloemlezingen, readers en andere compilatiewerken (artikel 16 Auteurswet 1912) dient men zich tot de uitgever te wenden.

Eerste druk, 2005

ISBN 90 313 4577 6
NUR 777/848

Ontwerp/vormgeving omslag en binnenwerk: designwork - bno, Deventer
Illustratie omslag: Laura de Coninck

Bohn Stafleu van Loghum
Het Spoor 2
3990 GA Houten

www.bsl.nl

Belgiëlei 147a
2018 Antwerpen

Inhoud

	Voorwoord Peter Adriaenssens	8
	Inleiding: De oneerbiedigheid van het speelse Ellen Reijmers	10

I. SPELTALEN

1	**Spel en speltherapie** Ellen Reijmers & Lieve Cottyn	16
2	**Speelse therapie** Over gestructureerd en vrij spel Mieke Van Daele	32
3	**Spelen met spel** Clara Vaes	46
4	**Dramatechnieken als taaluitbreiding** Patsy Van Beek & Dany Baert	62

II. REFLECTIES

5	**In therapie gaan** Over bezorgdheid en aarzelen Peter Rober	78
6	**Bespiegelingen** De zelfbeleving van kinderen Mieke Faes	88
7	**Lastige emoties** Last van last Lieve Cottyn	102

III. GEZINSVARIATIES

8	**Settingkwesties** Gebruik van settingwisselingen als therapeutisch instrument Nel Alblas	120

9	**Het landschap van de klacht** Narratieve hulpverlening aan kinderen *Paulien Kuipers & Jan Olthof*	136

IV. PRAKTIJKMOZAÏEK

10	**Van slachtofferschap naar weerbaarheid** *Lieve Coppens*	152
11	**De bewegende puzzel** Met kinderen spreken over psychosomatiek *Eric Vercruyssen*	166
12	**Gewoon ongewoon** Groepstherapie voor kinderen die op ongewone wijze in de wereld staan *Mark Neyens*	176
	Literatuur	191
	Personalia	197

In een systeemtherapie kinderen actief betrekken, het lijkt wel of het alleen tijdens opleidingen in rollenspel beoefend wordt en verder enkel voor theoretische reflecties dient. Wie in de praktijk een systeemtherapeut zoekt die kinderen een plaats weet te geven als participant, komt met moeite hooguit op enkele namen in de regio. Er blijft een grote kloof bestaan tussen enerzijds de groeiende kennis over ontwikkelingspsychologie, het nut van preventie door kinderen vroeg te betrekken bij hulpverlening, de steeds duidelijker plaats zij in de samenleving krijgen, de vele opleidingen systeemtherapie en anderzijds de schaarse toepassing van deze kennis in de systemische praktijk.

De auteurs van dit boek hebben allen een ruime ervaring met kinderen in systeemtherapie. Eerder dan nog maar eens herschrijven van wat in veelvoud te vinden is, hebben zij de uitdaging aangenomen ook vanuit vele praktijkvoorbeelden te tonen hoe een systeemtheoretisch kader toegepast wordt.
Hoe kan een systeemtherapeut ervoor zorgen dat kinderen in een psychotherapie kunnen terugvinden wat hen het meest eigen is, zoals spel en humor? Hoe kunnen kinderen zich in de letterlijke zin van het woord door volwassenen uitgenodigd voelen om een eigen bijdrage te leveren aan de oplossing van de moeilijkheden? In dit boek wordt geïllustreerd hoe men creatief vordert dankzij het kind, terwijl zeer complexe, beangstigende, schijnbaar uitzichtloze problemen aangepakt worden. Het spel met werkelijkheid ontstaat als het kind voelt dat het duidelijk onderscheiden wordt van zijn klachten of probleem en als de therapeut taal geeft aan de relatie tussen het kind en het probleem, het kind en de omgeving. Daarbij voelt de ouder zich niet in de kou gezet, het probleem wordt er niet luchtiger door gemaakt, maar geplaatst binnen een verband, weg van een te beperkende pathologieomschrijving.

Wie dit boek leest mag iets ervaren wat niet zo vaak meegegeven wordt: het plezier, de vreugde van de systeemtheoretische psychotherapie. Een belangrijke, maar vaak onderschatte en miskende reden waarom vele systeemtherapeuten na enkele jaren hun enthousiasme achterlaten om zowel met ouders als kinderen te werken, is het verstikkende gevoel dat wie met kinderen werkt zich ieder moment bewust zou moeten zijn van de vele interacties in gezinnen, de relaties tussen gezin en buitenwereld, de kennis over ontwikkelingspsychologie en de vele therapiemodellen. Het gevolg is dat zij beginnen met splitsen en vereenvoudigen om uiteindelijk, onder de noemer van systemisch werken, ouders en kinderen volledig onafhankelijk van elkaar en van hun context te denken.
De auteurs in dit boek sturen aan op een attitude waarbij men zich in de sessies vrij genoeg voelt om inspiratie van het moment te benutten, de onverwachte inbreng van het kind toe te laten en te durven meegaan op diens sporen, daarbij erop vertrouwend dat het kind de partner is in het genereren van antwoorden. De therapeut die praat en denkt samen met het kind, brengt vanuit de eigen verbeelding taal en verhalen aan, die nieuwe bruggen kunnen leggen voor het verhaal waarin het kind gevat zit. De auteurs tonen met heel wat voorbeelden hoe het kind ineens een nieuwe opening of ander perspectief ontdekt door de speelse

wijze waarop de psychotherapeut taal hanteert. Het speelse geeft een aanvullende dimensie doordat werkelijkheid en fantasie elkaar kunnen inspireren. Het spontane, het zomaar zeggen en doen of een verrassende beeldspraak, worden minder gezien als "sleutels waarvan wij moeten doorgronden wat de diepere betekenis kan zijn", maar meer aanvaard als deel van het therapeutisch proces.
De therapeut die bezwaard is door ernst wordt opgeslokt door een innerlijke dialoog die de verbinding met het kind en zijn omgeving verstoort. Met een speelse attitude werpen de auteurs het badwater van de kennis niet weg. De praktijk en theorie blijven in alle bijdragen intens verbonden. Zij bieden een verruiming van het bestaande, wat voor kinderen en hun gezinnen een verrijking is.

Dit boek onderlijnt volgens mij een belangrijk spoor. Kinderen als actieve participanten houden namelijk ook heel wat kansen voor ouders in. In het verhaal van het kind (h)erkennen ouders eigen kwetsuren, transgenerationele verhalen, wensen, verlangens en contextgebonden beperkingen. Ouders worden geïnspireerd door de nieuwe wegen die het kind voor zichzelf vindt en kunnen besluiten om hetzelfde medicijn ook voor zichzelf voor te schrijven. Problemen in de communicatie tussen ouders en kind verbeteren niet alleen door te praten over het probleem, maar ook omdat het kind nu ondervindt dat de eigen unieke manier waarop het zich uitdrukt gerespecteerd wordt en aandacht krijgt.
De auteurs hebben niet de pretentie een wonderkuur voor te stellen. Ze zijn er zelf voldoende alert op om geen pleidooi te houden om bestaande dominante modellen te vervangen door een ander, even dominant model. Therapeutische effecten hebben eerder te maken met het verminderen van de impact van problemen, doordat ouders en kind zelf de overgang hebben kunnen maken door meer bezig te zijn met (hun) relaties dan met het probleem zelf. Zo komt een meer leefbare werkelijkheid voor alle betrokkenen dichterbij.
In een boek dat dermate over spel, speelse werkelijkheden en fantasie gaat, zal het niet verrassen dat je vaak leest alsof je de auteur verhalend aan het woord hoort. Vertel, vertel het voort.

Peter Adriaenssens
Kliniekhoofd Kinderpsychiatrie
Universitaire Ziekenhuizen Leuven

De oneerbiedigheid van het speelse

Ellen Reijmers

Met potloden de donkere lucht licht kleuren, een leger ridders ontdekken achter die kleine groene heuvel, een gesprek voeren met een duif die al veel van de wereld heeft gezien en vriendschap sluiten met de krokodil onder het bed.
Kinderspel noemen wij dat, soms wat vertederd en soms wat grappend, en plaatsen het daarmee in een rijk bevolkt met kleine mensen. Er dolen misschien nog enkele volwassenen in die wereld, maar dat zijn de romanciers, de dichters of de mentaal verdwaalden. Kinderen fantaseren en spelen. Volwassenen denken en werken.

Het spel behoort de kinderen. Zij mogen doen alsof, want dat past in hun ontwikkeling. De fantasie en het magisch denken zullen langzaam maar zeker verdwijnen wanneer kinderen opgroeien tot volwassenen. In deze dominante ontwikkelingspsychologische visie krijgt het kinderspel een specifieke betekenis. Kinderen spelen, zo denkt men, omdat dit een specifieke functie heeft. Door te spelen verwerven kinderen beetje bij beetje logische kennis over een objectieve werkelijkheid. Spel is nodig om uit te groeien tot een rationeel denkende volwassene. Natuurlijk kunnen volwassenen ook wel eens de macht van de verbeelding voelen, maar veelal wordt dit gekaderd als een vorm van regressief functioneren (Breeuwsma, 1993), soms met prachtige en soms met gestoorde effecten. Dit verlichte vooruitgangsdenken, met haar grote nadruk op rationaliteit, heeft echter een prijs. In de courante ontwikkelingspsychologische opvattingen worden kinderen, fantasie, spel en verbeelde werkelijkheid geplaatst tegenover volwassenen, rationaliteit en objectieve werkelijkheid. We delen zo de werkelijkheid op. Enerzijds in een objectieve, echte wereld, waar iedere volwassene in thuis hoort te zijn. En anderzijds in een verbeelde, niet-reële en dus niet echte wereld: een kinderlijk en kinderrijk paradijs.
Binnen deze werkelijkheidsopvatting is geen plaats meer voor de gedachte dat de werkelijkheid wel eens veelvormig kan zijn, dat echt en onecht, waar en onwaar soms een kwestie is van perspectief. Er kan niet gedacht worden dat werkelijkheid misschien niet zo objectief kenbaar is. Werkelijkheid is geen ding op zichzelf, maar wordt geconstrueerd in een web van grote en kleine, abstracte en concrete menselijke samenlevingsverbanden. De objectieve wereld en de verbeelde wereld zijn misschien niet zo te scheiden.

In de systeemtherapie wordt deze postmodernistische visie ondertussen breed gedeeld. Men gaat ervan uit dat er niet zoiets bestaat als een externe realiteit die gekend kan worden, zonder de waarnemende persoon erbij te betrekken. Er bestaat in deze optiek niet zoiets als objectieve kennis. Men wenst de speurtocht naar zekerheid en waarheid te stoppen. En men neemt aan dat er niet langer een geprivilegieerde positie is waarin of waaruit waarheid gekend kan worden. Deze ideeën hebben vele systeemtherapeuten geïnspireerd (onder anderen Hoffman, 1990; Anderson & Goolishian, 1992). Men spreekt nu over veelvoudige realiteiten. Men breekt met de zekerheden van theorie en praktijk. De notie 'therapeut als expert' staat onder druk en men probeert de therapeutische positie anders te omschrijven (Flaskas, 1997). In deze grote theoretische onderstroom van de systeemtherapie krijgt de notie 'verbeelding' een nieuw accent. Verbeelding maakt immers spelen met realiteiten mogelijk. Door de speelsheid van verbeelding wisselen perspectieven en verschuiven en verspringen onze constructies en kaders (Bateson, 1972). In verbeelding exploreren we de horizonten van het mogelijke. Realiteit wordt hiermee niet ontkend. Integendeel, werkelijkheid wordt door verbeelding mee gevormd (Pakman, 2004).

Verbeelding en speelsheid vragen echter wel een zekere oneerbiedigheid tegenover het gekende, het zekere, het vanzelfsprekende of het absolute: kortom tegenover datgene wat aanspraak maakt op de waarheid. Het is Cecchin (1992) geweest die de oneerbiedigheid ('irreverence') als therapeutische attitude introduceerde. Hij vertrekt hierbij van het idee dat werkelijkheden geconstrueerd worden en dat dergelijke constructies grote zeggingskracht en realiteitswaarde kunnen hebben. Een therapeut moet ook eigen theoretische aannames, attitudes en manieren van interveniëren kunnen bevragen. Het verabsoluteren van eigen oriëntaties en die van anderen is dan ook niet therapeutisch. Het creëert en bevestigt waarheid en verbloemt de rijkdom van vele manieren van kijken, denken en leven.
Oneerbiedigheid is dan de kunst en kunde om te kunnen blijven reflecteren op eigen handelen en eigen theoretische aannames zonder te vervallen in eclecticisme. Oneerbiedigheid betekent het kunnen innemen van een metapositie ten opzichte van je eigen en andermans ordeningen en standpunten, zonder het respect daarvoor te verliezen. Volgens Cecchin kan het enthousiasme voor een model of hypothese een therapeut helpen om dicht bij een gezin te komen, terwijl hij tegelijkertijd een zekere mate van nieuwsgierigheid en respect vasthoudt. Maar pas op het moment dat de therapeut begint te reflecteren over het effect van zijn eigen attitude en vooronderstellingen verwerft hij een positie die zowel ethisch als therapeutisch is. Om dit vermogen tot zelfreflectie te kunnen bereiken is het noodzakelijk een zekere mate van oneerbiedigheid en gevoel voor humor te bezitten (Cecchin, Lane & Ray, 1992, p. 9).
Een oneerbiedige attitude veronderstelt het vermogen van een therapeut om te kunnen spelen met betekenissen. Een oneerbiedige therapeut onderschrijft geen alomvattende positie of logica, maar speelt daarentegen met diverse abstractieniveaus. Zij verspringt van het een naar het ander in plaats van gefixeerde beschrijvingen te accepteren (id. p. 11).

Oneerbiedigheid tart onze zekerheden en scherpt onze verbeelding. Het bevraagt onze realiteitsopvattingen en waarheidsconstructies via het introduceren van andere perspectieven en loslaten van vaste kaders.
Oneerbiedigheid betekent speelsheid, en omgekeerd behelst speelsheid een zekere mate van oneerbiedigheid. Voor systeemtherapeuten die werken met kinderen en jongeren zijn het allebei onmisbare ingrediënten in hun therapeutische arsenaal. In de verbinding tussen speelsheid en oneerbiedigheid, in dit spel met werkelijkheid, raakt de betekeniswereld van volwassenen die van kinderen en wordt therapeutische ruimte gecreëerd.

Therapeutische ruimte voor kinderen

In de speelsheid van het spel schuilt de kracht van het niet-weten, van verandering en beweging. Net zoals het spel baseert een effectieve psychotherapie zich op het verschuiven en verspringen van betekenissen en contexten. De interactie tussen therapeut en kind impliceert perspectiefwisselingen. Net zoals in het fantasiespel veronderstelt het therapeutische kader dat kaders en dus betekenissen niet vastliggen. De interactie tussen de spelers, tussen therapeut en cliënt krijgt daardoor een experimentele kleur (Bateson, 1972). Nieuwe gedachten worden mogelijk, gevoelens en gedragingen raken benoemd zonder dat therapeut en cliënt volledig de effecten van hun interactie kunnen overzien. Er blijft in dit voortgaande proces altijd een element van verrassing. Experimentele actie tussen therapeut en cliënt betekent de creatie van iets nieuws, gekoppeld aan het onvoorspelbare en het ongewisse. Verandering in therapie is een proces waarvan de uitkomst nooit vooraf omschreven kan worden (Keeney, 1983).
In een dergelijke speelse opvatting van therapie zijn interventies niet zozeer gefocust op een expliciet doel. Zij zijn niet instrumenteel, maar eerder gericht op het maken van verschil. Zij creëren beweging en nieuwe openingen waardoor verandering mogelijk wordt (Pakman, 2004).
Wanneer spel en therapie zo dicht bijeen liggen, creëert dit voor therapeuten die werken met kinderen en jongeren misschien nieuwe therapeutische mogelijkheden. Wanneer therapie speels is en het speelse therapeutisch, ontstaat immers vanzelf aansluiting tussen enerzijds therapeut en kind en anderzijds verandering.

Kinderen communiceren anders. Werken met kinderen en jongeren dwingt een systeemtherapeut dan ook tot reflecties omtrent de wijze waarop verandering tot stand kan komen, omtrent de wijze waarop 'gesproken' wordt.
Diverse systeemtherapeuten hebben erop gewezen dat kinderen in een systeemtherapie vaak de ontbrekende schakel zijn (Minuchin, 1995; Andolfi, 1979). Veel gezinstherapeuten betrekken nooit kinderen bij hun therapie en een groot aantal nodigt weliswaar kinderen uit op gezinssessies, maar betrekt ze niet in het gesprek. Dit zou wel eens te maken kunnen hebben met de andere wijze van converseren die nodig is wanneer er een kind in de therapiekamer zit. Veel systeemtherapeuten zijn niet zo vertrouwd met non-verbale en actiegerichte methoden. Zij communiceren vooral op een verbale manier en proberen zo de onvoorspelbaarheid van kinderen en spelen te vermijden (Rober, 1998).
Dit niet vertrouwd zijn met kinderspel, non-verbale technieken en doe-methoden is ook verankerd in de opleidingen voor systeemtherapeuten en wordt weerspiegeld in de gangbare vakliteratuur. Systeemtherapeuten kregen tot voor kort nauwelijks training in het spreken en spelen met kinderen en in systeemtheoretische publicaties vind je relatief weinig over dit onderwerp. Pas de laatste jaren wordt mondjesmaat aandacht besteed aan specifieke creatieve methoden en wordt erover nagedacht hoe je deze kunt integreren in een systeemgeoriënteerde therapie (onder anderen Freeman, Epston & Lobovib, 1997; Larner, 1996; Wilson, 1998).

Dit boek

Dit boek plaatst zich in deze nog prille traditie. Het wil speelse methoden toegankelijk maken voor systeemtherapeuten via reflectie op praktijk en theorie. Het is tevens een poging om te denken over speelsheid als therapeutische interventie en therapeutische attitude.

Een rode draad in het boek is de vraag hoe je als therapeut kunt aansluiten bij de leefwereld van kinderen en jongeren. De betekenissen in deze leefwereld zijn immers niet gemakkelijk te achterhalen en niet zomaar te kennen. Complexiteiten in de relatie tussen volwassenen en kinderen én dominante opvattingen over ontwikkeling, jong-zijn, opvoeding, spelen en praten, zijn hier mee debet aan. De therapeut kan zich dan afvragen hoe hij of zij recht kan doen aan de werkelijkheid van kinderen en jongeren, zonder vele andere werkelijkheden uit het oog te verliezen. De bijdragen bieden praktijkgerichte handvatten in deze zoektocht.
In de bundel komen diverse systeemgeoriënteerde psychotherapeuten uit België en Nederland aan het woord. Zij werken allen met kinderen en jongeren, individueel, in gezins- of in groepsverband. Hun bijdragen zijn gefundeerd in de klinische praktijk en belichten een fijnmazige veelheid van systeemtheoretische perspectieven en therapeutische ingangen. De systeemtherapeutische praktijk met kinderen en jongeren verschijnt zo in haar volle rijkdom.

Alle bijdragen in het boek hebben een zekere speelse oneerbiedigheid met elkaar gemeen. Zij baseren zich op de aanname dat er vele perspectieven op de werkelijkheid zijn en bevragen, impliciet of expliciet, de bestaande therapeutische kaders. Speelsheid kan in dit licht gezien worden als het antidotum voor al te enge waarheidsopvattingen en vastomlijnde evidenties. Zo wordt de vanzelfsprekendheid van de gezinssetting in de systeemtherapeutische traditie geproblematiseerd. De meeste bijdragen beschrijven praktijken waarin niet enkel gewerkt wordt met een gezin. Zij tonen dat ook het werken met groepen en individuen systemisch genoemd mag worden (zie ook Boscolo & Bertrando, 1996; Reijmers, 2003) en dat de gezinssetting soms zinvol afgewisseld kan worden met andere settings.
Een zekere speelse oneerbiedigheid schuilt ook in de poging om systeemtheoretische ingangen te zoeken bij spel en speltherapie, van oorsprong domeinen die met psychoanalyse en psychodynamische modellen worden geassocieerd.
Spelen met werkelijkheden is spelen met taal en taligheid, niet alleen non-verbaal, maar ook verbaal. Ook dit aspect loopt als een rode draad door de verschillende hoofdstukken.
Anders kijken en anders denken impliceert het tegen het licht houden van gangbare begrippen, vanzelfsprekende ordeningen en dominante vertogen en de effecten overdenken die ze hebben op therapie, op kinderen, hun omgeving, op de therapeut. Een dergelijke reflectie doet beroep op onze speelse oneerbiedigheid en oneerbiedige speelsheid. Inspiratie bij het werk met kinderen en jongeren vinden we in onze moed om andere werkelijkheden te denken en te bevragen.

Dankwoord

Met dank aan Veerle Poels, die met haar kritische blik en scherp taalgevoel alle bijdragen heeft nagekeken en aan Elke Hofman, die met veel geduld en nauwgezetheid de teksten op de computer heeft bewerkt.

I. Speltalen

Spel en speltherapie*

Ellen Reijmers en Lieve Cottyn

Spelen is als spreken. Spel en spelen kunnen we zien als een eigen taal, een taal die kinderen vaak beter beheersen dan volwassenen. In de omgang met elkaar spreken kinderen niet alleen, ze zijn ook steeds doende met elkaar. Ze spelen tikkertje, verstoppertje, oorlog, moedertje, voetbal; ze zijn druk bezig met de gameboy en met Pokémonkaarten. Ze knutselen of prutsen, beluisteren muziek en kijken televisie. Het ene moment spelen ze kappertje, het volgende moment dief en politieman. Nu eens zijn ze de 'goede', dan weer de 'slechterik'. Ze lachen en kwetsen. Spelenderwijs tonen ze iets. In hun bezigheden laten ze namelijk zien dat het samenleven af en toe moeilijk is en af en toe plezierig. Ze tonen dat er zowel aangename (winnen, sterk zijn, solidariteit) als onaangename (verliezen, geweld, verraad) kanten zijn aan het leven, dat er beheersbare en onbeheersbare, oplosbare en onoplosbare situaties tussen zitten. Wanneer kinderen spelen, moeten ze er veel voor doen om een steentje bij te dragen of om het voor het zeggen te hebben en dat zo te houden. In samenspel zijn kinderen bezig met de zorg om erbij te horen en met afstemming op elkaar.

Een kind begrijpen houdt in dat je deze taal begrijpt en daar ligt een grote moeilijkheid. Wij proberen als volwassenen hun taal veelal te vatten met onze verbale en abstracte standaarden. Als we de 'juiste' betekenis niet vinden, voelen we ons veelal onbekwaam en haken af. We vergeten dat die poging om te begrijpen veel misverstanden en zoekwerk met zich meebrengt.

Een jongen van negen speelt met het poppenhuis. Hij maakt alles netjes, zet alle meubeltjes op hun plaats, veegt de vloer, zet een pianomuziekje op. Hij doet dit alles zonder woorden. Daarna begint hij, zorgvuldig kiezend, alles in één kamer weg te zetten. Tot slot sluit hij deze kamer goed af. Nu zijn er alleen nog maar lege kamers. Het spel lijkt klaar te zijn.

Iedere speluiting kan vele betekenissen hebben en die liggen niet vast. Wat betekenen in dit voorbeeld al die lege poppenkamers? En wat zeg je als therapeut? 'Zielig voor die mensen', of: 'Leuk dat jouw kamer vol is'? Het maakt uit wat je doet of zegt. Het kan een ander verloop geven aan de therapie, zonder dat je op voorhand kunt weten hoe.
De therapeut probeert een kader te scheppen waarbinnen datgene wat gebeurt te plaatsen is. Hij zoekt naar en creëert betekenissen die het kind aanspreken, zonder vooraf te weten welke dat zullen zijn. In deze zin gaat het niet langer om het

---

* Dit hoofdstuk is een bewerking van het artikel 'Speelse werkelijkheden' uit het Systeemtheoretisch Bulletin, 19(4), 278-304 (Reymers & Cottyn, 2001).

begrijpen van de juiste betekenis, maar om het spelen met de dingen die kinderen brengen. Spel is niet langer een raadsel, waarvan de verborgen betekenis vastligt en ontdekt moet worden. Wat een kind doet krijgt betekenis in en door de interacties en communicaties met vele anderen.

Wanneer speltaal meerduidig is, kan ieder iets anders zien en kun je er zelf op verschillende manieren naar kijken.
Een systeemtheoretische ingang nodigt uit tot zoeken wat het kind zegt over zichzelf in relatie met allerlei anderen. Wat ervaart het in wisselwerking met anderen en hier en nu met mij? De therapeut spreekt en handelt op zo'n manier dat het kind enig zicht krijgt op verbindingen. Wat hier gebeurt, is veeleer betekenisverkenning dan betekenisanalyse. Het gaat niet om het ontdekken van hoe en waarom de dingen zijn, maar om het samen zoeken en creëren van betekenissen en contexten, die een nieuwe en meer leefbare realiteit op de voorgrond plaatsen. Net zoals in het gesprek.

In dit artikel ondernemen we een poging om het domein van spel en spelen meer toegankelijk te maken voor systeemtherapeuten. Wat zijn de belemmeringen en mogelijkheden? Bestaat er een systeemtheoretisch bruikbare visie op kinderspel? En zo ja, hoe hanteer je die in een speltherapeutische situatie?

Spel en speelsheid

> Een jongetje van acht jaar komt te laat thuis van school. Zijn moeder vraagt hem waar hij is geweest. Hij vertelt een meeslepend verhaal over een auto-ongeluk op een kruispunt vlakbij zijn school. Later hoort zijn moeder, via via, dat haar zoon met zijn nieuwe fiets een grote omweg heeft gemaakt en om die reden niet op tijd thuis was. De moeder vraagt zich nu bezorgd af of haar zoon haar wel vaker heeft voorgelogen.

Naast de realiteit van moeder en haar bezorgdheid om de juistheid van zijn verhaal, staat ook een realiteit van haar zoontje, die in zijn verhaal over het auto-ongeluk speelt met zowel zijn angst als met zijn oplettendheid. Hij vertelt een verhaal waarin hij aangeeft dat hij weet dat er in het verkeer veel mis kan gaan, maar dat hij daar niet zelf de oorzaak van was. In zijn verhaal zet hij zichzelf neer als iemand die speelt met oplettendheid. Hij is stout en verantwoordelijk tegelijkertijd.

Een realiteit die ontdaan is van fantasie oogt bloedeloos. Zij wordt een objectief en voor iedereen kenbaar gegeven, waardoor het enige criterium voor haar beoordeling de graad van juistheid of echtheid zal zijn: een gangbaar idee. Dat de realiteit ook fantasievol en speels is, lijkt binnen een dergelijke realiteitsopvatting een haast onmogelijke gedachte.
Handelman (2001) betoogt dat het onderscheid tussen speelsheid en spel van groot belang is voor het begrip van het verbeeldingsvolle in het sociale leven. Hij reserveert de term speelsheid voor alles wat meta-spel is, dat wat speelt met de verwachtingen van spel zelf. Speelsheid is dan dat wat

speelt met de kaders van het spel. Terwijl spel datgene is wat speelt met de kaders van het wereldse (Sutton-Smith, 1997).

Speelsheid laat zich niet in één kader plaatsen. Het verbreedt onze blik, waardoor ervaringsbreuken tussen echt en onecht, werkelijkheid en spel, waarheid en leugen minder dwingend worden.

Een speelse attitude laat toe dat fantasie en werkelijkheid elkaar minder uitsluiten. Speelsheid is het spelen met kaders en ordeningen, waardoor de werkelijkheid kantelt en keert en er andere werkelijkheden verschijnen. Speelsheid maakt veelvormigheid en perspectiefwisseling mogelijk. Nieuwe uitzichten creëren nieuwe reële landschappen en omgekeerd creëren andere reële landschappen weer andere uitzichten. Speelsheid haalt verbeelding binnen in de realiteit.

De realiteit van spel

Er is niet één ware, objectieve wereld, maar er zijn meerdere werkelijkheden die niet zomaar tot elkaar herleid kunnen worden. Breeuwsma (1993, p. 231) schrijft 'dat ieder organisme – kind en volwassene – in een eigen wereld leeft en dat het niet juist is de kwaliteiten daarvan te beschrijven en te begrijpen in termen van één specifieke leefwereld, die fungeert als 'objectieve' leefwereld, bijvoorbeeld de leefwereld van de westerse volwassene'.

Ook verbeelding en spel kunnen op zichzelf beschouwd worden. Het zijn domeinen van de realiteit. Spel is in deze opvatting even reëel als vele andere realiteiten, waarin kinderen (en volwassenen) zich bewegen. In het spel worden posities ingenomen en perspectieven uitgewisseld. Er wordt beïnvloed, intimiteit gecreëerd, gemanipuleerd, gevoeld en betekenis gegeven, met even reële effecten als in elk ander domein van het menselijk samenleven. Spel is weliswaar verbonden met die terreinen, maar is er geen pure afspiegeling van of verwijzing naar.

In *Kinderen van Bolderburen* schrijft Astrid Lindgren (1995, p. 223-224) over twee meisjes die op een kistje in de beek zitten. Het is hun 'lenteplekje', omdat dan de elzenkatjes zo heerlijk geuren en het water ruist. Ze hebben elkaar prinses Muurbloem en prinses Goudenregen genoemd, prinsessen die in een groen kasteel wonen. Ze kregen even bijna ruzie over de vraag van wie het groene kasteel nu eigenlijk was.

'Maar toen kregen we een idee: Goudenregen en Muurbloem zouden tweelingen kunnen zijn en ieder in een gedeelte van het kasteel wonen.
'O, mijn groen kasteel, o, mijn bruisende rivier', zei Anna.
En ik zei ook: 'O, mijn groen kasteel, o, mijn bruisende rivier'.
En ik plukte een paar elzentakjes om ze in mijn haar te steken.
En dat deed Anna ook.
'O, mijn witte, witte bloemen', zei ik en ik dacht dat Anna dat nu ook weer zou zeggen. Maar dat deed ze niet. Ze zei: 'O, mijn witte, witte konijntjes'.
'Wat voor konijntjes?', vroeg ik. 'Mijn betoverde konijntjes', zei Anna. Ze zei dat ze in haar groen

kasteel een gouden konijnenhok met twee betoverde konijntjes had.
'Haha! Die heb je helemaal niet!', lachte ik. Maar toen zag ik net een kleine pad op de kant zitten, en toen zei ik: 'O, mijn betoverde kleine pad!' En ik probeerde gauw de pad te vangen. Want iedereen weet toch dat padden haast altijd betoverde prinsen zijn. Ik bedoel in sprookjes. Dat wist Anna ook en ze werd jaloers op die pad van mij.
'Toe, mag ik hem even vasthouden?', vroeg ze. 'Houd jij je kleine konijntjes maar vast', zei ik. Maar Anna bad en smeekte en toen mocht ze de pad even vasthouden.
(geciteerd uit Lindgren, 1995)

Ze slepen elkaar mee in het idee dat de pad een betoverde prins is. Ze overtuigen elkaar om het beest te kussen, vinden het vies, zetten elkaar onder druk. Uiteindelijk kussen ze de pad, die angstig wegglipt en een pad blijft, en ze concluderen daaruit dat alleen echte prinsessen hem kunnen omtoveren.

Dit fragment laat zien dat de twee meisjes zich afwisselend in en buiten het spelkader bewegen. Ze geven commentaren, onderhandelen over het vervolg, nemen posities in, verwerpen of bevestigen deze en voelen zich verbonden of jaloers. De effecten van iedere interactie zijn voor beide meisjes reëel. Het doet ertoe of je volgt of gevolgd wordt, welke rol en ingeving gehoord of gezien wordt. De meisjes wisselen al spelend wederzijds perspectieven uit omtrent wie ze zijn in het spel, maar ook daarbuiten: wie heeft originele ideeën, wie durft, wie mag, wie kan...? Het gaat om aanzien, maar ook om afstemming en gelijkgezindheid. Spel creëert een bedding voor goede of slechte ervaringsmomenten. Spel is niet 'maar een spel'. Dat laatste ligt op de lippen van veel volwassenen, wanneer een kind ontroostbaar lijkt na een of ander spelincident. In het spel, en dus in een hier-en-nu-context, worden emoties, uitwisselingen van perspectieven, beïnvloedingen en identiteitsomschrijvingen bevestigd, genegeerd of ontkend. Spel is serieus. Spel is met andere woorden een in interactie en communicatie gecreëerde, zeer reële realiteit.

Het is met deze communicatieve realiteit dat systeemtheoretisch georiënteerde speltherapeuten aan de slag moeten en kunnen, speels en ernstig tegelijkertijd.

Gelaagdheid van speluitingen

Bill pakt de moederpop. Hij keert haar ondersteboven. Hij doet haar kleren uit... en zegt: 'Ik ga haar slaan.' Hij grijpt een groot blok en begint haar te slaan.
Therapeut: 'Jij wilt haar slaan.'
Bill: 'Nu begraaf ik haar in het zand. Ze zal verdwijnen.'
Therapeut: 'Jij wilt haar nu onder het zand stoppen.'
Bill: 'Niemand zal haar ooit nog zien.' Hij begraaft haar diep onder het zand.
Therapeut: 'Jij bent haar kwijt. Niemand zal haar ooit nog zien.'
Bill gaat naar de plank. Hij grijpt een papflesje en zet het aan zijn lippen. Hij werpt een blik op de therapeut om te zien hoe deze reageert.
Therapeut: 'Nu wil je uit een flesje drinken.' Hij brengt het wat hoger.
Bill: 'Ik baby.'

Therapeut: 'Nu ben je een baby.' Hij zuigt tevreden aan het flesje.
Bill: 'Dit is leuk.'
(Axline, 1994, p.102)

Wanneer een psychotherapeut geconfronteerd wordt met een dergelijk spelfragment gaat hem of haar heel wat door het hoofd: zijn dit uitingen van een ambivalente moederbinding, is hier sprake van een innerlijk conflict tussen groot worden en klein willen zijn, is er onderdrukte agressie of eerder regressie in het spel? Hoe zit het nu met de eigenlijke gezinsverhoudingen? Zou moeder te veel van hem verlangen, of houdt ze hem juist klein? En vader, wat is de relatie met vader?

Het zijn vragen, bedoeld om greep te krijgen, om iets te snappen van wat het jongetje zegt of doet. We zetten daarbij een bril op. We scheppen een kader waarbinnen we de concrete speluitingen van Bill of een ander kind begrijpen.

Dit psychotherapeutisch begrijpen van kinderspel stoelt op een lange psychoanalytische traditie. Het is opmerkelijk hoe krachtig dit denkmodel bij speltherapie op de voorgrond treedt. Een therapeut die de deur van de spelkamer opent, ademt haar lucht, voelt haar sfeer. Longen en hoofd vullen zich met woorden, associaties en gedachten die naar die traditie verwijzen. Wanneer kinderen spelen, 'zien' therapeuten plots vaders, moeders, oedipale of anale conflicten, ambivalente bindingen en regressies: een werkelijkheid die in een spelkamer tot een vastomlijnde waarheid wordt.

Hiermee willen we geen kritiek geven op het psychoanalytische gedachtegoed. Het kan een waardevolle en bruikbare manier zijn om speluitingen te ordenen. Binnen dit theoretisch raamwerk is heel wat pioniers- en denkwerk verricht op het gebied van kinderpsychotherapie. Dat is al reden genoeg tot respect. Waar het ons om gaat is dat deze wijze van kijken de overhand heeft, zo dominant is dat ze iedere andere ordening teniet lijkt te doen. Welke scholing een psychotherapeut ook heeft, in de spelkamer sijpelen de psychodynamische verklaringen zijn of haar waarneming binnen. Ook systeemtheoretisch geschoolde psychotherapeuten worden hierdoor beïnvloed. Zij lijken in hun beleving nauwelijks meer systeemtheoretische verbanden te kunnen leggen. Ze voelen zich onbekwaam en vermijden de spelkamer of het spel. Hun theoretisch raamwerk lijkt niet geënt op die situatie. Praten met kinderen, dat gaat, maar het spelen lijkt verbannen naar een ander en voor systeemtheoretici ontoegankelijk specialisme.

Visies op spel

We kunnen gecharmeerd raken door het spel van kinderen, hun creativiteit, ernst en fantasie bewonderen wanneer ze spelen. Spelen en spel zijn voor ons verbonden met de kinderwereld en met kind-zijn. Het is iets dat voorbij zal gaan. De kracht van het spel zal met de jaren afnemen, ze wordt omgebogen of verdwijnt. Anna Freud (1980) beschreef dit als een ontwikkelingslijn 'van lichaam naar speelgoed, en van spel naar werk'. Spel is een toegangspoort tot het volwassen functioneren. Eenmaal die poort door betreden we een andere wereld, de wereld van volwassenen, waar niet meer wordt gespeeld, maar gewerkt. Binnen deze ordening heeft het spel van kinderen een functie. Het is een voorbereiding op volwassen taken, plichten en zorgen. In zijn boek *Alles over ontwikkeling* becommentarieert Breeuwsma (1993) de retrospectieve oriëntatie van de meeste ontwikkelingspsychologische theorieën. De meeste ontwikkelingspsychologen begrijpen het spel van kinderen enkel vanuit de beschrijving van een volwassen eindpunt. Kinderspel krijgt op die wijze een functie in de ontwikkeling naar een volwassen rationaliteit. Spel wordt ondergeschikt gemaakt aan een doel dat buiten het spel zelf ligt.

In een boek van Annie M.G. Schmidt, *Pluk van de Petteflet* (1995), vinden we deze dominante opvatting terug. In een van Pluks avonturen krijgen volwassenen van de Petteflet na het eten van een zonderlinge vrucht, de 'hasselbraam', weer toegang tot hun kindertijd. Ze spelen, hebben pret en maken zich vies, ze vergeten hun winkel, kookpotten en patiënten. Het dagelijks leven raakt verlamd. Er is alleen nog een tijdloze ruimte van spel en plezier. Niemand werkt meer of denkt aan werken. Gelukkig steekt de kleine held Pluk hier – met een zeker volwassen verantwoordelijkheidsbesef – een stokje voor. De wereld wordt weer gewoon: de grote mensen gaan werken en de kleine blijven spelen. Annie M.G. Schmidt houdt haar lezers en lezertjes hiermee een spiegel voor, waarin de breuklijn tussen de wereld van kinderen en die van volwassenen gevormd wordt door een polarisatie tussen onbekommerd genot en taakgerichte verantwoordelijkheid.

In haar boek bepleit Annie M.G. Schmidt deze visie zeker niet. Ze introduceert immers een kind, Pluk, dat zich gedraagt als een kleine verantwoordelijke volwassene. En ze voert volwassenen ten tonele, zoals vader Stamper, die pret en speelsheid hoog in hun vaandel voeren. Maar zij zijn de plezierige uitzonderingen. De dominante praktijk, zo lijkt Annie M.G. Schmidt te suggereren, is er een waarin spel en speelsheid verbannen worden naar een steeds kleiner wordende kinderwereld.

In deze dichotomie tussen volwassenen en kinderen krijgt spel zijn plaats en bepaling. Spel, zo luidt de dominante visie, helpt kleine mensen op weg naar hun volwassen leven. Het creëert voor hen de mogelijkheid om sociale vaardigheden te ontwikkelen, greep te krijgen op gevoelens en gedrag, te experimenteren in een 'andere wereld', een vrije ruimte, als voorbereiding op het leven dat komen gaat. De Bruin-Beneder (1992, p. 34) schrijft over dit verbeeldende spel: 'Het alsof-karakter biedt een kind in het bijzonder de mogelijkheid tot onbevangen spelgedrag. Omdat de handelingen en gevoelens binnen het spel geen directe gevolgen hebben voor de realiteit, kunnen ze als minder bedreigend en beladen worden beleefd. Het kind kan ermee experimenteren, zonder zichzelf erop te hoeven vastleggen, of er persoonlijk op aangesproken te worden'.

Zo bezien is spel iets anders dan de dagelijkse realiteit. Het behoort tot een ander domein, waar verbeeldingskracht en fantasie de scepter zwaaien en de realiteit louter en alleen een alsof-karakter heeft. Spel wordt een afspiegeling van de realiteit, maar is deze niet.

Een meisje speelt 'klasje'. Ze zet haar poppen keurig in een rijtje en deelt blaadjes uit. Het is rekenles. Ze neemt plaats achter een zelf gefabriceerd tafeltje. Ze kijkt heel boos en roept tegen een van de poppen, die maar niet wil luisteren. Dan is het genoeg. Ze staat op, pakt de pop en met een grote zwier belandt deze tussen de plantenbakken. Ze gaat weer zitten en de hele scène herhaalt zich: veel stoute kinderen en een juffrouw die steeds bozer wordt.

Vader, moeder, leerkracht of wie dan ook, die het spel van dit meisje waarneemt, zal zich misschien lichtelijk verward afvragen wat het meisje in haar spel toont en waarmee zij experimenteert. Het is maar een spel, niets is daarin reëel, maar toch...

Wanneer het spel een afspiegeling vormt van de realiteit, dringt zich ook de vraag op welke aspecten van die realiteit nu precies gespiegeld worden. Is de juffrouw uit de klas van dit meisje misschien uitzonderlijk streng? Of is dit meisje erg gevoelig? Heeft zij iets vervelends meegemaakt in de klas? De toeschouwer twijfelt. Moet ik glimlachen om zoveel ernstige speelvaardigheid van het kind of is het beter attent en bezorgd te zijn? Is het niets of is er iets?

Doordat men spel naast of buiten de realiteit plaatst, dringt de vraag naar de verhouding tussen beide zich op. Hoe kunnen we de relatie tussen spel, speluitingen en realiteit begrijpen?

Echt of onecht

Bateson heeft zich over de relatie tussen spel en werkelijkheid gebogen. Zijn antwoord is te vinden in zijn *Theory of play and fantasy* (1972). In deze tekst betoogt hij dat spel wezenlijk verschilt van realiteit.

Deze strikte opdeling tussen beide domeinen wordt echter niet door iedereen omarmd. Critici (onder anderen Handelman, 2001) betogen dat de theorie van Bateson met betrekking tot dit onderwerp te rigide is en te weinig de veelvormigheid van de werkelijkheid benadrukt.

Bateson beschrijft hoe hij twee jonge spelende apen observeerde. De twee waren verwikkeld in een interactie, waarbij de uitingen leken op gevecht. Het was echter duidelijk geen echt gevecht, zowel voor de toeschouwer als voor de twee apen zelf. Bateson concludeert hieruit dat spel alleen kan plaatsvinden wanneer de betrokkenen tot een zekere metacommunicatie in staat zijn, dat wil zeggen signalen kunnen uitwisselen, die aangeven 'dit is een spel'. Hij omschrijft deze vorm van metacommunicatie als een paradox: de bewering 'dit is spel' betekent dat de activiteiten waar men op dat moment in betrokken is niet datgene betekenen wat zij betekenen (p. 180). Spelen, zo beweert hij, houdt in dat men niet echt meent wat men communiceert, maar ook dat men communiceert over iets dat niet bestaat. Het gevecht van de twee apen is fictie. Zij doen alsof en doen daarmee iets wat er niet is.

De metacommunicatieve boodschap 'dit is spel' noemt Bateson een kader (frame). Het kader maakt onderscheid tussen wat spel en wat geen spel is, tussen 'niet echt' en 'echt'. Bateson maakt hier de vergelijking met de omlijsting van een schilderij. De lijst oriënteert onze blik, richt haar op de inhoud binnen de omlijsting en maakt een onderscheid met wat zich buiten de omlijsting bevindt. Een kader dicteert hoe haar inhoud waargenomen en ervaren dient te worden. De metacommunicatie 'dit is spel' definieert daarmee de uitingen, handelingen en ervaringen van alle betrokkenen in en buiten het spel, namelijk als 'spel' en dus als 'niet echt'.

De Batesoniaanse visie op de relatie tussen kader en inhoud, tussen spel en werkelijkheid wordt door zijn critici als lineair bestempeld (Handelman, 2001). In Batesons opvatting sluit immers een kader bepaalde boodschappen en betekenisvolle handelingen in en daardoor sluit ze andere uit. In deze optiek doorkruisen en overlappen kaders en metacommunicaties elkaar nooit. Spel beweegt zich dan altijd binnen een welomlijnd kader, als een strikt afgebakende fictie zonder invloed op of van andere domeinen. Spel is en blijft dan (maar) een spel. In een dergelijke visie kan niet meer bevraagd worden of de relatie tussen kader en inhoud wel zo hiërarchisch opgevat moet worden, of de spelers zich wel altijd noodzakelijkerwijs binnen het spelkader bewegen, of er geen andere werkelijkheidsaspecten binnen het spel aanwezig zijn.

  Spariosu (1989) beweert dat, op het moment in de geschiedenis dat rationaliteit spel afscheidde van geweld, agressie en macht, het spel een domein werd van beperkte vrijheid en regelgedetermineerde interacties. Spel werd iets anders dan het echte leven. Het Batesoniaanse concept van een lineair spelkader bevat een categorische separatie van het alsof-spel en het wereldse, en dus van niet-echt en echt, van fantasie en werkelijkheid. Het fantasievolle wordt afgebonden en omgeven door heldere grenzen. Spariosu noemt Batesons speltheorie 'de definitieve overwinning van het rationele spelconcept in de menswetenschappen'. Door dit strikte onderscheid tussen werkelijkheid en spel in ons moderne westerse denken wordt de realiteit echter even fantastisch (en dus irreëel) als de fantasie waarvan ze is losgemaakt (Handelman, 2001).

Deze breuk, die het strikte onderscheid tussen spel en werkelijkheid genereert, creëert haar eigen ingangen en blindheden. Psychotherapeuten zijn op zoek naar de realiteiten in het spel, maar zoeken – juist doordat spel en werkelijkheid strikt van elkaar gescheiden worden – naar de realiteit *achter* het spel. Ze gaan ervan uit dat deze realiteit er is en dus gevonden kan worden, wanneer men maar de juiste taal spreekt, de goede techniek beheerst. Psychotherapeuten speuren in het spel van kinderen naar de geheime code, de sleutel naar de ware wereld. Fantasievolle speluitingen worden op deze wijze lineair verbonden met het zogenaamde reële leven. Het is immers die realiteit waar het spel naar verwijst. Spel is zo geen realiteit op zichzelf, het is enkel referent. Het heeft maar betekenis voor zover het verwijst naar iets anders. Voor fantasie als realiteit of voor werkelijkheid als spel lijkt nog maar weinig plaats te zijn.

Spelen met spel in therapie

Als spel in de context van therapie wordt gebracht, gebeurt er iets dat het zeer moeilijk maakt deze visie vast te houden. De visie op spel als taal en dus als gelaagdheid, op spel als een communicatieve realiteit en belichaamde praktijk glipt ons uit de handen. Dit heeft niet alleen te maken met de genoemde zeer dwingende visies, waarin spel als een afgeleide taal beleefd wordt. Het heeft ook te maken met het feit dat spel een taal lijkt te zijn waarvan de regels en codes vastliggen. Plots moet de therapeut gaan wéten. Hij moet weten wat een rechtstreekse tussenkomst is en wat een onrechtstreekse, weten wat veilig is en wat bedreigend, wat te confronterend is, wat een juiste en wat een foute interpretatie is.

Vastraken gebeurt op basis van dergelijke gefixeerde ordeningen. Men verliest zijn speelsheid en komt terecht in of/of-stellingen. De meerduidigheid, het ongewisse en veranderlijke zijn daarmee uit het spel verdwenen.

Een systeemtherapeut kan geconfronteerd worden met een kind dat speelt. Dit kan gepland zijn: we gaan naar de spelkamer, of onverwacht: in de loop van een gesprek begint een kind te spelen. In die confrontatie kunnen allerlei stoorzenders gaan werken.

> Moeder wordt met haar zesjarige dochter naar een therapeut gestuurd om hen te helpen bij de verwerking van seksueel misbruik van het meisje door vader. Tijdens het gesprek vertelt moeder hoe woest ze is op de vader (ze zijn uit elkaar gegaan) en hoe het meisje al verschillende keren door de politie verhoord werd. Ze heeft daar alles verteld wat vader had gedaan. Het meisje wriemelt op haar stoel, ze zit er niet gemakkelijk bij en dit vergert nog wanneer moeder bij haar aandringt om ook hier nog eens te vertellen wat papa deed. Hoe meer moeder aandringt, des te minder lijkt dochter zin te hebben. De spanning in de kamer groeit en het meisje zegt: 'Ik moet iets zeggen, maar alleen tegen deze mevrouw (de therapeut), mama moet weggaan.' Moeder verlaat tegen haar zin de kamer en het meisje begint 'klas' te spelen. Zij is de juf en staat aan het bord, de therapeut is de leerling en zit in haar bank. De juf is kwaad op de leerling en deelt op harde wijze bevelen uit: 'Doe dit! Doe dat! Zit recht! Zwijg!' Wat de leerling ook doet, het is niet goed, de juf blijft boos.
> De therapeut is de kluts kwijt, ze vindt het spel niet leuk en probeert het meisje tot 'de kern van de zaak' te brengen, namelijk wat ze nu zonodig moest vertellen zonder moeder erbij. De heersende gedachte is: wanneer gaat ze stoppen met die fantasie en tot de realiteit komen? Waarom leidt ze de aandacht zo af? Welk spel speelt ze met mij?

Door de tweedeling spel/realiteit kan de therapeut niet zien wat dit meisje in haar spel uitdrukt, bijvoorbeeld dat zij nu eens bepaalt in plaats van steeds bepaald te worden, of dat ze toont wat druk uitoefenen is. De therapeut komt niet op het idee om vanuit de leerlingenrol iets te zeggen in de trant van: 'Ik ben een kind en ik voel me klein', 'De grote mensen hebben geen medelijden', 'De juf is verschrikkelijk streng.'

Bepaalde interpretaties van het aangebrachte materiaal kunnen de blik van een therapeut versmallen. Het zijn duidingen die een één-op-één-relatie veronderstellen: dit materiaal, deze speldaad, staat voor deze betekenis, net als in een woordenboek. Het zijn vaak interpretaties die te letterlijk of te persoonlijk genomen worden. Starre interpretaties verhinderen het spelen met velerlei betekenissen en realiteiten.

> Een jongen van elf wordt aangemeld met gedragsmoeilijkheden. Hij zou een gering basisvertrouwen hebben. Op school is hij niet geliefd bij de kinderen, ze zijn tégen hem. Zijn ouders leven gescheiden, hij woont bij moeder en heeft praktisch geen contact meer met vader.
> In de spelkamer speelt hij rollen als vader, directeur, burgemeester, leraar. Terugkerende uitspraken van hem zijn: 'Jij bent stout. Jij hebt het slecht gedaan. Ik ben stoer. Ik doe het schitterend.' Hij gooit met speelgoed, gooit met water, spuit de therapeut nat en als de therapeut hem begrenst door regels te introduceren en door aan te geven wat de therapeut niet wil dat er gebeurt, reageert hij boos: 'Jij doet altijd lastig! Jij doet je werk niet goed. Die andere mevrouw deed dat beter! Ik ga het tegen je baas zeggen!' De therapeut vermoedt dat deze jongen bezig is met zijn geslachtsrol, dat hij zijn vader mist, en zijn boosheid uitwerkt op hem. Volgens de therapeut heeft de jongen stereotiepe ideeën over mannen en vrouwen en denkt hij te veel in termen van macht en controle. Deze ordeningen werken zo, dat de therapeut steeds meer probeert de regie te behouden en dat de jongen steeds meer regels gaat overschrijden en lastiger wordt. De therapeut voelt zich persoonlijk uitgetest door de jongen. Hij voelt zich wanhopig en zit in een impasse.

Lastige, agressieve spelmomenten krijgen een vrij absolute betekenis, ook omdat ze worden verbonden met de zogenaamde reële realiteit. De therapeut legt hier een directe en vaste relatie tussen de agressieve spelmomenten en het ontbreken van een vaderfiguur. De agressie van de jongen krijgt geen betekenis meer in het spel, maar wordt gezien als een altijd aanwezige eigenschap. Met deze lineaire verbinding is het begrijpelijk dat therapeuten omzichtig worden en niet goed weten te reageren op kwaadheid, verdriet, machteloosheid, woede, hinder, irritatie, haat, moordzucht.

> Het spel van een achtjarig jongetje bestaat erin om legers indianen in het zand te zetten. De zwarte indianen worden telkens weer door de rode vermoord. Wanneer deze allemaal omliggen, glimlacht hij en zegt: 'Zo, die zijn dood.' Het spel herhaalt zich dan weer. De therapeut maakt zich in toenemende mate bezorgd over de schijnbaar tomeloze vechtlust van de jongen.

Het wordt een probleem wanneer agressie in een spel als problematisch wordt gezien en dus niet kan, omdat dit rechtstreeks verwijst naar 'echte' agressie. Nadeel ondervinden, agressie en geweld behoren echter ook tot de (spel)realiteit. Kinderen voelen zich in verschillende domeinen van het leven onder druk gezet, aangevallen en geweld aangedaan. Ze ondervinden last van andere mensen en ze vallen ook anderen aan en berokkenen hun leed.

Een therapeut heeft behoefte aan ordeningen die een werkelijkheid creëren waardoor beiden, kind en therapeut, zich comfortabel voelen. Werkbare ordeningen laten toe dat de therapeut bezig kan zijn met wat het kind bezighoudt. Zij stellen in staat om op een charmante en speelse manier een reactie te geven op gedrag en ervaringen van het kind. Er komt weer dynamiek wanneer niet één, maar vele ordeningen mogelijk worden, ordeningen die verspringende en verschuivende verbanden zichtbaar maken. Misschien moeten spel en speelsheid letterlijk en figuurlijk terug in therapie.

Als systeemtherapeuten bevinden we ons midden in het zinderende en complexe spanningsveld van perspectieven die onze observaties en interpretaties mee kleuren. Veel meer dan de vraag 'Doe ik het goed of fout?' geldt – voor een therapeut – de vraag 'Wat ben ik aan het doen en waarmee heeft dat te maken?' en het besef 'Ik kan het ook anders doen.' Werkbare tussenkomsten zijn tussenkomsten die 'openen' en de blik verruimen. Het zijn acties die reflectie bevorderen, die toelaten te denken en die verschil mogelijk maken. Deze tussenkomsten liggen niet vast en zullen telkens anders zijn.

Om te illustreren hoe je speels kunt omgaan met spelrealiteiten bespreken we twee praktische thema's, die in het oog springen wanneer we spreken met systeemtheoretisch geschoolde psychotherapeuten. Eerst hebben we het over de verwarring rond de positionering van de therapeut: hoe gedraagt die zich in een spelkamer, hoeveel speel je mee? Daarna stellen we het 'duiden' van het aangebrachte materiaal aan de orde en de kwestie 'in en uit het spel'.

De positie van de therapeut

De verhouding volwassene-kind, de verhouding therapeut-cliënt en de context spel in een therapeutisch kader, zijn vol van voorschriften. Je ontmoet een kind in een broeierige sfeer van uiteenlopende perspectieven. De indrukken die je krijgt bij wat een kind zegt en niet zegt in een speltherapiecontext, bij wat het doet of nalaat, kunnen niet 'puur' of 'oorspronkelijk' zijn. Ze worden onder meer gekleurd door allerlei perspectieven op hoe de verhouding tussen een volwassene en een kind moet zijn en op hoe een therapeut zich moet gedragen ten opzichte van een spelend kind.

Het blijft zoeken naar welke relatie een gepaste relatie is. Sommigen (cfr. Axline, 1976) pleiten voor afzijdigheid en neutraliteit. Dolto (1998, p. 106) zegt bijvoorbeeld: 'Ik ben hier niet om te spelen.' Zij geeft aan dat, wanneer een kind winkeltje speelt met de therapeut als klant, de therapeut aan het kind moet blijven vragen wat de klant moet zeggen en precies moet herhalen wat het kind heeft gezegd 'zonder er iets van uw eigen gevoel aan toe te voegen'. Dolto blijft dit doen, ook als het kind protesteert. Anderen daarentegen bepleiten een actieve opstelling van de therapeut (Geldard & Geldard, 1997; Straus, 1999). Zij geven voorbeelden waarin therapeuten meespelen met het kind (dammen, knikkeren, raadseltjes, puzzels) én waarin therapeuten zelf materiaal inbrengen (verhalen maken, opdrachten en werkbladen geven, samen eten maken).

In de mate waarin een psychotherapeut meespeelt, invult en aangeeft zijn dus verschillende gradaties mogelijk. Maar wat je ook doet, je 'speelt' altijd mee! Duidelijk is wel dat je nooit een spelpartner bent zonder meer. 'Wij zijn voor de kinderen niet alleen een lieve mevrouw of meneer met wie je mag gaan spelen' (Dolto, 1998). Als therapeut val je niet samen met het gebeuren, je verliest je niet in het spel, je hebt nog iets anders te doen dan te spelen. Wat er ook gebeurt, de psychotherapeut moet kunnen blijven denken over wat het kind bezighoudt. Je hebt immers invloed en je wordt beïnvloed. Alleen wanneer een therapeut deze voortdurende beïnvloeding uit het oog verliest en geen nieuwe ordeningen kan toevoegen – wanneer hij niet meer kan 'spelen' – komt hij terecht in de dimensie wie de macht heeft en wie de leiding. Dan kan hij het gevoel krijgen dat het kind de baas is en alles bepaalt (terwijl het kind het gevoel heeft dat het niets bepaalt).

De therapeut speelt een rol en beantwoordt de acties van het kind vanuit die rol. Hij houdt daarbij in het oog of hij een verstoorder is of niet. De therapeut levert commentaar op het spel van het kind, verrijkt en verbreedt het. Hij probeert verschillende stijlen uit. Hoeveel metapositie je als therapeut kan, mag en moet innemen hangt af van de interactie met het kind. Sommige kinderen geven de therapeut een rol, andere niet. Sommige kinderen willen alléén spelen en verdragen niet dat de therapeut meespeelt of zich met hun spel bemoeit. Als therapeut voeg je in en toe. Je toont dat over posities en rollen onderhandeld kan worden. Je toont dat een mens niet alleenbepalend kan zijn in die zaken, dat je rekening moet houden met anderen en dat dat een lastig iets is.

> K: 'Jij bent de mama en ik ben het kindje. En ik ben op de zolder aan het spelen. Jij bent het eten aan het koken.'
> T: 'Oké. Dat is goed.'
> K: 'En als het eten klaar is moet je mij roepen.'
> ...
> K: 'Ik speel op zolder. De mama en de papa willen daar niet zijn. Ze durven er niet te komen.'
> T: 'Het is een plekje waar jij kunt spelen. En de papa en de mama komen daar niet. Het is jouw plekje.'
> K: 'Nee! Ze durven niet!'
> T: 'Oh, ze durven niet. Hoe komt dat?'
> K: (eerst geen antwoord, dan kortaf) 'Het is er veel te griezelig. Nu moet je koken.'
> (Custers, Meurs & Cluckers, 2000, p. 259).

Hier weten therapeut en kind dat ze aan het spelen zijn. Ze zijn met spelafstemmingen bezig. Het kind bespeelt verschillende posities: regisseur, acteur, souffleur. De therapeut probeert verschillende rollen uit. Deze dynamische communicatie over grenzen en begrenzingen, over rollen, posities en de aard van de relatie stopt nooit. Zowel het kind als de therapeut zoekt er zijn zekerheid in.

K: 'Het eten is klaar en jij belt. Maar ik wil niet komen, hè.'
T: (belt)
K: 'Ik speel gewoon verder, hè.'
T: (moederstem) 'Kindje, het eten is klaar!'
K: (kwade stem) 'Nee! Ik kom niet!'
... (mama probeert alles maar het kindje komt niet)
K: 'Maar het kindje komt niet. En dan eet de mama het eten van het kindje op.'
T: (gaat weer zitten en gebaart dat ze aan het eten is) 'Mmm, lekker.'
K: 'Maar er kwam een dief binnen op de zolder.'
(Ibid., p. 260).

Hierna wordt het spel steeds agressiever, tot de mama door de dief doodgestoken wordt. Je kunt je afvragen welke wending het spel zou hebben genomen indien de therapeut iets anders had gedaan bij de laatste opdracht van het kind, bijvoorbeeld: 'Jammer dat mijn kindje niet komt eten, dit eten smaakt mij niet'. Of (instructies vragend): 'Hoe moet ik mij nu voelen als een mama die het eten van het kindje opeet? Ben ik verdrietig?' Het ligt niet vast welke kant het spel opgaat, het spel ligt niet vast in het kind, de therapeut beïnvloedt mede de richting die het uitgaat. Als therapeut beïnvloed je mede welke rol je speelt, je hoeft het niet altijd eens te zijn met de rol die een kind je toedicht. Het zijn voorstellen die uitgewisseld worden en waarover onderhandeld kan worden. Dit afstemmen op elkaar gebeurt zowel op het niveau therapeut-kind ('ik wil tekenen', 'ik wil poppenspel', 'ik wil levend worden; jij blijft dood', 'ik wil kijken naar jou, jij mag niet kijken, jij mag niks zeggen') als op het spelniveau ('en toen deed jij de deur open', 'nee, ik had pijn aan mijn been, ik kon dat niet').

Spelduiding
Het woord 'duiding' kan vanwege de lineaire associatie een systeemtheoretisch geschoolde therapeut op het verkeerde been zetten. Duiden werkt ook met de aanname dat een therapeut moet weten en dat een objectief weten mogelijk is. Een zeer evidente en daardoor dominante spelregel is dat de therapeut – om verantwoord te kunnen handelen – de gevoelens en gedachten van het kind moet kennen. Een systeemtheoretische ingang houdt in dat je niet zomaar weet wat het kind bezighoudt. De therapeut kent de binnenwereld van het kind niet en het is niet mogelijk die te kennen los van het kind.

De tweedeling 'in het spel-uit het spel' in een context van speltherapie maakt dat psychotherapeuten niet meer zien wat ze bij gewoon spel (zie de Bolderburenkinderen) wel nog kunnen zien, namelijk dat het om veel meer realiteiten gaat dan enkel die *van het spel* en die *van daarbuiten*, dat al deze verschillende realiteiten door elkaar heen lopen en dat de spelers zelf realiteiten mee creëren. Het lijkt eerder alsof men kan weten wat pijnlijke dingen zijn voor een kind en deze moeten dan in het spel blijven, alsof het spel een 'mindere', minder bedreigende of zachtere realiteit zou zijn. Andere dingen moeten dan zo snel mogelijk naar de realiteit, alsof het kind daar vervaarlijk van dreigt af te drijven. Het lijkt alsof men precies weet waar die scheidslijn ligt. In een systeemtheoretische optie ben je altijd met die relationele en communicatieve realiteit bezig; er zijn er vele en ze zijn niet te stoppen of af te grenzen. In het spel ben je bijgevolg altijd buiten het spel en omgekeerd, je wisselt namelijk voortdurend van kader.

> K: 'En jij komt het kindje op zolder halen. Maar je weet niet dat er een dief is.'
> T: (doet alsof ze een trap oploopt)
> ...
> K: (valse stem) 'Ha, ha, hier! (steekt de moederfiguur dood) En jij valt dood neer.'
> T: (gaat liggen)
> K: (stem van de dief) 'Ha, dat zal je leren! Jij bent slecht voor je kindjes. Dit zal je leren! (eigen stem) En dan maak ik alle kindjes dood (ze verstopt de popjes in de zandbak) Je mag weer wakker worden.'
> T: 'Dat is goed. De mama was niet echt dood.'
> K: (steekt de moederfiguur weer dood) 'En ik snij jou helemaal in stukken.'
> (Vervolg van het fragment uit Custers, Meurs & Cluckers, 2000, p. 260).

Een mogelijke lezing is dat de therapeut in haar laatste tussenkomst het verschil tussen echt en niet echt poogt aan te geven ('Dat is goed, de mama is niet echt dood'), met als effect dat het kind als het ware zegt: 'Waar haal jij het vandaan om mijn ordening ongedaan te maken!' De therapeut doet een uitspraak over haar spel en over haar. De complexiteit hier is wellicht dat de psychotherapeut vreest dat de agressie van het kind algemeen is. Het vervolg is dat de realiteit van het spel verbroken wordt en plaatsmaakt voor de creatie van een andere: de therapeut mag van het kind niet meer meespelen, want ze heeft de orde verstoord, het kind gaat een poos alleen spelen. De 'agressie' en onverbondenheid is daarmee werkelijk waar geworden.

Kinderen leven in verschillende realiteiten en geven vaak zelf aan wanneer een andere realiteit aan de orde komt. Dit doen ze op verscheidene wijzen: zowel door het geven van allerlei instructies (jij doet dit), als door het gebruik van verschillende stemmetjes (zware stem, babystem, fluisterstem), als door het zeer expliciet aan te geven bijvoorbeeld: 'Dat was niet echt, hè', 'Dat is om te spelen, hè', 'Nu doen we alsof, jij mag weer wakker worden', 'Zo was het ook bij mijn vriendje.'

> Een meisje van zeven wordt door de huisarts verwezen met als diagnose 'onverwerkte rouw'. Haar vader is zes maanden geleden onder onduidelijke omstandigheden omgekomen met de motor. Moeder maakt zich zorgen omdat het meisje nooit over vader praat. In de gesprekskamer neemt het meisje de Playmobil-mannetjes. Ze zet een man op een motor, hij rijdt en valt; hij is dodelijk gewond, wordt door de ambulance naar het ziekenhuis gebracht en sterft daar. Als ze dit gespeeld heeft, kijkt ze de therapeut aan en zegt: 'Dat is hetzelfde als bij mij thuis'. De therapeut schrikt in eerste instantie van de expliciete verwijzing, doch beslist op de uitnodiging in te

gaan. Wat onmogelijk leek lijkt plots zeer mogelijk. Moeiteloos kunnen ze vervolgens samen spreken over het gebeurde met papa. Het gesprek komt op de voorgrond te staan, de poppetjes dienen om af en toe iets te illustreren.

Het kind maakt hier een associatieve verbinding en haalt daarmee een andere context op de voorgrond. Dat wil niet zeggen dat het spelen daarmee ophoudt, ook niet dat het spel met de Playmobil-mannetjes het juiste spel was. Wanneer de therapeut met de notie 'in het spel-uit het spel' werkt, ziet hij enkel dat het meisje de situatie van ginds hier uitspeelt. Hij ziet niet meer dat hier iets gebeurt tussen hem en het kind. Je kunt niet weten of het gaat over haar 'echte' papa of 'niet echt' over haar papa.

Spelen is wederzijdse beïnvloeding en deze beïnvloeding is soms rechtstreeks, soms niet rechtstreeks. Spel zien als een metafoor voor een buiten het spel aanwezige realiteit versluiert deze complexe beïnvloedingsdimensie. Wanneer therapeut en kind met elkaar spelen bevinden ze zich in een rijke wereld van betekenis- en ervaringscreatie.

Epiloog: serieus en speels tegelijk

Een dertienjarige zit te turen door de caleidoscoop. Ze lijkt niet te horen wat de therapeut zegt en lijkt ver weg te zijn. De aandacht wordt naar iets anders geleid. Na enkele minuten caleidoscoop kijken zegt ze als in een droomwereld: 'Dat is vreemd, hé? Ik weet niet waarom ik dit nu doe. Soms weet ik helemaal niet waarom ik iets doe.'

Je kunt daar op verschillende manieren op ingaan. Je kunt zeggen dat een caleidoscoop fascinerend is, omdat de werkelijkheid kantelt met het maken van een kleine beweging, je krijgt telkens iets anders te zien. Je kunt er ook op ingaan door te vragen wanneer ze dat gevoel heeft niet te weten waarom ze iets doet. Je kunt van haar uiting schrikken en het problematisch vinden, je kunt mijmeren dat veel mensen geen zicht hebben op het waarom van hun doen. Door de wijze van reageren, creëer je nieuwe dimensies, betekenissen, ordeningen, werelden, die wat gezegd, gedaan en gedacht werd weer veranderen: oneindig speels maar met serieuze effecten.

Speelse therapie

Over gestructureerd en vrij spel

Mieke van Daele

Bij het individueel werken met kinderen biedt zich al vanaf het eerste contact een waaier van mogelijkheden aan: zal er gepraat worden of zal er gespeeld worden? Wie mag dat bepalen? Hoelang zullen we praten, hoelang zullen we spelen? Waarover zullen we praten of wat zullen we spelen? Welk soort spel zullen we spelen? Spelen we een bestaand spel, maak ik als therapeut vooraf een spel, verzint het kind een spel? Zal ik als therapeut deelnemen aan het spel of niet? Moet ik de sessie helemaal voorbereid hebben of volstaat een aantal rode draden in mijn achterhoofd? Heel veel vragen, mogelijkheden waaruit men kiest, bij elk contact, telkens weer.
In dit artikel loop ik over een aantal van deze vragen heen om meteen in de koffer van het spel te duiken. Het 'spel' met kinderen binnen de context van een individueel therapeutisch contact.

In het werken met kinderen probeer ik de specifieke taal af te tasten van het kind dat bij me is. Waar is dit kind mee bezig, waar liggen de gevoeligheden van dit kind, wat draagt het kind als geschiedenis met zich mee, waar ervaart het kind in zijn huidige leefsituatie moeilijkheden, waar vindt het zijn steunpunten? Ik doe een poging om de context van het kind beetje bij beetje zichtbaarder en duidelijker te maken. Op die manier hoop ik uiteindelijk een beeld te krijgen van de knooppunten die het kind in zijn of haar context ervaart. We proberen dan samen te zoeken naar andere visies, andere mogelijkheden.

De kinderen die ik zie, komen uit gezinnen waarin de ouders kampen met een groot gevoel van pedagogische onmacht. Zij zoeken daarin gedwongen of vrijwillig steun bij ons dagcentrum. Velen van hen hebben vooral ervaring met eerder normerende en corrigerende interventies. Het gezin dat richtlijnen krijgt om beter te functioneren. De ouders die geadviseerd en geïnformeerd worden. Hulpverleners die vinden dat het kind alléén moet worden gezien, sociale vaardigheden moet leren of dat het iets anders bijgebracht moet worden.
Voor de gezinnen waaruit de kinderen komen, zijn de buitenwereldbemoeienissen dan ook vaak problematisch. Aansluiting vinden is doorgaans niet vanzelfsprekend.

In wat volgt wil ik dieper ingaan op mijn manier van werken met kinderen, op mijn 'sprokkeltocht in de koffer van het spel': een continu en gericht zoeken om afgestemd op een specifiek kind af en toe 'rake' taalkanalen te vinden. De spelkoffer bevat oneindig veel spelmogelijkheden.
Binnen het kader van dit artikel wil ik twee voor mij belangrijke wijzen van spelen

beschrijven. Ik noem ze 'gestructureerd' en 'vrij' spelen. Ik beschrijf hoe ik als therapeut speel met deze soorten spel en hoe ik als systeemtheoretisch therapeut kijk naar het werken met soorten spel. Mijn uitgangspunt hierbij is dat dit 'sprokkelen' geen willekeurig gebeuren is.

Het systeemtheoretisch denken heeft me door de jaren heen geholpen om stil te staan bij het 'speelproces'. Ik licht de hypothesen toe waarmee ik werk en die voor mij niet alleen een voortdurende toets maar ook een soort leidraad zijn bij mijn 'spelen'.

Spelvisies en spelindelingen

> 'Het toonbeeld van echte speelsheid ...[is]... de behoefte van alle jonge schepsels, zowel mens als dier, om te springen. Om echt te springen, moet je leren hoe je de grond als springplank moet gebruiken en hoe je soepel en veilig weer neer moet komen. Het betekent het uitproberen van de bewegingsvrijheid die door bepaalde wetten begrensd wordt, en het overwinnen van de zwaartekracht, maar er toch niet aan ontsnappen. Zo is er, overal waar speelsheid een overheersende rol speelt, altijd een element van verrassing, dat uitstijgt boven louter herhaling en gewenning en dat in het gunstigste geval de indruk wekt dat er een nieuwe kans gegrepen is en er een goddelijke vrijheid gedeeld wordt. Waar dit "gebeurt", ziet en herkent men het gemakkelijk.'
> (De wetten van Plato, geciteerd uit Erikson, 1979.)

De beschrijving van Plato zegt iets over het belang van speelsheid. Ook bij spel kun je als therapeut spelen met verschillende invalshoeken en een zekere soepelheid in het wisselen van invalshoeken aan de dag leggen. Hoe je in staat moet zijn om je los te maken van een bepaald kader en een heel ander kader moet kunnen laten verschijnen: hoe een houten blok een auto kan zijn maar evengoed een tafel of een raket; hoe je in een rollenspel het ene moment een strenge leerkracht kan zijn, het volgende een boze moeder en ten slotte een vriendinnetje; hoe een bestaand gezelschapsspel de basis kan vormen voor een spannend fantasieverhaal.

Spel is een domein dat nooit ten volle te beschrijven valt en dat nooit uitgeput raakt. Volwassenen spelen, kinderen spelen, dieren spelen; er werd vroeger gespeeld, nu wordt er nog steeds gespeeld en ongetwijfeld zal er in de toekomst ook gespeeld worden.

Er bestaat veel literatuur waarin auteurs op zoek gaan naar de oorsprong, de eigenschappen, de functies van spel. In het boek *Spel* beschrijft Catherine Garvey (1981) een aantal boeiende, soms al achterhaalde, theorieën. In de Recapitulatietheorie van rond 1900 bijvoorbeeld gaat men ervan uit dat in het spel van kinderen het hele verloop van de evolutie weerspiegeld wordt, van de prehistorische mens tot de mens van heden. Ieder kind recapituleert in zijn ontwikkeling de geschiedenis van het mensdom.

In een andere opvatting wordt spel gezien als instinctmatig gedrag om de voor het leven noodzakelijke vaardigheden te oefenen. Het spel is hier een voorbereiding op een volwassen manier van handelen. Deze manier van denken over spel is nog steeds dominant en heeft ertoe geleid dat men het spelen als het ware verbant naar de kinderwereld: het onbezonnen speelse van het kind versus het serieuze en taakgerichte leven van de volwassene.

De catharsistheorie stelt daarentegen dat spel een symbolische uiting is van zorgen en angsten die weer herbeleefd moeten worden om tot een oplossing of beheersing ervan te komen. Spel is in deze visie een afspiegeling van de realiteit en bezit de mogelijkheid om moeilijkheden in die realiteit door middel van spel aan te pakken. Dit is een theorie die nog steeds een belangrijke basis vormt voor speltherapie met kinderen.

Niet alleen over de aard en de eigenschappen van spel bestaan veel theorieën, ook over soorten spel is al veel geschreven. Deze vaak zeer uiteenlopende spelindelingen weerspiegelen iets van de visie die men heeft op spel. Zo maakt Piaget op basis van een cognitieve ontwikkelingstheoretische visie op spel een indeling in sensomotorisch spel, symbolisch representerend spel en gereglementeerd spel. Garvey (1981) ziet spel als een weerspiegeling van complexe ontwikkelingsprocessen op verschillende niveaus (lichamelijk, emotioneel, cognitief, sociaal). Zij komt tot de volgende indeling: spel met beweging, spel met objecten, spel met taal, spel met sociale materialen, spel met regels en geritualiseerd spel.

In mijn zoektocht in de spelkoffer bracht deze kennis van verschillende mogelijke spelvisies en spelindelingen mij in verwarring.

Enerzijds dragen spelindelingen bij tot vereenvoudiging en overzicht, door hun streven om een complexe realiteit te structureren en te ordenen. Ze bieden houvast, een betekenisframe, een interpretatiekader dat je als therapeut kunt gebruiken in het spelend werken met kinderen.

Anderzijds geeft de veelheid aan indelingen en de vele overlapmogelijkheden precies aan hoe ingewikkeld de spelrealiteit is.

Spelindelingen geven een therapeut de mogelijkheid tot selectie van de werkelijkheid. Tegelijkertijd ontstaat het gevaar dat je als therapeut de werkelijkheid ook daarnaar modelleert en vergeet dat spelindelingen gebaseerd zijn op visies en opvattingen over die werkelijkheid.

Speltherapie

Visies en opvattingen over de werkelijkheid spelen ook een krachtige rol in de therapeutische praktijk. Therapeutisch spelen met kinderen lijkt voorbehouden aan psychodynamisch opgeleide speltherapeuten én verwijst veelal naar zogenaamde inzichtgevende therapie. Speltherapie lijkt daarbij per definitie te verwijzen naar fantasiespel (Reijmers & Cottyn, 2001). In dit spel met fantasie komen duiding en inzicht tot stand. Deze psychoanalytische visie dichotomiseert: het plaatst inzicht tegenover steun geven, ik-sterk tegenover ik-zwak, fantasie tegenover structuur. Zo geeft Cluckers (1986) in *Steungevende psychotherapie, een andere weg* aan hoe het sterk explorerende, fantasieverkennende en duidende werken uit de ontdekkende speltherapie niet bij iedereen even haalbaar is. Vooral in het contact met ik-zwakke kinderen dringt zich een andere manier van therapeutisch werken op die hij ik-versterkende of ik-steunende therapie noemt. Daarbij stelt de therapeut zich op een andere manier op: een eerder actieve, meer initiatiefnemende rol, vlugger en dichter aansluitend bij de actuele problematiek en de realiteit buiten de therapie.

Ook de methodiek verschilt van die bij ontdekkende therapie in die mate dat er meer gefocust, meer ondersteunend en minder diep analyserend gewerkt wordt.

We zien hier hoe Cluckers, op basis van een visie op ego-functies, komt tot een spelindeling: explorerend fantasiespel en structurerend steunend spel. Hij trekt daarmee het therapeutische domein van spel en spelen voor kinderen een stuk open: niet alleen fantasiespel, ook meer gestructureerde vormen van spel kunnen batig zijn. Maar deze therapeutische uitbreiding heeft ook een negatief effect. Het brengt een hiërarchie en clustering aan. Enerzijds heb je de 'echte' therapie die onbewuste processen inzichtelijk maakt door middel van vrije en fantasievolle spelvormen én die speltherapie heet. Anderzijds zijn er andere therapieën die steungevend werken, door middel van gestructureerde spelvormen die niet meer onder de noemer speltherapie lijken te vallen.

De zogenoemde steungevende manier van werken bleek in mijn praktijk veel aanknopingspunten te bieden, vooral bij kinderen die op vele vlakken niet zo goed 'scoren'. Tegelijkertijd raakte ik echter verstrikt in deze benoeming. Ik kon alleen nog maar de steungevende en structurerende kant van mijn spelinterventies zien. De psychoanalytische ordeningen drongen op de voorgrond waardoor ik mijn systeemtheoretische 'taal' kwijt raakte. Dit verwarde me, maar moedigde me ook aan tot reflectie. Hoe kon ik mijn verwarring begrijpen? En hoe kan ik systeemtheoretisch blijven kijken wanneer ik spelend werk met kinderen?

Gestructureerd en vrij spelen: een wisselwerking

Eerder gaf ik al aan hoe spelindelingen voortvloeien uit de visie die je op spel hanteert.

Het denken en de taal van Cluckers stammen uit een psychoanalytisch kader, een kader dat zoals gezegd nogal dominant blijkt wanneer therapie met kinderen aan de orde is. Het analytische denken gaat uit van een heel andere visie dan die waarmee ik werk.

Het systeemtheoretisch denken gaat uit van een samenhangvisie: er wordt gewerkt met betekenissen in een complexe wereld waarin alles met elkaar samenhangt (circulariteit), betekenissen die niet vooraf vastliggen maar voortdurend in interactie en communicatie met elkaar gevormd worden.

Vanuit mijn visie merkte ik dat de dichotomie van gestructureerd en vrij spel de complexiteit van de spelwereld verdoezelt. In mijn spelend bezig zijn met kinderen merkte ik dat het niet óf het een óf het andere is, maar een **ononderbroken** en wisselend proces met inzichtgevende en steungevende momenten. Daarenboven bleek het ik-steunend werken vaak zeer inzichtgevend te zijn, bijvoorbeeld op het vlak van sociale relaties.

Met andere woorden: de indeling vrij spel – gestructureerd spel werkte voor mij als een ontkenning van de complexiteit van therapie met kinderen, maar tegelijkertijd bood ze een ankerpunt om de realiteit 'grijpbaar' te maken.

De indeling gestructureerd-vrij spel is voor mij een houvast omdat ze me toestaat over mijn denkproces en therapeutisch handelen na te denken. Ze vormt met andere woorden een handvat om mijn inbreng en mijn positie tegenover het spel van het kind beter te omschrijven. Deze indeling wil dan ook geen werkelijkheden omschrijven, maar vormt veeleer een reflectie-instrument voor mij. Een instrument waarmee ik de specifieke taal van het kind probeer te begrijpen en te linken aan zijn of haar leefwereld.

Belangrijk daarbij is dat ik beide manieren van spelen beschouw als taalvormen, als verschillende taalkanalen die al dan niet hun aansluiting vinden bij dit specifieke kind, op dit moment, in deze specifieke context. Met andere woorden, deze indeling is een ordening van mij als therapeut, een houvast in het 'spreken' met dit kind. Een interpunctie waar ik mee speel al naargelang de effecten bij het kind en de interpretatie die ik eraan geef. Dit te beseffen is voor mij zeer belangrijk in het werken met kinderen: steeds weer richt ik me op het ingewikkelde communicatie- en interactieproces tussen mij en dit kind, kijkend naar speleffecten, steeds opnieuw interpreterend en hypothesen opbouwend en mijn speltaal aanpassend. Binnen een spelsessie ben je doorgaans niet uitsluitend gestructureerd of uitsluitend vrij aan het spelen. Er zijn momenten met een sterke structurering die zich laten afwisselen door vrijspelmomenten, om vervolgens terug te keren naar gestructureerd spelen of net niet. En dit steeds al naargelang wat het kind aangeeft, hoe ik dat interpreteer en wat ik daar vervolgens als therapeut mee besluit te doen. Kortom, dit proces wordt in en door de interactie beïnvloed.

Wat je uiteindelijk als gestructureerd of als vrij spel gaat benoemen, zal afhangen van hoe het uitpakt. Het effect dat verkregen wordt, bepaalt het soort 'spelen': spelen met legoblokken kan op een gestructureerde manier verlopen (er wordt een grote, kleurige villa gebouwd waarover het kind erg trots is) maar kan net zo goed aanleiding vormen tot vrij spel met de blokken als materiaal (de villa wordt het kader waarin het kind een familie laat wonen en waarin vervolgens allerlei gebeurtenissen plaatsvinden). Ik interpreteer op een bepaald moment het karakter van ons spelend bezig zijn als zijnde gestructureerd dan wel als vrij spelen en stem daar vervolgens mijn verder 'spelen' op af: houden we ons aan het gestructureerde spelen of laten we het los? Keren we er straks naar terug of blijven we vrij spelen?

Het staat vast dat je al naargelang het soort spel een andere manier van werken krijgt en dat er andere hypothesen op de voorgrond treden. In die zin zit in mijn keuze voor gestructureerd of vrij spelen een gerichtheid, een poging dicht aan te sluiten bij en af te stemmen op het kind. Het gaat daarbij om een poging de taal van het kind te vinden, de taal die verbinding geeft en verbindingen duidelijk kan maken. Dit beschouw ik immers als mijn hoofdtaak: het zoeken naar hoe het kind zichzelf ervaart in relatie tot anderen, zoeken naar wat het kind met zijn specifieke taal uitdrukt over de verbindingen die het ervaart. Hoe wil dit kind gezien worden door mij? Hoe wil het gezien worden door anderen? Hoe ervaart het dat het gezien wordt? ... Met andere woorden, zoeken naar en werken met betekenissen in de relevante contexten van dit unieke kind.

Dit betekent dat ik telkens weer kijk naar effecten, dat ik hypothesen daaromtrent formuleer en vervolgens mijn speltaal daarop afstem. Daartoe is het van belang dat ik de vrijheid voel én kan nemen om steeds andere aspecten op de voorgrond te halen. Dit verspringen, die speelsheid en soepelheid vasthouden, vormt voor mij de kern van het therapeutisch spelen met kinderen.

Speels omgaan met de spelindeling vrij/fantasiespel versus gestructureerd spel biedt een systeemtheoretisch geschoolde speltherapeut de mogelijkheid om uit de strakke therapeutische tweedeling van inzichtgevend versus steungevend te stappen. Hierdoor krijgt speltherapie een ruimere betekenis en groter toepassingsgebied. Ook wanneer men gebruikmaakt van meer gestructureerde spelvormen werkt men veranderingsgericht, therapeutisch en daarmee op inzicht. En ook wanneer men gebruikmaakt van fantasiespel biedt men steun. Speltherapie wordt daarmee niet afgebakend tot één spelvorm (fantasiespel) én is niet voorbehouden aan één therapeutisch (lees: het psychodynamisch) model.

Wanneer ik werk met meer gestructureerd of vrij materiaal in een speltherapeutische setting, hanteer ik een aantal hypothesen die mij helpen om verder te kijken dan de dimensie steun versus inzicht. Zij geven mij richtlijnen om aan te sluiten bij de contexten waarin het kind leeft en om daar veranderingsgericht mee aan de slag te gaan. In het nu volgende bespreek ik enkele van de hypothesen, te weten: spel als taal, het belang van omgangsvormen, de kracht van het verschil tussen kind en volwassene en tot slot de hypothese van het niet verbonden zijn.

Spel als taal

Of het nu gaat over gestructureerd of vrij spelen, spel kan worden beschouwd als taal: een manier van aansluiten bij de specifieke betekeniswereld van een kind. Wanneer men spel beschouwt als een vorm van spreken met elkaar, dan volgt daar ook uit dat spel veel mogelijkheden heeft als instrument in de opbouw van een therapeutische relatie. Nu eens merk je dat gestructureerd spelen heel veel aanknopingspunten biedt, dan weer blijkt het vrije spel een erg bruikbaar instrument.

> Joeri, een achtjarige jongen, zegt nauwelijks iets. We zitten aan tafel en de kennismaking verloopt erg stroef. Op een gegeven moment neemt Joeri een 'handknuffelbeer' die op tafel staat en maakt berengeluiden. Waarop ik de andere pop, een aap, neem en vervolgens de beer (als aap) aanspreek.

Beer en aap maken kennis met elkaar en voeren vervolgens een lang gesprek over wie ze zijn, wat ze hier doen, waar ze vandaan komen. In de verdere contacten blijken deze knuffels steeds een centrale rol in te nemen. Kortom, we hebben een speltaal gevonden.

Het individuele contact met Marjolein verloopt in het begin erg moeizaam in die zin dat het komen naar en het starten met de sessie voor Marjolein heel moeilijk is. Wanneer we eenmaal speels bezig zijn, en dit op een vrij gestructureerde wijze, lukt het Marjolein om aanwezig te zijn en wat rust te vinden. Opvallend is echter dat zij erg weinig van zichzelf kan inbrengen, zeer gecontroleerd en ook achterdochtig blijft. Steeds weer probeer ik uit te vinden wat zij zou willen doen en wat zij wel of niet mogelijk vindt. Eén keer is de start zo moeilijk dat ze weigert te komen en uiteindelijk in de voor haar als 'verplicht' aanvoelende sessie niets wil doen (ondertussen uiteraard van alles uitdrukkend).
De keer erna zegt Marjolein dat ze het ook niet zo goed snapt, want dat ze er meestal wel naar uitkijkt om samen met mij te spelen. Als we eenmaal bezig zijn vindt zij het ook erg leuk. Maar het moment om te moeten komen, vindt ze vaak enorm moeilijk als ze niet weet wat ze wil doen, wat ze wil spelen of zo. En aangezien ze dat dan niet weet, kan ze eigenlijk ook niet komen.
Dit gesprekje vormt voor mij een belangrijk moment en ik interpreteer het als een ondersteuning voor het in aanvang vooral gestructureerde spelen. Vanaf dan besluiten we om samen gericht te zoeken naar wat zij wil doen en graag doet. Gedurende meerdere sessies knutselen we een kartonnen poppenhuis ineen. Dit lijkt haar te helpen. Ze kan gemakkelijker komen en rust vinden in het contact. Geleidelijk aan voel ik hoe er aansluiting komt.

Spelen met omgangsvormen

Elk kind heeft zijn specifieke wijze van in communicatie treden met anderen. Ook in de context van de spelkamer, in het speelse contact met het kind weerspiegelt zich die taal. Wat me daarbij opvalt, is dat sommige kinderen zich vrij snel in de verbeelding begeven. Andere kinderen lijken in het algemeen meer gericht op het concrete, het meer tastbare. Soms echter zie ik ook afwisseling in tijd; bepaalde periodes staat het vrije spel met zijn verbeelding op de voorgrond, andere periodes lijkt het gestructureerde spel meer aan te sluiten.

Hoe kan ik dit als therapeut kaderen en begrijpen?
De hypothese van de omgangsvormen helpt mij hier om breed te blijven denken: Wat zegt het kind dat me telkens weer overspoelt met zijn rijke fantasie over de wereld buiten de spelkamer? Omgekeerd, wat drukt een kind dat weinig of geen blijk van verbeelding geeft daarover uit? Ik zoek naar betekenissen die het kind in het contact brengt, betekenissen die mogelijk iets zeggen over de leefwereld van het kind: wat leert de speltaal van het kind me over betekenisgeving en omgangsvormen thuis, op school, in de vriendengroep?

Sara is acht jaar en heeft een oudere zus. Moeder is bij het begin van de begeleiding alleenstaand na een scheiding die niet vlot verliep. Op dit moment heeft ze een vaste partner, Wim, die bij haar inwoont samen met zijn zoon Peter. De individuele begeleiding van Sara loopt al ongeveer anderhalf jaar, over een half jaar wordt de begeleiding afgerond. Het contact met haar heeft zich al die tijd gekenmerkt door veel 'vrij spel': we speelden rollenspel, poppenkast, ... Soms bouwden we lange tijd verder op een bepaald rollenspel. Op een bepaald moment deelt Sara mee dat ze vanaf nu niet meer wil spelen, wel nog wil praten. Dit is een zeer verrassende mededeling voor mij. Ik kan dit niet plaatsen. Sara wil vertellen en praten met mij. Vanaf dan is ons contact een gesprekscontact. Hoewel ik soms denk dat Sara nog wel eens wil spelen, houdt ze vol: 'Ik speel niet meer, dat is voorbij'. Ook thuis, vertelt ze me, heeft ze al haar speelgoed opgeborgen op zolder. Ook in de groep in het dagcentrum constateren we dat ze 'geen kinderachtige spelletjes' meer wil doen.

Verkenning van dit gegeven en van haar bredere context leidt ons tot de vaststelling dat er bij haar thuis, in haar gezin, een omgangsvorm is die zegt dat je met tien jaar geen kind meer bent en te oud om te spelen. Sara leeft op dat moment ook grotendeels omringd door 'oudere mensen': haar zus en Peter, respectievelijk zestien en zeventien jaar; haar moeder en Wim. Sara was altijd al de jongste, het kleintje, maar nu wordt dit scherper door de aanwezigheid van zoveel 'groteren'. Steeds weer hoort ze dat ze nu niet meer met kinderachtige dingen moet aankomen.

In de individuele contacten die verder volgen, praten we veel over groter worden, hoe dingen veranderen en wat dat voor haar betekent op verschillende terreinen.

De verschillende contexten waarin het kind zich begeeft, creëren taal: kinderen verschijnen soms zeer verschillend al naargelang de context waarin ze zich bevinden. Ik zie soms heel andere kinderen al naargelang ik hen in de klas, in de groep, op het dagcentrum, individueel bij mij of bij hen thuis bezig zie. De context beïnvloedt welke communicatieve vormen mogelijk of onmogelijk zijn. In de speltherapie wordt deze 'andere' wereld met haar eigen 'taligheid' binnengebracht.

Marijke is zeven jaar en komt samen met haar achtjarige broer Bart naar het dagcentrum. De kinderen wonen bij hun moeder en haar partner, met wie moeder nog twee jongere kinderen heeft. Hij is niet de vader van Marijke en Bart. De thuissituatie wordt gekenmerkt door veel ruzies en geweld tussen de ouders maar ook van partner tegen de oudste kinderen. Moeder wil de relatie met partner verbreken, maar vreest voor haar veiligheid en die van de kinderen wanneer ze dit doet. Er is sprake van veel cafébezoek, soms samen met de kinderen, soms blijven de kinderen thuis met een oppas of met moeder. Vooral Bart neemt erg veel gezinstaken op zich, waaronder ook de zorg voor de jongere kinderen. Marijke plast in bed en krijgt daarop veel commentaar. Ze presenteert zich in het algemeen als verlegen en kwetsbaar.

Binnen het individuele contact speelt Marijke heel kortstondig en steeds weer wisselend van materiaal of thema. Alles gaat zeer snel en is erg vluchtig: even met de poppen, dan iets tekenen, dan weer een rollenspel met mij waarin we van het ene thema naar het andere springen. Ik voel hoe ik meegezogen word in een wervelwind van snel opeenvolgende gebeurtenissen en acties, maar weinig mogelijkheden krijg om wat rust en ademruimte in te lassen. Mijn hypothese is dat hier heel veel betekenissen uit haar wereld de speelkamer binnentreden, maar de snelheid en veelheid maken dat ik tegelijk geen werkbare aansluiting vind. Ik besluit een poging te doen om op een andere manier met haar te gaan spelen, met het oog op het inbrengen van wat rust en overzicht. We werken onder andere met legoblokken, waarbij Marijke iets bouwt. Het valt me daarbij op dat ze altijd erg hoge torens bouwt en mij daarin bevraagt: 'Denk jij dat hij stevig is, of hoog genoeg? Kan ik hem nog hoger maken?' Bij dit alles zoekt Marijke ook erg veel bevestiging van mij: 'Ik kan goed bouwen hè, kleine kindjes kunnen dat nog niet hè, ik wel, ...' Dit patroon herhaalt zich. Wat betekent dit voor Marijke, wat drukt ze daarmee uit tegenover mij? Mijn hypothese is dat ze uitdrukt 'Kijk hoe sterk ik ben', en daarmee aangeeft dat ze in haar leefwereld ook sterk moet zijn. Dit biedt een ingang. Ik kan stilstaan bij dat specifieke thema uit haar belevingswereld: Wanneer moet je sterk zijn? Wie vindt jou sterk? Wie ziet dat? En dit allemaal door middel van de 'speltaal': Waarom hebben we hoge, sterke torens nodig? Hoe heb jij zulke torens leren bouwen? Zijn er nog meer torenbouwers? Vinden ze jou een goede, zien ze dat?

Het perspectief kind-volwassene

Wanneer we kijken naar kinderen, kijken we steeds vanuit onze positie als volwassene. Een heel gamma aan zaken maakt dat de afstand tot de visie van het kind voor ons groter is geworden: onze eigen groei en ontwikkeling, studies en vorming, de maatschappelijke visie dat de kinderwereld iets heel anders is dan de volwassenenwereld. We zijn daarmee steeds beperkt in onze inleving, de leefwereld van het kind blijft ook altijd een beetje gesloten voor ons, volwassenen.

Parallel hieraan blijven we voor kinderen ook steeds de volwassene (geen 'mede-kind') die zich met hen bezighoudt. Kinderen kennen wat volwassenen betreft vooral het pedagogische model: de opvoeder, degene die hun zal bijbrengen wat kan en niet kan, degene die desgewenst zal optreden en ingrijpen als iets niet door de beugel kan, degene die straft of beloont, die met een beoordelende blik reageert.

De perspectieven van waaruit gekeken wordt, verschillen. We kijken elk door een andere bril, leggen een ander filter op de werkelijkheid en zitten steeds met dit verschil, of we dat nu willen of niet.

Het leren kennen van de therapeut als een volwassene die zich in het contact anders gedraagt dan de doorsnee volwassene waar ze mee te maken krijgen, vraagt tijd voor kinderen, bijvoorbeeld op het vlak van praten, terechtwijzen, spelen.

Ik heb de indruk dat wanneer tussen de therapeut en het kind het perspectief volwassene-kind sterk speelt, de mogelijkheden tot 'vrij' spel eerder beperkt zijn en dat variaties van 'gestructureerd' spel beter aansluiten. En naarmate er meer bruggen geslagen kunnen worden tussen het perspectief van het kind en het perspectief van mij als volwassen therapeut, ontstaat er meer ruimte voor 'vrij' spel.

> Telkens wanneer ik Steven ga halen voor de individuele begeleiding en wanneer we terug naar de groep gaan, doet zich een bepaald patroon voor. Terwijl hij me zijdelings aankijkt, probeert hij allerlei zaken uit die mij dwingen om in te grijpen. Hij probeert de trapleuning af te glijden, gooit zijn pantoffels uit... Ook in de spelkamer, bij het begin van de begeleiding, probeert hij van alles uit. Zowel in het vrije als in het gestructureerde spel plaatst hij mij als therapeut steeds weer in de rol van de 'opvoeder' die hem moet begrenzen en corrigeren. Steven lijkt gevoelig voor het verschil in positie. Ik besluit hem duidelijkheid te geven, waardoor spel mogelijk wordt.
> Therapeut: 'Het is raar hè, met zo'n grote mens ergens apart samenkomen? Meestal zijn er andere kinderen bij: in de klas, in de groep op het dagcentrum. Als je al eens apart moet, dan is het nogal eens omdat er iets misliep, hè? Bij de directeur of zo. En nu kom je samen met mij, en er is niet echt iets misgelopen of zo, raar hè?! Hoe moet je dat dan doen, hè?'
> Steven luistert, valt even stil en loopt dan gewoon mee de spelkamer in. Mijn interventies richten zich sterk op het toelichten van de context van het contact, zodat Steven erg goed weet wat de bedoeling van het contact is, naast daadwerkelijk ingrijpen en corrigeren waar nodig. Hierbij leg ik Steven uit waarom ik dat doe en probeer ik ook te verkennen en te verbreden: vertoont hij ook vaak dergelijk gedrag op andere plaatsen? Hoe reageren de volwassenen dan?
> Na verloop van tijd verdwijnt dit gedrag grotendeels; soms lijkt het plezier en de zin om even uit te testen te groot en glijdt hij snel de trap af voor ik ook maar enige gelegenheid heb om iets te zeggen. Eenmaal beneden kijkt hij me glimlachend aan met een blik die iets zegt van 'Ik kon er niets aan doen en jij ook niet, hè?'

Niet verbonden zijn

Het systeemdenken situeert een mens in een netwerk van verbindingen, in een kader van voortdurende beïnvloedingen, een systeem van samenhangen die op allerlei vlakken altijd aanwezig zijn.

Een mens die zichzelf kan ervaren als verbonden met anderen, als opgenomen in een groter geheel, heeft daarmee een goede basis voor het ontwikkelen van een gevoel van welbevinden.

De opbouw van een geïntegreerd zelfbeeld is een belangrijk ontwikkelingsproces dat stoelt op de ervaring van verbindingen. Meerdere aspecten van jezelf als verbonden kunnen zien en tot een heel specifieke identiteit kunnen opbouwen vormt voor kinderen een soms moeilijke opdracht.

Veel van de kinderen waarmee ik te maken krijg, hebben hier een extra moeilijke taak. Het voelen en ervaren van verbindingen is op vele vlakken bezwaard.

Kinderen staan sociaal niet zo sterk: vriendjes maken is niet zo vanzelfsprekend, hun familie heeft niet zo'n goede naam, ze gaan niet of weinig naar hobby- of vrijetijdsclubs, soms weten ze niet goed meer of hun ouders hen nu écht wel mogen of niet.

Ze kunnen frustraties niet goed aan en schrikken soms van zichzelf wanneer ze plots op een agressieve manier uitbarsten, ze hebben het gevoel geen controle te hebben.

Sommige kinderen ervaren specifieke uitvallen in hun prestaties: ze hebben een gemiddelde intelligentie maar ervaren dat het rekenen, lezen of schrijven moeilijk lukt. Ook dit stuk van zichzelf krijgen ze moeilijk verbonden. De sociale omgeving helpt ook niet altijd.

Al deze zaken maken hen niet alleen kwetsbaar op velerlei vlakken, maar geven ook basale gevoelens van angst en onzekerheid die het therapeutische contact mee binnentreden. Dit is vaak een angst die existentieel is.

> Tommy is een jongen van negen jaar, die op het dagcentrum werd aangemeld wegens leerproblemen en serieuze gedragsproblemen. Het is een tenger, pezig jongetje dat veel onrust in zijn lijf heeft. Vooral in de omgang met andere kinderen op school doen zich problemen voor. Contacten leiden steeds tot conflicten waarbij Tommy agressief uit de hoek komt. Hij blijkt erg vast te houden aan zijn mening en is niet bereid tot overleg of bijleggen van het probleem.
> Uit de verhalen van Tommy presenteert moeder zich als erg onvoorspelbaar in haar reacties en beloftes. Vader is afwezig, er is weinig of niets van hem bekend, zeker niet bij Tommy. Er lijkt een taboe op hem te rusten.
> Uiterlijk valt Tommy op door zijn donkerder huidskleur en zijn diep donkere ogen. Hij lijkt van Indische afkomst te zijn. De rest van zijn familieleden ziet er 'gewoon blank' uit. Zelf vindt hij het zeer vervelend om op te vallen door zijn huidskleur.
> In de groep op het dagcentrum presenteert Tommy zich als prikkelbaar, nerveus, gemakkelijk uit te lokken, betweterig, soms zeer koppig vasthoudend aan zijn mening, egocentrisch, met weinig of geen inzicht in sociale situaties.
> In het individuele contact oogt hij als erg onzeker, angstig, gefrustreerd, nerveus, op zijn hoede, wantrouwig ('Waarvoor is dat?', 'Waarom moet dat?'). Niet alleen blijkt een grote geslotenheid maar vaak ook een grote onwetendheid en onbegrip omtrent wat er om hem heen, in zijn context, allemaal gebeurt. Ik stel vast dat het zeer moeilijk is om het contact met hem op te bouwen. Ik ervaar verbrokkeling, fragmentatie, verwarring en leegte. Ik besluit het op een andere manier te proberen en meer gestructureerd aan de slag te gaan. Ik ga werken met de hypothese van het niet verbonden zijn. Ik wil proberen verbindingen te verkennen op een 'gestructureerd spelende' wijze.
> Tommy krijgt een persoonlijk mapje met daarin alle materiaal uit het individuele contact. Ik merk al snel dat Tommy dit mapje bijna elk contact

'doorbladert'. Op die manier kunnen we een ordening in tijd aanbrengen en lijn brengen in de contacten. Het geeft Tommy een persoonlijke geschiedenis en ik merk dat dat hem goed doet.

Concreet worden veel afgebakende, eenvoudige opdrachtjes gedaan waardoor Tommy wat zicht krijgt op zijn eigen mogelijkheden. Ik weet al dat zijn fijne motoriek erg houterig, onzeker en beverig is. Hiermee wordt hij dagelijks op school geconfronteerd. Anderzijds weet ik ook dat hij erg graag bezig is met knutselen. Ik probeer met eenvoudige knip-, plak- en tekenopdrachten en met constructiemateriaal (grote blokken, parels...) zijn mogelijkheden te verkennen. Daarbij blijkt dat Tommy best goed kan tekenen, oog heeft voor details, mooie kleurencombinaties kan kiezen en creatieve ideeën heeft. Knippen en schrijven blijken erg moeilijk en frustrerend, maar door het geheel van opdrachtjes komt er een breder zicht op zijn sterktes en zwaktes.

De rode draad, de verbinding tussen al die losse opdrachtjes, is het werken aan een identiteitsboek, 'MIJN PASPOORT'. Daarin worden allerlei items opgenomen die als het ware een breed paspoort van Tommy vormen. We bouwen dit gradueel op: eerst voor de hand liggende dingen als naam en adres, dan een gedetailleerde beschrijving van zijn uiterlijk, het uiterlijk van de mensen om hem heen, en vervolgens hobby's, favorieten en 'niet-favorieten', gevoelens, angsten. Zijn creaties worden hier ook ondergebracht en vormen zo een typering van wie Tommy is.

Zijn onduidelijke afkomst, allerlei familiale relaties en achtergronden, het afwijken met zijn huidskleur, zijn sociale isolatie thuis, de vele conflicten met andere kinderen, zijn beperkte mogelijkheden konden op die manier mondjesmaat aan bod komen. In mijn ervaring gaf het Tommy een erkenning en verkenning van wie hij eigenlijk was. Ik merkte dat hij in sociale situaties af en toe gebruikmaakte van deze bevindingen, dat er inzichten groeiden die hij kon gebruiken en die hem hielpen om niet meteen in de aanval te gaan als anderen iets opmerkten over hem.

Gestructureerd spelen is voor veel kinderen een 'veiliger' manier van werken die duidelijkheid biedt en daardoor angstreducerend is. Veel aandacht kan op die manier gaan naar de gave levensgebieden, naar datgene waar kinderen wel verbonden zijn. Het op de voorgrond halen en het versterken van de verbondenheid door middel van het gestructureerde spel vormt het startpunt om van daaruit te zoeken naar verbreding en verruiming van de ervaringen van verbondenheid. Door deze manier van spelen wordt niet alleen veiligheid gecreëerd, maar wordt ook een proces van synthese, van verhelderen van verbindingen op gang gebracht. En dit proces werkt identiteitsverstevigend. De casus van Irene laat zien dat ook gestructureerd spelen tot inzicht kan leiden.

> Irene is een zevenjarig meisje. Ze is geobsedeerd door Grietje uit het sprookje Hans en Grietje. In alles wat ze doet of waar ze mee bezig is, komt dit steeds naar boven. Ze identificeert zich volledig met het sprookjesmeisje. Ook in de individuele contacten met Irene speelt dit. Er kan weinig of niets anders ingebracht worden. Irene schiet onmiddellijk in een fantasie en steeds weer komen we in het sprookje terecht. Dit leidt tot

immense angst voor vernietiging en desintegratie. Irene kan hier moeilijk uit teruggehaald worden. Ik heb het gevoel dat haar contact met de realiteit en specifiek met mij als therapeut zoekraakt.

Ik besluit het anders aan te pakken en ga op zoek naar spelactiviteiten die een sterk synthetiserend proces in zich dragen, die haar kunnen helpen concrete verbindingen te maken. We gaan in een andere ruimte zitten, een ruimte die veel soberder ingericht is dan de spelkamer. We werken aan een tafeltje en zitten naast elkaar. Ik geef Irene de uitleg dat we vanaf nu hier werken, eventjes niet meer Hansje en Grietje spelen, omdat dit haar vaak bang maakt. Aanvankelijk wordt ze erg boos, ze vindt dat niet leuk en reageert zich op me af. Ik probeer rustig, maar vastberaden, te begrenzen en te vertalen wat er gebeurt. Ik probeer ook de verbinding te maken tussen haar gevoelens en haar gedrag. Bij het begin van elk contact, wanneer we langs de spelkamer lopen, zegt Irene: 'We gaan vandaag niet met Grietje spelen hè?' Waarop ik aangeef: 'Nee, de pop Grietje blijft vandaag in de spelkamer, wij gaan er niet mee spelen, wij gaan iets anders doen.'

Het gestructureerd werken houdt in dat ik bepaal wat we doen en met welk materiaal we aan de slag gaan: puzzels, tekeningen, legoblokken, collages... We werken meerdere sessies met hetzelfde materiaal, aan eenzelfde onderwerp. Soms help ik haar, soms maken we naast elkaar hetzelfde. Irene wil steeds opnieuw tekeningen maken van Grietje, steeds dezelfde structuur, zelfde kleuren enzovoort. Ik moedig haar aan andere dingen te tekenen, wat ze niet leuk vindt maar uiteindelijk toch doet. Mijn nabijheid en voorbeeld naast haar is daarbij erg belangrijk.

We proberen met legoblokken een huis te bouwen. Dit lijkt voor haar onmogelijk. Met zeer veel concrete aanwijzingen, aanmoedigingen, voordoen, lukt het toch. Deze opdrachten zijn voor Irene extreem moeilijk: het proces van concreet dingen tot een geheel brengen vindt ze zeer frustrerend. Of het nu gaat om een huis bouwen of puzzels tot één geheel maken of prentjes over een onderwerp bij elkaar brengen, het verbinden van elementen tot een geheel is een karwei.

Geleidelijk aan krijgt Irene meer zicht op haar gevoelens en gedragingen en de effecten daarvan op haarzelf en de anderen. 'Vroeger wou ik steeds van Hansje en Grietje spelen hè en dan werd ik bang van die heks hè?'; 'Vroeger kon ik dat nog niet hè, een huis bouwen met blokken. Dan werd ik boos op jou en sloeg ik op je hè? Nu zeg ik dat ik boos op je ben.'

Tot slot

Het uitgangspunt van deze bijdrage is de zoektocht om binnen het kader van het individueel therapeutisch werken met kinderen aansluiting te vinden bij hun leef-, belevings- en betekeniswereld. Ik heb me gericht op de brede koffer van het spel. Een koffer vol definiëringen, visies en opvattingen over spel, vol verschillende ordeningen van spel die alle zowel inspirerend-verruimend als verengend-bevestigend kunnen werken.

Ik vertrek vanuit een visie op spel, met alle mogelijke vormen en betekenissen, als een vorm van taal. Via de vele mogelijke speltalen zoek ik aansluiting bij kinderen. Meer specifiek heb ik gefocust op twee mogelijke speltalen, namelijk het gestructureerde en het vrije spelen. Daarbij beschrijf ik hoe het me absoluut niet om de indeling op zich te doen is, maar om de indeling als reflectie-instrument. Daarbij is het voor mij belangrijk dat er op een speelse manier gewerkt wordt en dat ik niet krampachtig vasthoud aan de ene of de andere spelvorm, maar steeds weer in staat ben om te 'springen'. Dit houdt in dat kaders vastgehouden en losgelaten kunnen worden, dat er steeds weer gewisseld kan worden van invalshoek en dit in een proces van onafgebroken hypothesevorming en -toetsing.

Het schrijven van deze bijdrage heeft me andermaal geconfronteerd met de complexiteit van de wereld van het spelen. Het feit dat dit geen statische, starre wereld is, maar een wereld die continu in beweging is en verschuift, maakt het erg moeilijk om er taal aan te geven. Taal zet namelijk stil, taal verplicht te selecteren en stukje per stukje vast te leggen. En dat terwijl je eigenlijk net bezig bent iets van de complexiteit aan te geven. Die paradox heeft mij regelmatig vastgezet in mijn vertaalproces en me achtergelaten met een gevoel dat ik de complexiteit van het spelen nooit helemaal in woorden kan vatten. Mijn theoretisch kader steunt me echter met de overtuiging dat mijn gedachten andere gedachten wakker zullen maken, dat mijn woorden ook andere woorden zullen losmaken. En dit complexe en boeiende proces is voor mij een proces dat niet alleen voor ons als hulpverleners erg waardevol is, maar dat vooral ten goede kan komen aan de kinderen waarmee we hopelijk met veel speelsheid therapeutisch bezig zullen blijven.

Spelen met spel

Clara Vaes

Tussen Keulen en Parijs
Leidt de weg naar Rome
Al wie met ons mee wil gaan
Die moet onze manieren verstaan...

Er is de wereld van kinderen en er is de wereld van volwassenen. Twee werelden met eigen verhalen en eigen talen, met zowel overeenkomsten als verschillen. Twee werelden die met elkaar interfereren, maar die nooit samenvallen.
Hoe de weg naar Rome te vinden waar kinderen en volwassenen elkaar kunnen ontmoeten? Hoe bruggen te creëren tussen de betekeniswerelden van volwassenen en kinderen?
'Studie van de landkaart' en 'samen op pad gaan' bieden hierbij bruikbare richtingwijzers, ook al botsen we onderweg op hindernissen en raken we soms zelf het spoor bijster.
Allerlei gangbare visies omtrent kinderen in het algemeen, omtrent geplaatste kinderen met emotionele problemen en gedragsmoeilijkheden, omtrent wat goed is voor kinderen, omtrent kindertherapie, omtrent verwerking enzovoort, bieden steun en houvast. Desondanks worden we in onze dagelijkse omgang met kinderen geconfronteerd met de complexiteit van hun belevingswereld. Kinderen tonen via hun unieke verhalen dat algemeenheden en vanzelfsprekendheden in vervreemdende effecten kunnen resulteren.

Kinderen worden vaak benaderd vanuit een volwassenenperspectief. Er wordt dan verwacht dat kinderen 'spreken' over hun leefwereld. In de hulpverlening aan kinderen met emotionele problemen en gedragsproblemen stuiten we echter regelmatig op de grenzen van het gesprek. 'Naar de therapeut gaan om op ernstige wijze te spreken over problemen' is vaak een hulpverleningsingang van volwassenen, niet direct van kinderen. Bovendien zijn niet alle kinderen zo verbaal. Gevoelens en belevingen in woorden uitdrukken is geen vanzelfsprekende zaak. Voor kinderen is het vaak moeilijk om verbondenheid of gemis hieraan op een directe wijze te communiceren. Ze delen mee op hun 'eigen-aardige' manier en nodigen uit om goed te kijken en te luisteren. Ze tonen hun *anderstaligheid*, hun expertise om op gevarieerde wijze iets van hun belevingswereld tot uiting te brengen. Ze openen restaurants, knutselen, schilderen, trekken door het oerwoud en bouwen pretparkgevangenissen. Het 'spelen' van de verhalen waarin ze leven, al doende vertellen en creëren, hoort meer tot hun cultuur. Speltherapie is een medium om spelenderwijs de weg naar Rome te vinden, de weg waar twee werelden samenkomen en waar via onderhandelen en afstemmen op elkaar nieuwe betekenissen gecreëerd worden. Spelen, doen en spreken wisselen hierbij elkaar af of vloeien in elkaar over.
Therapie is een complex proces van samen dwalen en verdwalen. Op kruispunten staan vaak geen wegwijzers. Mogen en kunnen we in vele richtingen kijken?

De zevenjarige Tom biedt in zijn spel een brilletje aan. 'Zodat je nog beter kunt zien. Dan vinden we wat we zoeken!' Een uitnodiging om breed, op andere manieren te kijken? Een hint om, ook in een individuele spelsetting, kinderen te blijven zien binnen de diversiteit aan verbindingen waarin ze leven?
Ik wil aan de hand van een voorbeeldcasus tonen hoe dit systeemtheoretische uitgangspunt kan worden gebruikt in een speltherapie.

Speltherapie kan worden gezien als een zoektocht waarin elke deelnemer kennismaakt met andere manieren om ervaringen te bekijken. Dit samen zoeken vraagt van een therapeut een andere opstelling dan die van deskundige of buitenstaander. De therapeut is niet alleen nieuwsgierig naar de visies en gevoelens van het kind. Zij is niet alleen maar een spelpartner. Zij is actief aanwezig, doet ook iets met de spelrealiteiten die het kind brengt.
Samen met kinderen de weg naar Rome zoeken is een boeiende, maar daarom niet minder complexe en ingewikkelde tocht. Tijdens deze spannende onderneming beïnvloeden kind en therapeut elkaar voortdurend, onderhandelen ze met elkaar en stemmen ze af op elkaar. Kinderen nodigen uit, stellen de therapeut voor een opdracht, geven hints, wijzen terecht of fluiten terug bij niet-begrijpen, maar accepteren haar als een welkome reisgezellin als zij probeert hun manieren te verstaan.
Een dergelijke ingang nodigt ook uit tot het gebruikmaken van een groothoeklens, tot stilstaan bij de meerduidigheid van betekenissen die in spel vervat zitten. Rondcirkelend in de speeltaal tracht de therapeut samen met het kind betekenissen te verstevigen of te wijzigen met als doel dat in dit samenspel nieuwe, hoopvolle realiteiten worden gecreëerd.

Brecht: knutselen aan verbondenheid en verdriet

Brecht is negen jaar en stapt met een zekere veerkracht door het leven, maar zijn rugzak is overbelast. Er zijn in zijn leven vreselijke dingen gebeurd. Hij werd geconfronteerd met geweld en mishandeling en verloor in pijnlijke omstandigheden zijn ouders.
Tot zijn zevende jaar groeide hij op in een gezin dat als 'geïsoleerd' beschreven staat. Hij heeft een drie jaar oudere broer, Kristof. Vader kampte met een alcoholprobleem en pakte zijn kinderen en hun moeder met harde hand aan. Wat leren en presteren betreft, lag de lat zeer hoog in het gezin. Voor spel en ontspanning bestond weinig of geen ruimte. Brecht trad als beschermer van moeder op als deze door vader bedreigd en mishandeld werd. Hij ving letterlijk de klappen op voor zijn moeder. Op een avond reed vader in dronken toestand met moeder tegen een boom. Moeder kwam hierbij om het leven. Vader, door de familie van moeder beschuldigd van moord, werd tot opname in een ontwenningskliniek gedwongen. Er ontstond een breuk tussen beide families. Brecht en Kristof woonden tijdelijk in een pleeggezin en alle contact met hun vader werd verbroken. Kort daarop pleegde vader zelfmoord. Brecht kreeg het steeds moeilijker en vertoonde voor zijn omgeving moeilijk stuurbaar en moeilijk inleefbaar gedrag. Hij gedroeg zich erg onrustig, impulsief en chaotisch. Er

was een toename van lichamelijke symptomen: Brecht werd weer onzindelijk, verloor met periodes zijn stem, toonde eet- en slaapproblemen, pijnigde zichzelf en had regelmatig ongelukjes. Bij de geringste frustratie explodeerde hij. Zijn schoolprestaties gingen zienderogen achteruit. Straffen of belonen hielp niet en met zijn broer onderhield hij een strijdrelatie. Het leek alsof hij, tussen puinhopen lopend, het spoor compleet bijster was. Brecht maakte kennis met alle mogelijke vormen van hulpverlening en belandde op achtenhalfjarige leeftijd in het orthopedagogisch begeleidingscentrum waar ik werk. In het aanmeldingsverslag staan een posttraumatische stressstoornis en ADHD als diagnosen vermeld. Brecht verblijft in een leefgroep met acht leeftijdgenootjes en volgt bijzonder onderwijs in de school die aan het internaat verbonden is. Hij heeft buiten de instelling nog een aantal steunfiguren die hem op schoolvrije dagen een thuis trachten te bieden.

Via moeilijk en bizar gedrag signaleert Brecht elk houvast kwijt te zijn. Er gebeurde en gebeurt ook zoveel met en rondom hem. Voor alle ervaringen en gevoelens vindt hij nauwelijks woorden.

Na een aanpassingsperiode van een half jaar in zijn leefgroep en klas komt hij ook wekelijks naar het speelhuis (een naam die kinderen aan de therapieruimte geven).

De therapiefragmenten die volgen zijn illustraties van mijn pogingen om aansluiting te krijgen bij Brechts kwetsbaarheden, moeilijkheden en mogelijkheden.

Ik probeer beetje bij beetje iets toe te voegen aan zijn verhaal door me in te voegen in zijn taal, zijn tempo en door rekening te houden met zijn loyaliteiten, verlies en rouw.

Het is niet de bedoeling Brechts pijn en last ongedaan te maken, maar wel zijn rugzak lichter en draaglijker te maken. Al spelend en knutselend zoeken we samen naar een kader waarin Brecht kan spreken en denken over het 'onzegbare' en dus onzichtbare, over zijn pogingen om iemand te zijn, goed te doen, erbij te horen en over zijn loyaliteit met en gemis van zijn vader en moeder.

De speltherapeutische praktijk plaats ik binnen vijf thema's (Nichols & Schwartz, 2001). De hiernavolgende indeling blijft een theoretische en dus fictieve rubricering. In de praktijk zitten de verschillende thema's in elkaar verweven. Tijdens het samen spelen en praten verschijnt op sommige momenten een bepaalde therapeutische ingang even op de voorgrond.

Aansluiten en creëren van verbinding

Brecht gaat steile bergen beklimmen en daarvoor heeft hij een overlevingsriem nodig. 'Dat is zo'n riem waar allerlei dingen aan hangen die je nodig hebt in de bergen zoals touwen, een verrekijker, een kompas, buidels met vuurpijlen, overlevingskoekjes...'

T: Je gaat toch niet alleen de bergen in, hoop ik?
B: Ik denk dat ik Raf en Kim meevraag. Tom vraag ik niet mee, want die moet altijd zijn zin hebben.
T: Je beste vrienden mogen mee. Kim kan volgen denk je?
B: Ik trek die wel naar boven als het moet.
T: Dat is lief van jou.

Hij diept een mooi wit steentje uit zijn broekzak op.
B: Kijk eens, buiten gevonden. Daarvoor wil ik ook zo'n buideltje dat ik aan mijn overlevingsriem hang.
T: Een prachtig steentje zeg! Je wil het meenemen op je overlevingstocht?
B: Sure.
T: Je moet wel een goede speurneus zijn om zulke mooie schatten te vinden.
B: Ja, ik kijk goed rond. Maar ik heb ook wat geluk hoor, want goed kijken is één en vinden is twee.
T: En jij hebt het geluk dat je schatten vindt! Zitten er nog van die speurneuzen in je groep?
B: Niet direct. Kim is jaloers op mijn geluk.
T: Kim heeft pech. Hij is niet zo goed in zoeken en vinden? Is dat moeilijk voor hem?
B: Hm.

Brecht zoekt geschikte materialen bij elkaar en vindt een brede elastiek die als riem kan dienen, geschikte stevige touwtjes, buisjes voor zijn verrekijker... Het wordt even stil. Hij zit zichtbaar te worstelen met stofresten en zijn gevoelens. Ik wil hem niet onderschatten en wacht af.

Hij taxeert me even en vraagt of ik handig ben met naald en draad, want hij zou graag een mooi buideltje hebben voor zijn witte steentje. Niet zo een van vlug-vlug met plakband of met nietjes gemaakt. Holala, dat niet! En hij kan veel goed, praktisch alles kan hij, maar naaien, dat is zo moeilijk hè. Als ik dat voor hem zou kunnen maken, dan kan hij ondertussen al aan zijn verrekijker werken. 'Kwestie van twee vliegen in één klap hè!'

Hij taxeert me opnieuw vol spanning.
Ik wacht even en geef hem op nadenkende, verhalende toon een antwoord.
T: Een buideltje maken, dat kan ik wel doen ja. Gelukkig dat jij de verrekijker maakt, want dat zou ik pas echt moeilijk vinden... Gelukkig dat ik vroeger op school handwerkles heb gehad, want eerst kon ik dat niet... en in mijn klas zaten kinderen die rekenen of turnen dan weer ontzettend moeilijk vonden... Er was er eentje die vreselijke buikpijn kreeg van vraagstukken...
Brecht luistert aandachtig.
T: Zitten er in jouw klas ook kinderen die iets verschrikkelijk moeilijk vinden?
B: Dat weet ik niet. Dat moet je aan hen zelf vragen.

Maar jij maakt dus voor mij een schattenbuidel terwijl ik aan mijn verrekijker werk?
T: Oké. Vertel me dan eerst welk stofje je wilt en hoe groot het buideltje ongeveer moet zijn.
B: Yes! Yes! Yes!

Samen werken we aan zijn overlevingsriem, ieder aan een onderdeel. Er ontstaat een sfeer van rustig en gezellig samenwerken en vertellen. Hij geniet er zichtbaar van en verwoordt: 'Het is hier fijn rustig en daarom kan ik hier zulke mooie dingen maken. Ik ben soms een echte geluksvogel!'
Even later komt hij mijn werk inspecteren. Ik doe het prima volgens hem en hij vervolgt:
B: Maar weet je, mijn mama, die kon dat goed, zo naaien!
T: Oh ja? Mama was heel handig met naald en draad?
B: Ja, dat had je moeten zien wat die allemaal met haar naaimachine kon maken!
T: Zelfs met een naaimachine wist mama handig om te springen. Maakte ze ook zelf kleren?
B: Natuurlijk! Eén keer, toen ik vijf jaar was, heeft ze voor mij een prachtige basketballbroek gemaakt, zo'n broek met hier van boven een vierkant stuk eraan waar ik een tekening op mocht maken met van die speciale stiften. Die tekening kon later uitgewassen worden en dan kon ik weer iets anders tekenen.
T: Dat moet een mooie broek geweest zijn die jij samen met mama maakte. Vonden andere mensen hem ook mooi? De kleuterjuf? Oma?
B: Het zal wel, maar dat weet ik niet meer zo goed.
T: Jij bent ook een handige kerel hè. Van je mama meegekregen?
B: Dat zou wel eens kunnen ja. Er bestaat ook een boek met de titel: 'Brecht is handig en slim.'
Misschien hebben mijn papa en mama me daarom Brecht genoemd.
T: Ik kan me er iets bij voorstellen. Jij pas geboren. Mama en papa heel trots, bewonderen hun baby en zeggen: 'Onze zoon lijkt ons een handige en slimme kerel te worden! Zullen we hem Brecht noemen?'
B: (Glunderend) Ja, dat zou best wel eens kunnen dat ik zo mijn naam kreeg.

Tevreden en ingetogen werkt hij verder. De verrekijker en schattenbuidel raken af. Hij gaat voor de spiegel staan met zijn riem om waar de eerste overlevingsattributen aan hangen en bekijkt zichzelf uitgebreid. 'Ik ben een echte geluksvogel vandaag!' besluit hij.

Brecht leeft in oneindig veel samenhangen waarbinnen hij voortdurend beïnvloedt en beïnvloed wordt. Door voortdurend de vele relaties en contexten waarin hij leeft te betrekken in zijn spel wordt getracht zijn besef van verbondenheid te vergroten. Hierdoor krijgen ook positieve herinneringen uit het verleden een plaats in zijn levensverhaal.
Brecht ondervindt in zijn leven niet alleen last en pijn. Hij wordt ook

positief beïnvloed. Hij vindt schatten. Hij heeft vriendjes. Hij kan genieten van sfeer en samen (bezig) zijn. Brecht kan een leuke herinnering aan zijn moeder onder woorden brengen, waardoor gemis en verdriet draaglijker worden.

Brecht is een loyaal kind. Over mama vertellen roept al snel het beeld van papa op. Mag hij ook positief over papa denken en praten? Mag hij ook om papa rouwen? Tot nu toe ervaart Brecht elders nog weinig of geen toestemming hiervoor.

Langer en uitgebreider over mama vertellen zou het loyaliteitenconflict waarin hij gevangen zit kunnen versterken. Liever volg ik zijn tempo en zoek ik met hem naar een levensmoment van verbondenheid waar én papa én mama mogen bestaan. Hierdoor kan Brecht het besef ontwikkelen dat hij er zelf ook mag zijn.

Niet pathologiseren

Het is einde speeltijd wanneer ik Brecht van school haal. Hij staat tegen de muur van het schoolgebouw. Voor straf, zoals ik al vermoedde. Zijn buitenkant drukt een en al spanning uit. Zijn juf maant hem aan om nog eens goed na te denken over alles wat er op de speelplaats gebeurde.
'Kom, wegwezen hier,' bromt hij en als een tijdbom die op ontploffen staat, loopt hij met me op.

'De juf was blijkbaar niet goed gehumeurd?' vraag ik in het speelhuis. 'Was er het een en ander gebeurd op de speelplaats?'
De stop vliegt van de stoomketel en opgewonden, met hese stem en druk gesticulerend, brengt hij een verhaal van bendevorming, ruzies en vechtpartijen op de speelplaats. Er is geen speld tussen te krijgen. Niels en Marijn zijn de grote aanvoerders waar heel wat kinderen bang voor zijn en voor terugdeinzen. Hij niet, hij is geen watje! Hij heeft laten zien 'even machtig' te zijn. Poeh, wat doet het Brecht dat Marijn hem bij de keel greep. Het kan hem juist niets schelen. Hij heeft immers een heel sterke keel en kijk maar, hij zal me eens laten zien hoe hij met een paar grepen, want hij weet heel wat af van judo, Marijn zo van zich af zwierde. Niels dacht dat hij Brecht kon uitlachen? Eens goed pootje lappen ja en hij lacht al wat minder... Maar de juf trad op en alle vechtersbazen kregen een plaatsje tegen de muur.

B: Zoals altijd kreeg ik weer de schuld. Maar dat Niels en Marijn beginnen met uitdagen, dat zien ze niet hè!
T: Wat een pechspeeltijd! Ruzies en vechtpartijen en straf van de juf erbovenop. Leuk is anders.
B: (Al iets rustiger) Zeg dat wel ja!
T: Stonden er geen vijf jongens tegen de muur?
B: Ja, maar waarom moet IK gestraft worden als ik niet begonnen ben? Bovendien heb ik last van zelfsturing.
T: Last van zelfsturing?
B: Dat heeft te maken met **mijn hersenen**. Die zijn in het ziekenhuis onder-

zocht en die dokter zei dat mijn hersenen niet altijd goed sturen. Op die momenten word ik behoorlijk wild.
T: Je remmen werken dan minder goed? Is het dan dat de mensen zeggen: 'Niet zo impulsief Brecht!'?
B: Ja, maar ik kan daar toch niets aan doen als mijn hersenen niet goed werken!
T: Moeilijk is dat ja. In plaats van dat die hersenen hun werk vanzelf goed doen, moet je ze nog gaan helpen ook!
B: Ik moet daarvoor Rilatine[1] innemen, maar eigenlijk wil ik geen pilletjes nemen.
T: Je zou willen dat je je hersenen kon sturen zonder pilletjes?
B: Hm.

Plots, op rustige toon:
B: Zal ik je eens iets laten zien?
Hij stroopt zijn broekspijpen op.
B: Hier, drie littekens heb ik!
Ik moet zijn littekens van dichtbij bekijken. Hij heeft ze allemaal opgelopen vóór hij zeven jaar was door te wild gedrag. Tot in detail vertelt hij waar en hoe hij aan zijn littekens kwam, wie met hem naar de dokter ging en hoe snel hij weer genas. Pijn? Toe nou, hij is geen watje hoor! Hij heeft inderdaad stevig vel. Hij is een sterke! Herinnert hij zich nog iets van commentaren uit de omgeving? Nee, alleen dat de kinderen uit de eerste klas stikjaloers waren omdat hij met zijn gewonde knie in een chique ambulance naar het ziekenhuis mocht.

Genoeg verteld over ruzies op de speelplaats en hersenen die niet uit zichzelf goed sturen, Brecht wil knutselen en hij weet al wát: 'Zo'n badge van een sheriff.'
Hij heeft een tekeningetje op zak dat hij op karton wil plakken en daarna plastificeren.

T: Waar ga je je sheriffbadge dragen?
B: Euh... het liefst zou ik 'm op de speelplaats dragen, maar dan worden Niels en Marijn weer vreselijk jaloers en dan begint het spel weer.
T: Het zou wel leuk zijn hè, als een sheriff over de speelplaats rondlopen?
B: Oh ja, dat zou pas gaaf zijn!
T: Aan wie zou je je badge wél kunnen laten zien?
B: Ah, ik heb een idee! Ik maak er twee. Een voor mij en een voor Tom.
T: Dus aan Tom laat je je badge zien en hij krijgt er zelf ook een. Wat zal hij daarvan zeggen?
B: 'Wauw, gaaf jongen!' Dat denk ik dat hij gaat zeggen.
Dan spelen we samen sheriff. Ik denk dat Tom wel wil.
T: Twee sheriffs die er samen op letten dat alles goed verloopt.
B: Sure, daar zijn ze voor.

---

1. *Ritalin® in Nederland (methylfenidaat).*

> Hij lijmt nog een veiligheidsspeld vast en vraagt mijn hulp om zijn badge ter hoogte van zijn borstkas op zijn trui te bevestigen. Daarna gaat hij zich uitgebreid in de spiegel bekijken en vindt het resultaat ronduit geslaagd.
> B: Gaver kan niet!
> T: Kan de sheriff met badge misschien ook zijn hersenen weer tot de orde roepen als ze nog eens sturingsmoeilijkheden hebben?
> B: (Glimlacht breeduit) Dat is een goeie! Ze moeten nog wel luisteren hè!
> T: Weet het me maar te vertellen.

Het is een systeemtheoretisch geschoolde therapeut niet om de stoornis te doen, maar om de talloze verbanden waarin mensen zichzelf begrijpen en begrepen worden. Mensen kunnen zichzelf als vreemd of gestoord waarnemen en ook zo waargenomen worden. Hoe dwingender die druk, des te moeilijker het is om zichzelf op een andere wijze te realiseren of gerealiseerd te worden (Reijmers, 1999). Blijven focussen op relaties en contexten, en dus niet pathologiseren, is echter bij Brecht geen sinecure.

Brecht is niet alleen een jongen met een rotverleden en lastige tussenmenselijke ervaringen. Hij is ook een jongen met de diagnose ADHD. Hij toont een gevarieerde, levendige buitenkant. Hij neemt gretig en vluchtig zijn omgeving waar en even vluchtig verandert hij van gespreksonderwerp. Op sommige momenten wordt hij overweldigd door de buitenwereld en heeft zijn gedrag een overweldigend effect op zijn omgeving. Via associatief taalgebruik zoekt hij naar houvast en probeert hij te ordenen, een rode draad te vinden in het complexe proces van veelzijdige beïnvloedingen.

Om aansluiting te krijgen, volg ik hem in zijn constructies en zijn associaties en geef ik korte reflecties op zijn gedrag. Zo probeer ik hem in een observatiepositie te plaatsen, zodat hij zicht kan ontwikkelen op het ingewikkelde proces van communicatie en beïnvloeding. Effecten op een ander hangen immers niet af van Brechts bedoelingen of intenties. Dit is voor Brecht een ongekende realiteit. Voor Brecht geldt dat zijn gedrag al snel als problematisch gezien wordt.

Via externaliseren (niet jij, maar die stuurloze hersenen vormen het probleem) en reflecteren op zijn gedrag ontwikkelt Brecht zicht op beperkingen en moeilijkheden en worden ook mogelijkheden zichtbaar (hoe kunnen we dit probleem te lijf gaan?) (White, 1995; Freeman, Epston & Lobovib, 1997).

Er wordt een andere werkelijkheid op de voorgrond geplaatst, naast of weg van het verstoorde. Naast de realiteit van 'kind met ADHD' verschijnt Brecht en gaat hij zichzelf zien als een sterke jongen die zijn probleem – onder andere het over een stel stuurloze hersenen beschikken – actief aanpakt, zoals een sheriff die waakt en leidt.

Focussen op kracht

> Brecht begint zijn speeluur met: 'En vandaag moet je me helpen!'
> Hij wil een goocheldoos maken met koord, toverdoekjes, ballonnen en allerlei potjes als inhoud. Jammer dat het witte konijn ontbreekt. 'Dat zou

pas echt gaaf zijn hè?' Maar geen van ons beiden kan een wit konijn toveren; wel kan ik op zijn vraag helpen met toverdoeken knippen. Ik ben wel een ontzettend klungelige hulpverleenster!

B: – Goh, hoe hou je die doek toch vast!
– Nee! Nee! Niet zo ver knippen!
– Weet je zeker dat je die tweede doek even groot kunt knippen???
T: Je bent bang dat ik fout knip? Leg me nog eens heel goed uit hoe jij het wilt, want ik ben geen tovenaar, geen goochelaar en kan zelfs geen gedachten lezen. Erg voor jou hè?
B: Haha. Ik heb wel gemerkt dat je geen gedachten kunt lezen. Sliep sliep, ken je mijn geheimpjes ook niet!
T: Zelfs zijn geheimpjes kom ik niet te weten als hij ze niet vertelt!

Brecht ontspant en geduldig legt hij mij zijn plannen en wensen uit. Als ik ongevraagd nog een minimale poging tot hulp aanbieden onderneem, reageert hij bits, gekrenkt.

B: Zeg, ik ben geen klein kind hoor!
T: Dat is waar Brecht. Je kunt zelf al veel! Ik doe nu net zoals veel grote mensen doen, namelijk kinderen helpen als het niet nodig is. Vervelend hè?
B: Ja en ik kan er niet tegen dat ze denken dat ik iets niet kan.
T: Je vindt het niet leuk als ze je onderschatten.
B: Nee, daar kan ik niet tegen.

T: Vertel eens. Hoe heb je die tovertrucjes met de koord geleerd?
B: Helemaal uit mezelf! Niet van andere mensen hoor. Ik kijk hooguit eens in een goochelboek.
T: Mij heb je nu al twee trucjes geleerd. Heb je ze in de groep ook al aan iemand laten zien of geleerd?
B: Laten zien aan iedereen, maar alleen aan Raf heb ik geleerd hoe die trucjes werken, want hij is mijn beste vriend.
T: Raf is je beste vriend en die mag een leuk geheimpje van jou kennen. Bewaart hij jullie geheim goed?
B: Ja, Raf vertrouw ik wel. Gisteren dacht ik: 'Aan Kim wil ik ze ook nog leren.' Maar dat is een trage hoor!!!
T: Voor Kim zul je geduld moeten opbrengen om hem in te wijden in de goochelwereld.
B: Geduld? Dat heb ik over voor mijn beste vrienden hoor!
T: Je hebt wat over voor je beste vrienden. En dat weten ze?
B: Sure! Ze vragen me soms honderd keer achter elkaar: 'Brecht, laat nog eens zien!' 'Brecht, leg nog eens uit!' En dan doe ik dat. Wel duizend keer opnieuw als het moet!
T: En? Kim trots als hij na jouw eindeloze geduld een truc kent?
B: Geloof het maar! Ja ja, iedereen verrassen en blij maken, zo kennen ze mij in de groep!
T: Ze hebben geluk met iemand als jij in de groep!

Hulp vragen, krijgen of geven is een ingewikkelde communicatieve daad.
Iets niet kunnen kan niet voor Brecht. Hulp aanbieden opent of bevestigt onmiddellijk het perspectief van 'je kunt iets niet, je faalt, je bent niet in orde'. Een ondraaglijk perspectief voor een kind dat al heel wat faalervaringen heeft opgedaan en opdoet in het dagelijks leven. Aangeboden hulp confronteert hem met kleinheid en machteloosheid. Het tast zijn identiteit aan.

Om identiteit te verwerven, moet Brecht veelzijdig onderhandelen, in alle samenhangen.
Identiteit is constant in beweging en hangt samen met de erkenning en het gebruik van nieuwe potenties en vaardigheden. Door constructieve identiteitsaspecten te benoemen worden ze een steunbron. Ze worden een label dat aan de persoon vastkleeft. In de identificatie met dergelijke benoemingen wordt het kind als het ware 'verplicht' om zich op die wijze te gedragen. Potentiële kwaliteiten worden daadwerkelijke vermogens (McAdam, 2002).

In de speltherapie gaan we op zoek naar de kracht van Brecht, naar zijn mogelijkheden waarvoor hij in zijn leefwereld bevestiging en waardering ervaart.
Het besef iets te kunnen en te betekenen voor een ander werkt identiteitsversterkend. Brecht kan zien dat zijn doen (verrassen, een ander iets leren) welkom is bij leeftijdgenootjes. Op die momenten hoort hij erbij en is hij uniek in de rol van goochelaar. Spelend en converserend zoomen we in op zijn kwaliteiten. Hij is vooral handig, slim, redder, vindingrijk, dapper, vriend van, auteur, speurneus, goochelaar, animator en ook hersteller. Samen zoeken we waar hij voldoende erkenning krijgt voor deze aspecten zodat hij een andere, meer constructieve identiteit kan uitbouwen.

Werken met culturele en sociale verhalen

Brecht leeft in sociale representaties (Moscowici, 2001) omtrent goede en slechte gezinnen, dader-slachtoffer, macht-onmacht, schuld-boete. Hij voelt het dwingende en normatieve ervan. Ze maken het hem soms moeilijk om zichzelf op een andere wijze te realiseren of gerealiseerd te worden. Hij presenteert de representaties: is nu eens het slachtoffer, dan weer de dader en wordt al snel vergeleken met zijn vader.
Als Brecht op de vuist gaat, een regel overtreedt, riskeert hij meer dan een ander kind bekeken te worden met ogen van 'de appel valt niet ver van de boom'. Hij komt immers uit een 'fout' gezin en hij heeft 'foute' ouders. Iedereen is verontwaardigd. Om die reden kan hij noch de verbondenheid met zijn (verdwenen) ouders, noch het verdriet over hen tonen.
Brecht deed heel wat verlieservaringen op, maar kreeg of krijgt weinig (h)erkenning voor zijn verdriet. Impliciete en expliciete veroordelingen van zijn ouders en zijn gezin door familieleden, hulpverleners en door omstanders, én maatschappelijke vertogen omtrent een 'goed gezin' en goede ouders, maken zijn verdriet onzegbaar en daarmee onzichtbaar. Maar ook

culturele en sociaal-maatschappelijke ideeën omtrent verlieservaringen bij (jonge) kinderen, zoals 'ze vergeten vlug', 'beter niet te veel zeggen', bemoeilijken het zoeken en vinden van taal om gemis en verbondenheid met zijn ouders uit te drukken (Michielssen, 1996).

> We hebben boeiend knutselgerei gekregen van Rik, de ergotherapeut, namelijk een doos vol inhouden van versleten radio's en computers. Brecht is blij. Hij raakt als het ware even overspoeld bij de aanblik van dit prachtmateriaal. 'Ik word er bijna gek van!'
> Hij zoekt, bekijkt, draait schroeven uit, haalt draden uit elkaar... en beslist.
>
> B: Ik ga een noodsignalenopvangende zender maken.
> T: Een noodsignalenopvangende zender?
> B: Ja, ik kan dan aan wal alarmsignalen van boten opvangen en met mijn zender opsporen waar de boten zich bevinden.
> T: Zo probeer je dan mensen in nood te redden.
> B: Juist.
>
> Vooral de gekleurde elektriciteitsdraden fascineren Brecht. Hij draait ze op handige wijze in en uit elkaar, geeft me uitleg over hun functie, over welke bij elkaar horen, hoe je ze moet aansluiten...
> B: En twee draden samen zijn sterker dan elk apart.
> T: Dat is dan zowat te vergelijken met basketball of voetbal?
> B: Hoezo?
> T: Je scoort toch ook sneller als je samenspeelt dan als je apart speelt dacht ik.
> B: Dat is een goeie! Kris, onze sporttrainer, roept ook altijd: 'Passes geven!!'
> T: Zie je wel.
>
> Brecht weet al veel over elektriciteit. Ook al is hij nog maar een kind, hij bezit 'een pak hersenen'.
> T: Sturen ze ondertussen al wat beter?
> B: Ik help sturen en weet je, ik zou echt van die Rilatine afwillen.
> T: Misschien kun je eens met de dokter bespreken of dat al kan.
> B: Dat ga ik eens doen ja.

Dat Brecht zoveel weet en kan, heeft eigenlijk niet alleen met zijn hersenen te maken. Papa was ook handig en eigenlijk kijkt en luistert Brecht ook goed naar Rik en naar zijn pleegvader.

Het gekregen knutselmateriaal roept herinneringen op bij Brecht. Hij krijgt weer toegang tot leuke episodes met zijn vader. Zijn blik wordt verruimd. Papa was niet alleen gewelddadig. Hij was ook een harde, handige werker. Papa zo kunnen en mogen herinneren geeft ruimte aan zijn loyaliteit en maakt het mogelijk om breder te kijken. Naast papa komen nog andere identificatiefiguren in beeld zoals Brechts sporttrainer, zijn ergotherapeut en zijn pleegvader. Ook ervaringen met breuken, conflicten en geweld worden bespreekbaar en gecontextualiseerd.

Door ons gepraat heeft hij een vergissing begaan.
B: Oeioeioei, ik heb twee regels overtreden en dat is gevaarlijk! Stroom als straf!
T: Welke regels heb je overtreden?
B: Tweemaal twee kleuren fout met elkaar verbonden en dat mag niet!
T: Kun je het herstellen?
B: Sure!
T: Gelukkig, geen stroomstraf!
B: In de groep en thuis heb ik niet altijd zoveel geluk hoor.
T: Oh nee?
B: Oh nee nee. Als ik in de groep een regel overtreed, krijg ik op m'n kop. 'Brecht, jij houdt je aan de regels zoals iedereen bla bla bla....' En vorig weekend kreeg ik thuis op m'n kop.
T: Ook door moeilijke regels?
B: Ja, maar ook door Kristof, dat engeltje.
(Dit laatste op smalende toon.)
T: Hadden jullie onenigheid over een regel?
B: Ja, ik kan goed werken, dat weet je wel hè en Kristof, de profiteur, wou zijn taken thuis gewoon naar mij doorschuiven maar dat pikte ik niet hoor! Ik gaf niet toe en hij gaf ook niet toe. We hebben toen zo hard gevochten dat Kristof een stuk tand kwijt was en kijk hier maar eens in mijn hals! Die krab is van hem!
T: Oei, jullie moeten wel heel boos op elkaar geweest zijn? Hoe kwam er een eind aan de vechtpartij?
B: Marie-Rose kwam ertussen. Ze was erg boos en zei: 'Jullie hebben allebei een regel van ons huis overtreden! Jij, Kristof, door je taken niet zelf uit te voeren en jij, Brecht, door gewelddadig te zijn!'
T: Samen twee regels overtreden dus. Kregen jullie straf van Marie-Rose?
B: Hm. Kristof moest als de bliksem zijn taken zelf uitvoeren plus een extra taak en ik mocht de hele dag niet op de computer.
T: Een zware straf?
B: Hm. Maar weet je dat ze in Amerika stroomstoten geven aan moordenaars? Dat is een nog veel zwaardere straf!
T: Straffen ze daar met stroomstoten?
B: Jaja, als die de drang tot moorden voelen opkomen, geven ze die een ferme stroomstoot en dan worden ze weer rustig. Ik wil nooit in Amerika wonen!
T: Jij hebt ook geen stroomstoten nodig want je doet heel hard je best om je hersenen te sturen.
B: Ja, ik ga mijn best doen.
T: Wie ziet dat?
B: Het is al een paar keer gebeurd dat ik iemand eens goed wou afranselen en toch kon ik me nog inhouden. 'Nou Brecht, dat vind ik heel flink van je!' zei Lieve (leefgroepbegeleidster) toen.
T: Lieve ziet hoe hard je je inzet.
B: Die wel ja.

Samenleven is soms moeilijk. Wil je erbij horen en als individu goed functioneren, dan moet je de omgangsvormen, de regels en wetten respecteren (goed verbinden, zoals met elektriciteitsdraden). Als je afwijkt, krijg je verstoorde verbindingen en riskeer je straf en uitsluiting (stroom).

Culturele en sociale vertogen die drukkend en vernauwend op Brechts identiteit werken, kunnen we niet negeren of ongedaan maken. Wel kunnen we oog hebben voor zijn betekenisverleningen en alle aspecten die hij aanhaalt ook in deze context bezien. Naast het traumaverhaal creëren we samen beetje bij beetje een nieuw verhaal waarin wat gezegd en gedacht wordt over Brecht en zijn ouders geherdefinieerd wordt en waarin zijn kracht en zijn constructieve identiteitsfacetten op de voorgrond komen.

Werken met de wereld buiten de spelkamer

Brecht voelt zich gelukkig, en wel om verschillende redenen.

Hij heeft allereerst met de kinderpsychiater zijn weerstand tegen pilletjes slikken besproken.
T: En wat zei de dokter?
B: Nou, ik mag het proberen zonder pilletjes. Zeker thuis en in de groep. Voorlopig houdt mijn juf in de klas nog een doosje Rilatine bij zich. Als ik me daar te onrustig gedraag of me niet kan concentreren, moet ik er wel nog eentje slikken.
T: En? Tevreden met die afspraak?
B: Oh ja, ik ben heel blij. Ik voel me veel beter zonder Rilatine. Deze week heb ik er nog maar twee keer eentje nodig gehad in de klas.
T: Fijn voor jou!

Wat hem nog blijer maakt, is het fotootje van Lien in zijn broekzak. Hij gaf haar er ook een van hem dat zij goed bewaart, want hij is gek op Lien en Lien op hem.

Bovendien is het bijna carnaval en daarvoor wil hij vandaag een muziekinstrument maken. Hij dacht aan een speciaal zoemfluitje: 'Kazoe ga ik het noemen!' Na carnaval kan hij zijn kazoe nog gebruiken want samen met Kim gaat hij een orkest oprichten.

Brecht heeft ondertussen de nodige onderdelen voor zijn kazoe gevonden. Hij houdt ook een mooi stofrestje in zijn hand.
B: Naai jij nog eens zo'n beursje waar ik mijn kazoe in kan bewaren? Terwijl jij naait, werk ik aan mijn kazoe. Ik vind dat zo leuk en gezellig.
T: Samen werken kan leuk en gezellig zijn ja. Zoals samen in de tuin werken? Of samen spelen met vrienden?
B: Ja, en samen plannetjes bedenken met vrienden.
T: Zoals een orkest oprichten?
B: Ja, of een carnavalsstoet vormen. Of allemaal onze muziekinstallatie van thuis mogen meebrengen!

T: Dat zou leuk zijn hè? Een internaat vol muziek!
B: Oh yes!

Brecht is eerder klaar met zijn werk en gaat neuzen in de doos met verkleedkleren en in de doos met muziekinstrumenten. Het is de eerste keer dat hij van spelvorm verandert.
B: Spelen jongens van mijn leeftijd hier ook nog mee?
T: Hm, oudere ook.
Na vijf minuten rommelen probeert hij verschillende muziekinstrumenten voorzichtig uit.
B: Hoor eens... deze rinkelbellen... net Kerstmis! En de triangel... hoor... net een klok!
T: Klinkt de klok droevig of blij?
B: Blij... rustig.
T: Zoals jij je nu voelt?
B: Ja.
En hoor deze rammeleieren eens... net Pasen.
T: Allemaal feestelijke muziek?
B: Allemaal feestelijke muziek ja.

B: Heb je deze muziekmolen zelf gemaakt?
T: Nee, dat zou ik niet kunnen.
Brecht draait peinzend aan het hendeltje van de muziekmolen.
B: Mijn papa kon zelf koffiemolens maken.
T: Handig dat die papa van jou was hè?
B: Ja.

B: En nu opgelet!
Hij springt recht, zet een geel masker op, neemt de trommel en trommelt erop los. Hij geniet zichtbaar.
T: De carnavalsstoet geopend?
B: Oh ja, was het maar vast zover!

Hij gaat met het gele masker op even voor de spiegel staan en draait zich dan naar mij toe. Nadenkend en druk gesticulerend, declameert hij zijn ter plekke verzonnen gedicht.

De man van goud zag een astronaut en die had het koud,
Hij sprong heen en weer, op de aarde was het mooi weer,
Ik zie het orkest, voorop loopt Modest en dan komt de rest,
Ik zie ook de dieren, in elke stal zijn ze met vieren.

T: Applaus! Waar haalt die man van goud toch al die ideeën vandaan?
Brecht doet zijn masker af en zegt met een brede glimlach:
B: Dat komt zomaar uit mezelf!
T: Het zit allemaal binnenin je en nu komt het zomaar naar buiten.
B: Zo simpel is dat ja.
T: Je moet het toch maar kunnen.

Ik heb ondertussen zijn kazoebeursje afgekregen.
T: Hier, man van goud.
Hij complimenteert en bedankt me. Zonder protest houdt hij zich vandaag aan de afspraak dat hij zijn knutselwerkje nog enkele uren in zijn doos in de gesloten kast legt en na schooltijd komt ophalen.
B: Ik zou mijn kazoe heel graag al meenemen, maar zal toch wachten tot de school uit is.
T: Sterk van je dat je je aan zo'n moeilijke afspraak weet te houden.

In het speelhuis heerst rust. We komen tot een gezellig samenwerken en vertellen binnen welke grenzen een foutje maken of iets niet kunnen, kan. Onderhandelen is mogelijk. Hij durft al af en toe uitleg te vragen in plaats van alleen maar te geven. Hij durft me te vertrouwen. 'Jij weet, kunt, vindt wel...' of 'Wat je zegt doe je ook. Ik weet dat je ervoor zorgt dat niemand mijn knutselwerk steelt of kapot maakt....'

Ik merk op dat hij zich ook in andere contexten verbonden weet. Zo is hij de nummer drie geworden in het kamp, dat hij met vrienden aan het bouwen is. Dit wil zeggen: de derde baas. Hij gaat ermee akkoord dat Yannick, de eerste baas, het wachtwoord ABC mocht bepalen en handtekeningen uitdelen. Hij merkt ook op dat Niels geen moer van het kampleven snapt. 'Ik word er soms zo zenuwachtig van!' Ook bij Theo, zijn groepsleider, voelt hij zich goed. Hij oefent wekelijks met hem in het zwembad om zijn longinhoud te vergroten. Samen begeven ze zich tot op de bodem en daar proberen ze al tellend zo lang mogelijk te blijven. Maar bij het minste teken van Brecht met zijn hand gaan ze snel terug naar de oppervlakte.
Van een tante kreeg hij een portefeuille om fotootjes en zo in te bewaren...

Brecht neuriet, zingt en fluit, glimlacht veel en geeft goed oogcontact. Zijn buitenkant straalt een en al tevredenheid uit.

Tijdens onze tocht zetten Brecht en ik ons bij tijd en wijle op een rustbank en overschouwen we het landschap. We praten over conversaties die hij opvangt, over verhalen die anderen over hem vertellen. Verleden, heden en toekomst vloeien in en door elkaar en zijn onlosmakelijk met elkaar verbonden. Allerlei kleine, prettige en minder prettige gebeurtenissen krijgen een plaats in het raamwerk.
Beïnvloedingen kunnen ook positief lopen: Brecht mag meedenken over het gebruik van de Rilatine en er wordt rekening gehouden met zijn wens. De omgeving merkt op dat hij iets voor Lien betekent en omgekeerd. Hij voelt zich opgenomen in de groep van leeftijdsgenootjes waar iedereen zijn rol speelt. Volwassenen pakken niet af maar geven...
Brecht voelt zich erkend en gecharmeerd door al deze perspectieven op hem, perspectieven die constructief identiteitsversterkend werken.

Tot nu toe knutselt Brecht vooral en is hij op vaardigheden gericht waarbij iets niet kunnen moeilijk of niet kan. Handig zijn en presteren was immers een belangrijke kwaliteit en omgangsvorm in zijn gezin van herkomst. Door constructief te benoemen wat Brecht kan en doet en aan te sluiten bij zijn vaardighedentaal, kan hij zich verbonden en loyaal voelen tegenover zijn ouders. Hij krijgt toegang tot herinneringen aan hen, herinneringen die tot het ondenkbare en onbespreekbare hoorden. Brecht krijgt ademruimte. Het gezin waaruit hij komt, zijn ouders en hijzelf krijgen bestaansrecht. Brecht durft stilaan in de therapieruimte andere facetten van zichzelf te tonen. Hij verkleedt zich en hij bekijkt zichzelf in de spiegel.

Brecht wordt iemand die niet alleen 'iets doet en kan', maar ook iemand 'is'. En hij ziet het.

Tot slot

Op dit moment schrijft Brecht al wekenlang een modern sprookjesboek waarin hij iets toont van zijn loyaliteit en verdriet naar zijn ouders. We zoeken waar en bij wie hij met dit verhaal nog terecht kan.

Als lid van het kinderparlement op school brengt hij wekelijks verslag uit over hoe hij op de speelplaats de goede gang van zaken mee bewaakt. Hij bedenkt en knutselt groepsspelletjes. Hij put zelf troost uit het zoeken naar hoe hij het kleutertje kan troosten dat dagenlang aan de schoolpoort huilend om zijn papa roept. Brecht merkt dat de omgeving ook zijn inzet en goede bedoelingen opmerkt.

We zetten onze zoektocht verder en stapje voor stapje bouwt hij een sterkere identiteit uit.

Zoeken naar aansluiting en mogelijkheden tot verandering in speltherapie is een boeiend gebeuren vol van complexiteiten.

In de praktijk van de kindertherapie komen we als volwassene unieke kinderen tegen met eigen verhalen en eigen talen. Op weg met kinderen ontvouwen zich telkens opnieuw andere landschappen. Hun anderstaligheid begrijpen is moeilijk, maar nodig, opdat nieuwe uitzichten kunnen verschijnen.

Systeemtheoretische thema's als verbinding creëren, niet pathologiseren, focussen op kracht, werken met sociale en culturele verhalen en werken met de leefwereld van het kind kunnen voor een speltherapeut hierbij bruikbare richtingwijzers zijn.

Brecht en vele andere kinderen inspireren mij in mijn zoektocht naar verbinding tussen de systeemtheorie en de speltherapeutische praktijk. Dit artikel is geenszins de routebeschrijving van een gevonden weg, maar kan een inspiratiebron zijn voor anderen.

Dramatechnieken als taaluitbreiding

Patsy Van Beek en Dany Baert

Dit stuk gaat over het verbreden van taal- en uitdrukkingsmogelijkheden in systeemtheoretische gesprekstherapie met adolescenten. Systeemtheoretische hypothesen en ideeën zijn het centrale kader en ze blijven dat ook bij het benutten van dramatechnieken. Systeemtheoretische therapie verdraagt zich op het niveau van werkvormen zeer goed met spelelementen.

Psychodrama wordt beschouwd als een vorm van spel, zij het een spel onder volwassenen. Een dramamoment is geen spelmoment in de betekenis van louter doen alsof, zonder verdere gevolgen. Het is als spelmoment een andersoortig reëel moment naast andere momenten, bijvoorbeeld het samen praten in de praatstoelen. Het drama is een ontwerp, hier en nu, van een alternatieve realiteit, een poging om de zaken eens anders te bekijken.
Aansluitend hierbij wordt de taak van de therapeut niet wezenlijk anders dan in het gewone spreken. De therapeut kan met de opduikende alternatieve realiteiten niet anders doen dan erkennen, verwerpen of niet opmerken, of hij dat nu wil of niet.
Het communicatieve proces loopt met andere woorden zeer letterlijk en reëel door, ook al wordt een zogenaamde alsof-realiteit gecreëerd. Op basis van hypothesen zal de therapeut op specifieke momenten en in specifieke richtingen tussenbeide komen, of dat nu gebeurt in een gesprek dan wel in een psychodrama.
In deze bijdrage hebben we adolescenten op het oog en meer specifiek een aantal momenten waarop het spreken met een adolescent een onmogelijke opgave blijkt. Zowel in een residentieel jeugdpsychiatrisch kader als in de ambulante tweede lijn hebben veel therapeuten hiermee te maken.

Reine ergert zich groen en geel aan het gedrag van haar groepsgenoten Jan en Vicky. Zij kunnen elkaar niet met rust laten. Reine heeft het moeilijk met aanraken en aangeraakt worden, maar kan er niet over praten en zeker niet met leeftijdgenoten. Ook in de gesprekstherapie stokt het gesprek als het hierover gaat.
De therapeute[1] stelt voor om iets nieuws te proberen, een techniek uit het psychodrama waarbij we gebruik maken van stoelen. We staan op.

Therapeut: 'We beginnen altijd met een stoel voor jou. Plaats die in de ruimte waar jij wilt en stel die dan voor. Je zegt zoveel of zo weinig als je zelf wilt. Dan plaats je de andere stoelen ergens in de ruimte ten opzichte van de eerste stoel, die jou als persoon voorstelt en stel ook die voor.'
Reine kiest een stoel voor zichzelf: 'Ik ben Reine, ik ben 17 jaar en sport graag.' Vervolgens kiest ze een stoel voor het deel van zichzelf dat ze bestempelt als 'de Ongemakkelijke' en zegt: 'Ik laat me moeilijk benaderen, ik heb niet graag nabij-

---

1. *De therapeute is in alle voorbeelden Patsy van Beek.*

heid, fysiek noch geestelijk. Bijvoorbeeld als iemand te dicht bij mijn gevoelens komt door iets te vragen of te zeggen.'
Daarna kiest ze nog een stoel voor het deel van zichzelf dat ze 'de Opene' noemt en zegt: 'Ik sta meer open voor mensen en dingen, soms actief en initiatiefnemend en anders passief open – toelatend. Ik kan genieten van leuke dingen.' Reine begint haar psychodrama:

Opene tegen Ongemakkelijke: 'Je moet Reine de kans geven om ook leuke dingen mee te maken. Jij baseert je alleen op negatieve ervaringen. Geef haar eens een kans.'
Ongemakkelijke tegen Opene: 'Ik bescherm Reine en misschien moet ik wat meer risico nemen, maar ik ben en blijf voorzichtig.'
Therapeut tegen Ongemakkelijke: 'Wat beteken jij voor Reine?'
Ongemakkelijke: 'Ik ben nuttig en nodig. Zonder mij zou Reine niet kunnen.'
Therapeut vraagt aan Reine: 'Wat vind je van wat je hebt horen zeggen?'
Reine: 'Ik ben geschrokken van wat de Ongemakkelijke zegt en dat die zovéél zegt! Niet normaal! Ik hoop dat die er geen spijt van krijgt. Maar ik vind het wel goed dat zij zichzelf nodig vindt.'
Ongemakkelijke: 'Ik zal proberen eens wat minder gereserveerd te zijn en als het tegenzit, rust ik even en probeer het daarna opnieuw. Op den duur durf ik dan misschien meer'.
Therapeut tegen Reine, die nu naast haar staat en naar de drie stoelen kijkt: 'Als je wilt kun je nog iets zeggen tegen één, twee of alledrie. Je mag kiezen of je het hardop of in stilte doet'.
Reine spreekt de drie stoelen toe: 'Ik vind het goed zo.' Ze zegt nog iets in stilte tegen de 'Reine'-stoel en 'ontrolt' dan de stoelen. (Ontrollen kan gebeuren door bijvoorbeeld te zeggen: 'Dit is niet meer X... Dit is weer een gewone stoel.')

We gaan terug en praten even na. Technisch noemt men dit 'sharing'.
Reine: 'Ik ben ervan geschrokken dat er inderdaad dingen kunnen in psychodrama, die je niet voor mogelijk houdt voor jezelf.'
Therapeut: 'Ik leer eruit dat ik misschien ook te voorzichtig ben. Om de mensen niet te forceren ga ik soms te lang wachten om het initiatief te nemen tot een nieuwe techniek. Bedankt, Reine.'
Reine: 'Hard werken voor een goed gevoel.'
En ze stapt glimlachend naar buiten.

Doel en mogelijkheden

Het aanboren van dramatechnieken kan worden beschouwd als een wijziging in het spreken op het moment dat er geen mogelijkheden meer lijken te zijn, dat men op een dood spoor komt, dat men voor de zoveelste keer bij hetzelfde punt aanbelandt. Veel van die situaties kunnen worden omschreven als momenten van blokkeren, waarbij via het gewone spreken geen differentiatie, misschien zelfs geen begrip meer mogelijk is. De cliënt raakt onontkoombaar vast in een starre, dominante en verpletterende ordening rond de gebeurtenissen. Onaangename emotionaliteit neemt alles in beslag, het zicht op verbindingen is weg en alleen een oplossing in de vorm van een deus ex machina lijkt de therapeut en de cliënt nog te kunnen redden.

Je krijgt als therapeut het gevoel dat praten niet veel soelaas brengt. Wanneer de negativiteit te groot is of de tegenstrijdigheden te knellend, neemt de emotionaliteit zodanig toe dat ellende het enige gegeven is. De wereld buiten de spreekkamer is tegelijk massaal en ongedifferentieerd aanwezig, maar absoluut niet beïnvloedbaar, laat staan te overzien. Alle verbanden en samenhangen raken gereduceerd tot één levensgroot, onbeïnvloedbaar probleem. De werkelijkheid ligt vast. Adolescenten doen binnen het therapeutische gesprek vaak uitspraken, die ze achteraf gezien niet meer zonder kortsluiting tussen verschillende ervaringsinvalshoeken kunnen nuanceren. Bijvoorbeeld: 'die stiefmoeder is een onmogelijke tiran'. Hiermee suggereren we niet dat het onterecht is bij deze last en deze onaangename emoties stil te staan. Maar we merken soms dat elke poging om het gesprek weer op concrete gebeurtenissen en achtergronden te richten meer van hetzelfde teweegbrengt. Psychodrama betekent dan het aanbieden van alternatieve taal waarbij de therapeut tegelijkertijd een wijziging tracht te bewerkstelligen in de manier waarop therapeut en cliënt zich tot elkaar en tot de inhoud verhouden. Ze nemen andere posities in en maken andere ordeningen, waardoor een jongere anders kan kijken en differentiatie mogelijk wordt.

Een ander soort situatie waarbij wij merken dat psychodrama beweging brengt, valt het best te typeren als het vastraken in tegenstrijdigheden. Adolescenten worden nogal eens geplaagd door gelijktijdige eisen en tegenstrijdige aanspraken uit de samenleving. Je moet autonoom beslissen over je toekomst, maar je moet wel beslissen. Je moet je ouders respecteren, maar je moet eerlijk zijn over wat je niet zint. Je moet de verbinding met je gezin in stand houden, maar je moet wel op eigen benen leren staan.

Het stilvallen op tegenstrijdigheden wordt analoog en met woorden uitgedrukt als tot niets meer komen, beslissingen voortdurend uitstellen: 'Ik zie het niet meer zitten', 'Ik weet het niet meer.'

De mogelijkheden van psychodrama die we hier uitwerken, zijn toegespitst op het verbreden van uitdrukkingswegen voor pijnlijke, extreem lastige of verwarrende zaken. Cruciaal daarbij is dat het gespreksforum zich verplaatst van de spreekhoek naar een ander deel van de ruimte. Men stapt letterlijk en metaforisch in een andere context. De therapeut nodigt de adolescent uit om de praatstoel te verlaten. Dat gebaar bevat een verrassingselement. Het opent een nieuwe mogelijkheid.

In feite is de introductie van psychodrama gebaseerd op verschillende **dimensies tegelijk**:
- De switch tussen 'reëel praten' en 'spel'. Psychodrama berust op een heel eenvoudig, maar krachtig principe: 'What if?' Wat zou er gebeuren als? Laten we veronderstellen dat... Er ontstaat een consensus om de zaken eens vanuit een andere hoek te bekijken. De verbeelding krijgt ruimte. De start is spel, 'alsof'; de daaruit ontstane gedachten en gevoelens zijn echt.
- Het creëren van een nieuwe realiteit naast de bestaande, vastgelopen ordening; er worden alternatieven zichtbaar of men gaat er minstens naar op zoek.

• Het introduceren van nieuwe verbindingen. Typerend is dat binnen een veronderstellingenkader, als het ware binnen een 'spel', plots vele reële communicatieve verbindingen zichtbaar worden. Een adolescent blijkt perfect in staat zich in de schoenen te verplaatsen van iemand voor wie hij of zij voordien geen enkele empathie leek te kunnen opbrengen.

Enkele methodische basisprincipes

Voor een goed begrip zetten we hieronder het basisstramien van de gebruikte dramatechnieken uiteen[2].

Er wordt gewerkt in een lege ruimte (dat kan ook een klein deel van een gesprekskamer zijn), waar enkel stoelen voorhanden zijn. De stoelen verbeelden personen, instanties of aspecten van een persoon, zoals gevoelens of eigenschappen (zie ook: Satir, 1978).

De therapeut laat de adolescent eerst en vooral een stoel voor zichzelf reserveren. Deze stoel moet 'ingesproken' worden: de adolescent gaat achter de stoel staan en stelt zichzelf voor: 'Ik ben...'

'Ik ben Kevin.'

De therapeut nodigt de jongere uit om iets meer over zichzelf te vertellen, zodat een reëel personage ontstaat.

'Ik ben een jongen van 16; ik hou van voetbal en van zwemmen. Ik ben een groot fan van Club Brugge. Ik studeer kunsthumaniora. Ik speel ook klarinet.'

Deze centrale stoel heet de protagonist en blijft gedurende het hele spel onaangeroerd; hij mag niet verplaatst worden. De jongere blijft namelijk van het begin tot het einde de centrale actor. Wat er gezegd of gedaan wordt, wordt bepaald en gefilterd door de protagonist. De adolescent wordt daardoor meer in zijn of haar autonomie gerespecteerd. De kans dat hij het gevoel heeft zich in een ander te moeten verdiepen op bevel van de therapeut, wordt bijzonder klein.

Daarna nodigt de therapeut de adolescent uit om andere stoelen (antagonisten) tot leven te wekken. Dit gebeurt op basis van hypothesen omtrent de specifieke situatie of problematiek en op basis van onderhandelingen. Elke stoel die op die manier wordt ingeschakeld, wordt door de adolescent ingesproken.

Er wordt een stoel ingeschakeld voor Kevins vader. Kevin gaat achter die stoel staan en stelt voor:

'Ik ben de heer Dejagere; noem mij maar 'papa'. Ik heb drie kinderen: Julie, 20, Anthony, 17 en Kevin, 16. Ik ben technisch tekenaar. Ik hou van mijn kinderen, maar ik heb veel zorgen over Kevin. Ik denk dat hij niet gelukkig is.'

De actie wordt opgezet rond een conflict tussen Kevins vader en Kevins lerares klarinet.

Er komt dus een stoel voor de lerares. Kevin gaat achter de stoel staan en stelt voor:

---

2. *In de referenties zijn enkele interessante werken over psychodrama vermeld. Blatner (2000); Kellerman (1992); Leveton (2001); Verhofstadt-Deneve (1994).*

'Ik ben mevrouw Gounod. Ik ben lerares notenleer en klarinet aan de muziekacademie te Y. Ik speel ook in een symfonisch orkest. Ik geef graag les. Ik heb Kevin als leerling en ik vind dat hij talent heeft. Ik zou graag hebben dat hij dat talent verder kan ontwikkelen.'

Na het inspreken van elke andere stoel wordt de adolescent gevraagd weer achter zijn of haar eigen stoel te gaan staan; deze stoel blijft het centrale oriëntatiepunt, ondanks het feit dat de adolescent er in tijd uitgedrukt misschien het minst achter staat.

Wanneer de stoelen ingesproken zijn, wordt aandacht besteed aan hun ruimtelijke positie ten opzichte van elkaar. De eigen stoel mag niet van plaats veranderen, de andere mogen dat wel. Door die onderlinge positie in beeld te brengen, wordt ook iets in beeld gebracht van hoe de verschillende personen zich tot elkaar verhouden.

Het 'drama' wordt gestart. De therapeut is de regisseur en leidt dit zeer strikt, dat wil zeggen:
- maakt vanaf de zijlijn kennis met de verschillende figuren;
- geeft de figuren het woord;
- verbindt wat ze zeggen met de adolescent;
- zorgt ervoor dat de adolescent bij elke positiewisseling weer langs de eigen stoel passeert;
- doet voorstellen, bijvoorbeeld een thema aansnijden, een splitsing of een bijkomende stoel voorstellen;
- moedigt aan: 'in psychodrama kan alles!';
- rondt af. Bij de afronding wordt de adolescent de gelegenheid geboden tot afsluitend commentaar aan alle deelnemers. Het is een moment van integratie.

Bij alles wat er gebeurt, toetst de therapeut of de adolescent instemt; de cliënt is de baas! De cliënt beslist wat hij of zij ermee doet. Het is zijn of haar leven, zijn of haar toekomst. De therapeut is niet bezig met het eventuele oplossingsgerichte karakter van dit stukje drama. Het gaat niet om een catharsis, waarna de problemen verdwijnen. Het gaat om het openen van nieuwe invalshoeken en het differentiëren van realiteiten. Met de adolescent wordt de afspraak gemaakt: 'Je bent autonoom in wat je ervan oppikt. Het is jouw situatie, jouw therapie. Ik lig er bij wijze van spreken niet wakker van. Of jij er iets mee doet of niet... het is jouw leven', dit alles indachtig het motto van vele adolescenten: 'Ik bepaal.'

Meestal gaat een adolescent vrij vlot mee in deze procedure. Dat heeft niet alleen met het spelelement te maken. Door de wijze waarop de therapeut de ingrediënten van het drama opbouwt, verschuift de focus van zitten en praten naar actie. Dat sluit aan bij hun leefwereld. Bovendien leiden de minutieuze onderhandelingen over de personages en hun positie ertoe dat de adolescent zich gerespecteerd voelt. En zijn nieuwsgierigheid is geprikkeld; de opbouw van een psychodrama bevat nogal wat verrassingselementen: wie zal er de kamer binnentreden, wat gaat er tussen de personages gebeuren, waartoe zal dat leiden? Opvallend is dat de adolescent na afloop niet refereert naar het gegeven dat hij alles zelf heeft gedaan.

Vastzitten in relaties met anderen

Fragmenten, gebeurtenissen, situaties en relaties uit het dagelijks leven buiten de gesprekskamer zijn in systeemtheoretische psychotherapie de belangrijkste inhouden aan de hand waarvan complexiteiten, problemen en gezonde aspecten van het leven van de cliënt verkend worden.

> Cato, die in een tehuis verblijft, zou graag contact houden met haar jongere broertje Liam, ook al wil haar moeder dit voorlopig niet meer. Ze weet niet hoe ze dit voor elkaar moet krijgen, want de begeleiders hebben het ook al zonder succes geprobeerd. Ik stel voor haar oudere zus Aline erbij te betrekken en haar te ontmoeten via psychodrama.
>
> Ze neemt een stoel voor zichzelf en spreekt deze in: 'Ik ben Cato, 15 jaar en ik zit in een tehuis. Ik zou graag contact hebben met Liam, maar ik denk dat het niet mag van mama.'
> Dan neemt ze een stoel voor haar zus en spreekt die in: 'Ik ben Aline. Ik ben 18 jaar en woon samen met mijn vriend. Toen ik nog thuis woonde, praatte mama veel met mij.'
> Therapeut tegen Aline: 'Wat houdt mama tegen om contact te hebben met Cato?'
> Aline: 'Mama heeft al veel verdriet gehad, maar ze is ook boos én bang. Ze maakte zich bij de laatste verhuizing van Cato al zorgen over hoe vaak ze nog zou verhuizen. Ze maakt zich ook zorgen dat Liam weer gaat piekeren als hij Cato ziet.'
> Therapeut tegen Aline: 'Hoe vind je dat Cato het nu doet?'
> Aline: 'Ze ziet er goed uit en ik vind het ook knap dat ze naar school gaat. Als ze daarover zou praten met Liam en wat met hem speelt, dat zou misschien wel kunnen.'
> Therapeut tegen Aline: 'Zou jij erbij kunnen zijn?'
> Aline: 'Dat zou ik kunnen doen en eventueel ook mijn vriend. Dan ben ik zeker gerust. Cato mag altijd bellen.'
>
> De stoelen worden ontrold en men gaat weer in de praatstoelen zitten.
> Cato: 'Ik denk dat ik eens naar mijn zus ga bellen. Misschien komt het dan in orde.'

Binnen het psychodrama wordt getracht de buitenwereld de gesprekskamer binnen te halen in een veilig geacht kader. De veiligheid binnen het psychodrama ontstaat voor een groot deel door de minutieuze en respectvolle onderhandelingen rond de opbouw van het drama. Bovendien haalt de therapeut via vragen aan andere personages constructieve elementen naar voren betreffende de protagonist (adolescent), alvorens eventueel minder plezierige aspecten naar de voorgrond te halen.

Het drama is niet echt en tegelijk is het zeer reëel. Door de vele mogelijkheden van structurering via de methodische principes en de spelregels kunnen personen, instanties en aspecten van de leefwereld van de adolescent uiteengehaald worden, waardoor het massale karakter van de realiteit daarin verzacht wordt en er een alternatieve realiteit ontstaat. Het is alsof zich binnen de kluwen concrete, overzichtelijke stukjes profileren, waarop men de aandacht kan richten. Op die manier kan de emotionaliteit afnemen en neemt de mogelijkheid toe om iets te overzien van de complexiteit. Men moet zich als het ware niet met alles tegelijk bezighouden. De patstelling wordt gedeblokkeerd.

Wat uit de leefwereld van de jongere van daarginds naar hier wordt gehaald, zijn tevens concrete communicatieve realiteiten. Door de aandacht te richten op één persoon, op één aspect van een situatie, krijgt de adolescent gemakkelijker te pakken hoe die er volgens hem of haar uitziet. Er groeit een nieuwe realiteit hier en nu omtrent de realiteit ginds. Er ontstaat als het ware een 'surplus'-realiteit.

Het is merkwaardig welke 'kennis' adolescenten binnen een psychodrama blijken te hebben over standpunten en perspectieven van andere mensen en instanties. Het speelse karakter van drama helpt die kennis 'vrij te maken'. Vaak is de adolescent daar zelf verwonderd over. Hij of zij lijkt plots veel meer dingen te beseffen en te kunnen plaatsen dan de jongere ooit voor mogelijk hield. Dit aspect van de methode alleen al geeft enorme steun aan het gevoel van eigenwaarde.

> Kaat kan goed opschieten met haar zus Ava, maar heeft enorm veel conflicten met haar zus Lut. Deze laatste is volgens Kaat zelfs jaloers op de vriendschap die Kaat heeft met Mia.
> De therapeut laat Kaat drie stoelen inspreken: een voor zichzelf, een voor Lut en een voor Mia.
>
> Therapeut tegen Lut: 'Wat vind jij van Kaat?'
> Lut: 'Kaat is niet te harden, ze is onverbeterlijk. Ik wil niets meer met haar te maken hebben. Wat die allemaal doet! Zo vervelend en irritant!'
> Therapeut tegen Lut: 'Kun je daar voorbeelden van geven?'
> Lut: 'Ze wil er altijd komen bij staan als ik met vrienden praat, bijvoorbeeld in de gang of aan de voordeur. Op een keer heeft ze een glas water naar beneden gegooid omdat ze er niet bij mocht zijn, recht op de hand van een vriend van mij! Die ging natuurlijk weg.'
> Therapeut tegen Lut: "t Zit je blijkbaar hoog.'
> Lut: 'En of, ze moet niet meer langskomen.'
> Therapeut tegen Lut: 'Zou het kunnen helpen als jij iemand had aan wie je dat allemaal kon vertellen?'
> Lut: 'Misschien wel, want ze moet niet denken dat ze mijn vrienden kan inpikken. Die zijn van mij!'
> Therapeut tegen Lut: 'Vind je dat Kaat al veranderd is?'
> Lut: 'Als ze al veranderd is, is ze alleen verergerd want ze is ook nog een echte jongensgek geworden.'
> Therapeut tegen Lut: "t Is duidelijk dat je nog tijd nodig hebt, want het is allemaal te veel bij elkaar, hè?'
> Lut: 'Mmm, ja.'
> Therapeut tegen Mia: 'Mia, wat vind jij van wat je gehoord hebt?'
> Mia: 'Ik wil met allebei vriendin zijn want ze zijn allebei leuk. Ik begrijp

> Lut door wat ze allemaal heeft meegemaakt, maar ik vind dat ze Kaat nog een kans moet geven, want die doet ook haar best. En ik zou best willen ruilen van ouders!'
> Therapeut tegen Mia: 'Hoe bedoel je? Leg dat eens uit aan Kaat.'
> Mia tegen Kaat: 'Jouw ouders zijn zo anders dan de mijne Kaat: met je moeder kun je praten en je vader trekt zich tenminste iets van je aan.'
> Kaat tegen Mia: 'En ik zou jouw ouders wel willen, alleen wil ik Ava niet achterlaten, ze is tenslotte mijn tweelingzus, hè.'
> Mia tegen Therapeut: 'Ik vind het wel een goed idee dat er iemand zou zijn voor Lut. Ik ga dat misschien eens suggereren en ik denk dat het nog wel in orde kan komen.'
> Therapeut tegen Kaat: 'Wil je nog iets zeggen voor we afronden?'
> Kaat: 'Ik wil wel veranderen.'
>
> Kaat ontrolt de stoelen met een grote glimlach op de mond.

Door quasi letterlijk in de schoenen van iemand anders te stappen, krijgt de adolescent soms voeling met wat die persoon bezighoudt of beweegt. Er ontstaat een andere inschatting van de effecten ginds, als gevolg van de uitwisseling hier en nu. Anders gezegd: in het psychodrama verwoordt een adolescent tegenover iemand iets wat hem of haar bezighoudt. De jongere verwoordt dat in de verbeelde aanwezigheid van die ander en merkt dat de reactie niet overeenkomt met wat hij of zij vreesde. Dit geeft soms de nodige moed om het ook uit te proberen.

Dat er sprake is van een kijkwijziging kunnen we soms indirect merken: de adolescent praat een week later ánders over iemand dan tevoren, doet een ander soort verslag over het recente gezinsgesprek, brengt minder problematische thema's naar voren uit de verhouding met een bepaalde persoon dan voordien.

De kans op kortsluiting tussen 'ik' en 'de ander' wordt kleiner naarmate het de adolescent zelf is die (zijn of haar perspectief op) het perspectief van anderen neerzet. In plaats van een talige ingang neemt de jongere een ingang, waarbij hij of zij andere standpunten belichaamt; het effect daarvan is dat de adolescent niet meer die radicale oppositie zal ervaren ten opzichte van wat anderen van hem of haar vinden. Zolang de jongere die oppositie ervaart, doet hij of zij ofwel zichzelf tekort of dreigt buiten het spelkader te stappen.

Een belangrijke werkzame factor kan zijn dat de adolescent de verschillende standpunten en perspectieven letterlijk inneemt en ze daarmee lijfelijk, emotioneel ondergaat. Hierdoor worden deze standpunten 'belichaamd', worden ze meer dan een cognitieve, reflecterende daad. Ze worden een gevoelde en beleefde ervaring, waardoor de adolescent toegang krijgt tot andere ervaringsdimensies en een andere, nieuwe realiteit.

> Bie verblijft in een gezinsvervangend tehuis. Haar vader is 'weer' niet komen opdagen voor een gesprek. Gisteren was het ook de zevende verjaardag van moeders overlijden. Bie is bloemen gaan leggen op het graf en heeft met haar gesproken.

Ze zegt: 'Dat lucht echt op en ik voel haar aanwezigheid, nu nog meer dan vroeger.'
De therapeut stelt voor haar moeder te ontmoeten via psychodrama.
Bie spreekt twee stoelen in: een voor zichzelf en een voor moeder.

Therapeut tegen Bie: 'Is er iets wat je aan mama zou willen zeggen of vragen?'
Bie: 'Mama, ik mag je graag.'
Mama: 'Ik mag jou ook graag.'
Bie tegen Mama: 'Ik zou iets willen vragen, maar ik weet niet hoe.'
Mama: 'Vraag maar, maakt niet uit hoe.'
Bie: 'Wat vind jij van wat mijn broer met mij heeft gedaan?'
Mama: 'Ik ben heel erg geschrokken en ik vond het erg dat ik niets kon doen om je te helpen. Jij mag nooit denken dat het jouw schuld is, want dat is niet zo. Maar op hem kan ik ook niet eeuwig kwaad blijven, want hij is ook mijn kind. Ik zou hem wel onder handen hebben genomen.'
Therapeut tegen Mama: 'Wil je nog iets meegeven van moederlijke raad?'
Mama: 'Bie, je moet meer zelfvertrouwen hebben en denk altijd eerst goed na voor je een beslissing neemt.'
Therapeut tegen Bie: 'Wat vind je van wat mama zegt?'
Bie: 'Ik had dat niet verwacht en het doet me wel goed.'
Therapeut tegen Bie: 'Zou je je mama nog iets willen vragen?'
Bie: 'Mama, als ik beslissingen moet nemen, wil je mij dan helpen?'
Mama: 'Altijd, vraag het maar. Ik zal er altijd zijn.'
Therapeut tegen Bie: 'Zou het gaan voor jou om er weer een stoel van te maken?'
Bie: 'Ja.'
Bie ontrolt de stoelen en de therapeut en het meisje gaan terug naar de gesprekshoek.
Therapeut: 'Telkens je het wenst, kan je mama terugbrengen en met haar praten.'
Bie: 'Ja.' En ze glimlacht.

De therapeut laat de personages (antagonisten) in hun waarde. Tegelijkertijd belicht zij via vragen en bedenkingen allerlei 'menselijke' en kwetsbare kanten van deze figuren. Daardoor worden ze weer bereikbaar. In deze context kan de adolescent (protagonist) opnieuw een gesprek, in zekere zin een 'ander' gesprek, met sommigen aangaan. Soms leidt dit tot een hernieuwd gesprek met de betrokkenen.

Door psychodrama verandert niet rechtstreeks de realiteit ginds, bijvoorbeeld de relatie met moeder of vader of vriend(in), de sociale positie van de jongere. Wat er verandert, is de adolescent zelf. Hij of zij komt anders thuis, anders de leefgroep of de klas in dan voorheen.

Psychodramamethodes en identiteit

'Als we aannemen dat onze identiteit bestaat uit een uitgebreide variatie van aspecten of "thema's", dan betekent dit ook dat we naargelang het moment andere aspecten te zien krijgen. Welke aspecten we te zien krijgen, en hoe deze aspecten eruit zien, hangt in hoge mate af van de communicatieve realiteit van het moment' (Baert, 1993, p. 280).

Psychodramamethodes maken het dikwijls gemakkelijker om bepaalde aspecten van iemands identiteit naar voren te halen, door de focus erop te richten en ze om te zetten in een belichaamde stoel.

> De 15-jarige Sanne, die aan anorexia nervosa lijdt, wil niet meer leven, ze wil dood zijn. Ze heeft het er in een vorige sessie ook over gehad en komt zeer depressief over. Ik maak haar erop attent dat ze in een vorige sessie ook zei dat ze wou verder studeren. Ze beaamt dit, maar voegt eraan toe dat de wens om dood te zijn sterker is. Als ik vraag of ze daar heel zeker van is, antwoordt ze: 'Eigenlijk ben ik daar 75% zeker van, 25% van mij wil leven en meer bepaald 5% voor school, 15% voor mijn ouders en 5% om leuke dingen te doen, zoals op vakantie gaan en naar de muziekschool gaan.'
>
> Ik stel voor om iets uit te proberen en neem een stoel voor Sanne, een voor 'Dood willen', een voor 'School' en een voor 'Toekomst van Sanne'.
> Toekomst: 'Ze heeft mij op haar twaalfde weggestuurd. Ik wou dat niet.'
> Therapeut: 'Dan heb je al drie jaar niets voor Sanne kunnen doen?'
> Toekomst: 'Nee.'
> Therapeut: 'Dan was je als het ware technisch werkloos.'
> Toekomst (lachend): 'Ja, eigenlijk wel.'
> Therapeut: 'Zou je weer aan de slag willen?'
> Toekomst: 'Zeker!'
> Therapeut: 'Grijp je kans: probeer Sanne te overtuigen.'
>
> Toekomst tegen Sanne: 'Sanne, wil je me terughalen?'
> Sanne: 'Ik ben bang dat dan alle negatieve gevoelens van verworpen zijn terugkomen.'
> Toekomst: 'Die heb je nu toch ook al. Met mij kun je ook positieve gevoelens hebben.'
> Sanne: 'Ik moet dan ook aankomen en dat vind ik heel erg.'
> Toekomst: 'Maar als je weet dat daarna genieten weer kan, is dat dan **niet** een reden om het toch te doen?'
> Sanne: 'Ik heb het er niet voor over.'
> Toekomst: 'Ik heb veel "over", want ik moet nog aan alles beginnen.'
> Sanne: 'Ik heb het er nog niet voor over.'
> Therapeut: 'Sanne, mag Toekomst nadenken over wat je zegt, want nu heb je haar wel schaakmat gezet.'
> Sanne: 'Ja, dat is goed.'
>
> De stoelen worden ontrold en we gaan terug.

Therapeut: 'Je hebt hard gewerkt. Ben je moe?'
Sanne: 'Ja, goh, heel moe.'
Therapeut: 'Gaat het?'
Sanne: 'Ja, ja.'

Tweeënhalve maand later zegt Sanne: 'Ik zou verder willen werken met die stoelen.'
Ik lees eerst voor wat ik van die sessie heb opgeschreven en ze wil twee stoelen: een voor zichzelf en een voor 'Toekomst', die ze nu twee keer zo dicht bij de stoel van Sanne zet als in de hiervoor beschreven sessie.
Therapeut tegen Toekomst: 'Is er ondertussen iets veranderd voor jou?'
Toekomst: 'Sanne heeft me dichterbij gehaald en ik mag af en toe iets voor haar doen. Ik zie dat het beter gaat met haar: ze lacht meer en voelt zich blijkbaar beter. Ik zou wel nog meer willen doen voor haar.'
Therapeut tegen Sanne: 'Wat vind je van dat voorstel?'
Sanne tegen Therapeut: 'Ik vind het nog wat te vroeg. Ik wil het niet forceren en ik ben ook bang voor wat de toekomst brengt aan negatieve dingen. Ik ben ook bang voor de nieuwe school.'
Therapeut tegen Toekomst: 'Toekomst, hoe kun jij haar helpen?'
Toekomst tegen Therapeut: 'Door sterker te worden en dat kan ik door meer te mogen oefenen, maar Sanne bepaalt wanneer ik iets mag doen.'
Therapeut tegen Sanne: 'Wat vind je?'
Sanne tegen Therapeut: 'Ik wil wel geholpen worden, maar ik wil niet te vlug nieuwe dingen aanpakken; wel de jongerenclub en de muziekschool, maar dat deed ik vroeger ook al.'
Therapeut tegen Sanne: 'Heb je gehoord dat Toekomst wil kunnen oefenen? Dat zal nodig zijn om in september sterker te zijn.'
Sanne: 'Ja, ik wil wel proberen om Toekomst te laten oefenen.'

Therapeut vraag Sanne om bij haar te komen staan en te kijken naar 'Sanne' en 'Toekomst' en vraag haar dan hoe ze zou wensen dat het wordt. Sanne gaat naar 'Toekomst' en zet die pal tegen 'Sanne'. Ze komt weer bij de therapeut staan en zegt dat het zo goed is. Therapeut zegt dat ze om af te sluiten nog iets mag zeggen tegen een van hen of tegen allebei.
Sanne kiest ervoor om tegen beide iets te zeggen én hardop: 'Ik denk wel dat het kan lukken als je blijft proberen.'
Terwijl ze de stoelen ontrolt, pinkt ze een traan weg.

Het communicatieve proces waarin therapeut en cliënt betrokken zijn wanneer de adolescent een zogenaamd 'spel' speelt, is een reëel proces en niet zonder impact op het identiteitsbesef en de identiteitsontwikkeling van de adolescent.
Bepaalde kwaliteiten van het psychodrama als gestructureerde werkmethode lijken het besef van identiteitsaspecten te bevorderen.
De ontwikkeling van het drama gebeurt voortdurend in een context van onderhandelingen, waarbij de autonomie van de adolescent maximaal gerespecteerd wordt. Iemands autonomie respecteren krijgt de betekenis iemand als persoon te respecteren, zeker bij adolescenten, die zo gevoelig

zijn voor autonomiekwesties. In plaats van bepaald te worden door de gang van zaken, kan hij of zij actief meebepalen hoe de zaken geënsceneerd worden. Adolescenten voelen zich gewaardeerd en gezien doordat ze de mogelijkheid krijgen zeer veel te weten, zich te verplaatsen in iemand anders, van hun kennis en indrukken gebruik te maken. De methode werkt blijkbaar zodanig dat er niet aan de persoon van de jongere 'geknabbeld' wordt.

Binnen het psychodrama krijgt de adolescent de kans bepaalde aspecten van zichzelf te verwoorden, uit te spreken, te verbeelden en te belichamen. Bovendien wordt een dialoog opgezet waarin anderen (vertolkt door de adolescent) deze aspecten becommentariëren. De kans dat er gunstige commentaren komen, is binnen de zich differentiërende alternatieve realiteit groter dan binnen de condities van het hevig in zak en as zitten.

> Margaux heeft het gevoel dat ze 'gek' aan het worden is, want ze heeft haar gepieker van zich af proberen te schrijven. Het resulteerde in een briefwisseling tussen twee verschillende mensen. Ze laat de therapeut de brieven lezen en vraagt of die haar kan helpen.
> De therapeut stelt voor om psychodrama te doen: 'Mensen hebben soms het gevoel dat er tegenstrijdigheden leven binnen in hen en dat kun je uitzetten met stoelen.'
> Margaux spreekt eerst haar eigen stoel in en neemt dan een stoel voor het Negatieve (N).
>
> N.: 'Ik ben Negatief. Ik zeg tegen Margaux dat alles haar schuld is, dat ze het niet aankan en dat het allemaal de moeite niet meer waard is.'
> Therapeut: 'Je praat alsof je haar kapot wilt krijgen.'
> N.: 'Ja!'
> Therapeut: 'Wat kun jij betekenen voor Margaux? Hoe ben je nuttig voor haar?'
> N.: 'Ik leer haar omgaan met negatieve situaties, met gevoelens zoals jaloersheid, boosheid en angst. Zonder mij zou ze zulke situaties niet herkennen en niet weten hoe ze moet reageren.'
> Therapeut: 'Als ik je zo zie en hoor, Negatief, kom je heel enthousiast over. Ga jij er soms hevig tegenaan?'
> N.: 'Ja! Ik ga soms echt uit mijn bol en dan flipt Margaux en gaat ze krassen.'
> Therapeut: 'Is dat je bedoeling?'
> N.: 'Nee, eigenlijk niet. Ik laat me gewoon helemaal gaan.'
> Therapeut: 'Zou je het zo'n beetje kunnen zien als een bijwerking van een medicijn?'
> N.: 'Ja, zo zou je 't kunnen zien.'
> Therapeut: 'Dus jij wilt Margaux ook helpen?'
> N.: 'Ja.'
> Margaux neemt nog een stoel en spreekt deze in: 'Ik ben Positief (P). Met mij kan Margaux genieten, bij vrienden zijn en plezier maken, gelukkig zijn.'
> Therapeut: 'Wat zou er gebeuren als jij 100% aanwezig en actief zou zijn?'

P.: 'Dat zou heel vermoeiend zijn en dan zou Margaux niet in het echte leven staan. Als ze dan mensen ontmoet die het moeilijk hebben, zou ze dat niet opmerken en niet weten hoe ze moet reageren. Ik wil wel verminderen tot 50%.'
Therapeut: 'Wat zou er kunnen gebeuren als je in één klap naar 50% ging?'
P.: 'Ja, dan zou Negatief ineens veel plek krijgen en dat is ook niet zo goed voor Margaux. Misschien kan ik beter stap voor stap verminderen, bijvoorbeeld naar 85%, dan 80%, dan 75% enzovoort. Zo zal Margaux het niet zo hard merken.'
Therapeut: 'Negatief heeft allerlei dingen gezegd. Wat vind jij daarvan?'
P. tegen N.: 'Jij bent nodig, want in het leven is het niet alleen feesten. Jij vormt een goed tegenwicht voor mij, want je leert Margaux om te gaan met moeilijke dingen.'
Therapeut tegen N.: 'Had je dat verwacht?'
N.: 'Nee, ik dacht dat iedereen me weg wou hebben.'

De therapeut neemt Margaux bij zich en stelt haar voor nog iets te zeggen om af te ronden.
Margaux tegen P.: 'Je hebt het heel goed gezegd! Bedankt!'
Margaux tegen N.: 'Ik heb je inderdaad nodig, maar probeer je een beetje in te tomen.'
Margaux tegen Margaux: 'Volhouden, hoor!'

Tot slot

Als er één effect is dat je meestal niet kan ontgaan, dan is het wel – populair geformuleerd – de enorme 'kick' die een adolescent door zo'n stukje psychodrama kan ervaren. De therapeut krijgt iemand anders te zien, iemand die glundert, straalt, tevreden is, ontdekkingen gedaan heeft, weer lichtpuntjes ziet. De therapeut doorspekt het drama voortdurend met vragen en in vraagvorm gestelde bedenkingen, die erop gericht zijn de kracht te benadrukken van de adolescent (protagonist). De therapeut stelt veel vragen over de adolescent (protagonist) aan de andere aspecten of personages (antagonisten). Hij bewaakt dat er andere, minder overweldigende dimensies naar voren komen. Op die manier komen gave gebieden, kwaliteiten en minder bekende aspecten van de adolescent te voorschijn. Er ontstaan nieuwe uitzichten, nieuwe manieren van denken over elkaar en zichzelf.

Psychodrama is geen passe-partout. Er is even grote zorgvuldigheid vereist als in een gesprek. Uiteraard zijn er basisprincipes en regels; ze zijn eerder al uiteengezet. Het therapeutische werk met deze methode krijgt pas meerwaarde wanneer de therapeut het ambacht als maatwerk ter hand neemt. We maken bij wijze van afronding nog een aantal opmerkingen die hierbij van belang kunnen zijn.

In een drama, waarin een adolescent zich kan voorbereiden op specifieke onderhandelingen, contacten of ontmoetingen met derden in de realiteit, kan de gevreesde moeilijkheidsgraad 'ginds' voor obstakels zorgen. Er is een mogelijkheid om die moeilijkheidsgraad te faseren. Men kan een figuur neerzetten en de adolescent uitnodigen met hem of haar te praten achter een *glazen wand*, zodat die persoon niet hoort wat de adolescent zegt. Daarna kan men de glazen wand wegnemen.

Men kan *dubbelen*, dit wil zeggen achter de adolescent gaan staan, terwijl hij of zij de eigen rol of de rol van iemand anders of van een aspect van zichzelf speelt. De therapeut tracht te vertolken wat in die persoon of dat aspect omgaat en reikt daarmee de adolescent taal aan om dit uit te drukken. De cliënt beslist of de voorgelegde inhoud klopt.

Een belangrijk principe is: *alles kan, niets moet*. De therapeut zegt vaak 'In psychodrama kan alles'; het is een manier om de verbeelding te stimuleren en, om redenen van veiligheid, het verschil tussen hier en nu enerzijds en ginds anderzijds te markeren.

Het is evident dat de inhoud van het psychodrama niet aan tijd en plaats gebonden is. Via de *teletijdmachine* kan men zich in de tijd verplaatsen, ook naar de toekomst. Door de mogelijkheden van de verbeelding kan men zich naar welke plek dan ook (ook buiten de aarde) begeven.

Last but not least, het is van het grootste belang dat het kader 'psychodrama' bewaakt en vastgehouden wordt; doorbreken van dit kader of relativeren ervan in termen van 'het is maar een spel' doen onmiddellijk de therapeutische effecten teniet. We wezen erop dat wat binnen een spel gebeurt niet louter spel is, maar realiteit. Dit realiteitskarakter moet echter wel bevestigd worden binnen een duidelijk overeengekomen kader, namelijk: psychodrama. Opvallend is hoe adolescenten van wie men zegt dat ze regelmatig dissociëren, of die stemmen horen, zich in een strikt begeleid en qua kader bewaakt psychodrama gedragen als een vis in het water. Zij hebben dan geen enkele moeite met het onderscheiden van verschillende personages of verschillende aspecten van zichzelf. Belangrijk is ook de integratie van het werk binnen het psychodrama, door telkens weer terug te keren tot de persoon van de cliënt. Hij of zij is degene die onder leiding van de therapeut telkens weer de touwtjes van een gefragmenteerde realiteit aan elkaar knoopt.

II. Reflecties

In therapie gaan

Over bezorgdheid en aarzelen

Peter Rober

Een gezin brengt twee dingen in tijdens het eerste gesprek bij een therapeut. Aan de ene kant is er de *bezorgdheid*, meestal uitgedrukt door de ouders. Aan de andere kant is er de *aarzeling*. Die wordt eerder door een van de kinderen uitgedrukt en dikwijls zonder woorden.

In therapie gaan is meestal geen impulsieve beslissing. Aan het eerste gesprek is heel wat gepieker voorafgegaan, heel wat twijfel, heel wat ongerustheid, heel wat angsten. Vaak hebben de gezinsleden de stap naar therapie zo lang mogelijk uitgesteld. Soms is er al over de therapie gesproken, maar vaak zijn de meeste aarzelingen onbesproken gebleven.
De keuze om in therapie te gaan mobiliseert de dynamiek spreken/niet spreken. *In therapie gaan* betekent immers *willen spreken*. De stap zetten naar het spreken betekent echter ook het mobiliseren van alle goede redenen die men heeft om *niet* te *spreken*. Het is dan ook interessant om in het begin van de therapie stil te staan bij beide aspecten van de stap naar therapie. Vandaar dat we ons in het eerste gesprek vooral richten op twee vragen:
- Wat is jullie *bezorgdheid*? ('Waarom wil je spreken? Waarover wil je spreken? Wat wil je bereiken door te spreken?'...)
- Wat doet jullie aarzelen om in therapie te gaan? ('Waarom zou je liever niet willen praten? Wat zijn de risico's van spreken? Wat zou er kunnen mislopen als je zou spreken?...')

In het navolgende toon ik hoe je aarzelingen van een gezin bespreekbaar kunt maken, op zo'n wijze dat een werkbare context voor een gezinstherapie gecreëerd wordt. Ik laat tevens zien hoe je kinderen in dit spreken over aarzelingen kunt betrekken, zodat hun stem gehoord kan worden.
Eerst sta ik erbij stil hoe het spreken over bezorgdheid kan worden ingebed in een constructief betekeniskader.

Bezorgdheid

Met enig recht zou men kunnen stellen dat een therapie steeds vertrekt vanuit een bezorgdheid. De cliënt is bezorgd en wil van daaruit met een therapeut praten. Een therapie rond de problemen van een kind begint echter zelden vanuit de bezorgdheid van het kind zelf. Het startpunt is meestal *de bezorgdheid van de ouders*. De vraag naar therapie komt van hen, en ook in het eerste gesprek staan zij meestal als eersten klaar om uit te leggen welke de problemen zijn waarvoor ze hulp zoeken. Wanneer je ouders in het eerste gesprek de ruimte geeft, hebben ze meestal geen moeite om lang en breed uit te leggen waarover ze zich zorgen maken. En het kind ondertussen? Het kind luistert wellicht aandachtig. Of misschien wacht het kind af. Of mogelijk gaat het kind in zijn gedrag demonstreren dat wat de ouder vertelt ook klopt, en dat er reden is tot bezorgdheid. Soms zie je ook het omgekeerde: het kind vertoont gedrag dat helemaal anders is dan wat de ouders beschrijven.

Zoals ik elders heb beschreven (Rober, 2002) is het vaak goed het eerste gezinsgesprek niet te beginnen met het omstandig uiteenzetten van de bezorgdheid. Vaak is het beter eerst ruimte te maken voor een kennismaking met het kind en het gezin, los van de problemen, zodat er in de therapeutische sessie plaats wordt gemaakt voor een stuk positieve identiteit van het kind en van de andere gezinsleden. Zodat er ruimte komt voor competentie en stabiliteit, alvorens ingegaan wordt op wat niet lukt of wat zoveel zorgen baart. Dit kan op verschillende manieren gebeuren. Het verdient echter voorkeur *metaforische methoden* te gebruiken. De therapeut kan vanaf de eerste sessie aan de gezinsleden tonen dat hij geïnteresseerd is in non-verbale, metaforische communicatie. Zo stelt de therapeut het kind gerust dat hij of zij zich ook op een meer beeldende manier kan uitdrukken, en nodigt de therapeut het kind actief uit dat communicatiekanaal te gebruiken. De therapeut kan bijvoorbeeld aan elk van de gezinsleden aan het einde van de eerste sessie vragen de volgende sessie iets mee te brengen dat hem zou helpen hen beter te leren kennen. Sommige kinderen brengen een tekening mee, anderen een speelgoedje of een foto of een audiocassette met hun lievelingsmuziek. Ouders brengen foto's mee, of een brief, of een CD. Deze objecten maken het vaak mogelijk dat verhalen verteld worden die anders niet zouden worden verteld.

> Lilly is tien jaar oud. Ze is enig kind en haar beide ouders zijn erg bezig met hun professionele carrière. De ouders komen met haar in therapie omdat ze depressief is en niet meer naar school wil gaan. Elke morgen is er ruzie over het naar school gaan, wat voor moeder bijzonder moeilijk is omdat ze zich moet haasten om op tijd naar haar werk te vertrekken. Wanneer ik Lilly vraag een object mee te brengen dat me zou helpen haar beter te leren kennen, brengt ze een sleutel mee en een pop die Elisabeth heet. Ik vraag haar meer te vertellen over de sleutel, maar ze zegt dat ze het niet kan uitleggen omdat ze haar ouders geen verdriet wil doen. Over de pop vertelt ze dat ze veel houdt van die pop en dat ze er goed voor zorgt: 'Ik praat met haar als ze eenzaam is en ik vertroetel haar als ze verdrietig is.'
> De volgende sessie gebruikt Lilly dezelfde woorden om te beschrijven hoe ze zich thuis voelt: 'Ik voel me eenzaam en verdrietig,' zegt ze in tranen. Ik vraag haar of ze me er meer over kan vertellen. Dan toont ze me de sleutel die ze de vorige keer had meegebracht en ze zegt snikkend: 'Ik denk dat ik een typisch sleutelkind ben, zoals ze zeggen op tv.'

Het is belangrijk dat de therapeut met alles wat gezinsleden brengen respectvol omgaat. De bedoeling van het eerste gesprek is in de eerste plaats contact te leggen met de gezinsleden en hen beter te leren kennen. Het gaat hier over mensen die elkaar ontmoeten en voorzichtig zoeken hoe ze een tijdje samen op weg kunnen gaan. Verder gaat het ook over het creëren van een werkzame context waarin iedereen zijn verhaal kan doen. Het vormen van hypothesen over gesprekthema's die voor de therapie mogelijk belangrijk zijn, is in deze fase secundair.

Aarzeling

Zoals gezegd komt een gezin dat in therapie gaat met een bezorgdheid. Ze hebben heel wat goede redenen om in therapie te gaan. Ze hebben echter ook goede redenen om liever *niet* in therapie te gaan. Dit noemen we *de aarzelingen van het gezin* (Rober, 2002). Het is belangrijk in het begin van de therapie te praten over de aarzelingen over het in therapie gaan: Wat schrikt de gezinsleden af om in therapie te gaan? Wat deed hen de therapie uitstellen? Waarover waren ze aan het piekeren terwijl ze in de wachtkamer zaten? Wat is het risico van praten voor hen?

> Mark is een jongen van tien jaar, die verwezen werd door het CLB[1]. Mark lijkt ook erg te lijden onder de echtscheiding van zijn ouders, drie jaar geleden. Ik nodig het gezin uit. In de sessie is Mark heel stil. Hij vermijdt ook oogcontact. Ik probeer met hem te praten, maar dat lukt niet goed. Ik richt me tot moeder. Ze zegt dat Mark heel weinig praat. Ook tegen haar. Daar maakt ze zich zorgen over. Ik merk dat moeder heel afgemeten spreekt. Haar antwoorden zijn kort. Wanneer ik haar vraag 'Wat doet je aarzelen om in therapie te komen?' vertelt moeder dat ze therapie voor Mark wil. 'Hij komt in therapie, niet ik.' Ik vraag haar wat ze precies bedoelt. Ze legt uit dat ze bang is dat ze te veel zal zeggen, te veel zal praten en dat ze dan begint te huilen. Ik vraag meer uitleg aan Mark: 'Ben jij ook bezorgd dat je moeder misschien te veel verdriet zal hebben als we hier gaan praten?' Mark kijkt me aan en knikt. Voor het eerst heb ik het gevoel dat ik contact met hem heb.
> Later zal blijken dat moeder als kind mishandeld en misbruikt is geweest. In therapie gaan is erg bedreigend voor haar, omdat dat de pijn van het misbruik opnieuw kan oproepen. Dat doet haar aarzelen om in therapie te gaan, en het doet ook Mark aarzelen.

Hoe meer de aarzelingen om in therapie te gaan kunnen worden besproken in het eerste gesprek, hoe meer ruimte er komt om vrijuit te spreken. Hoe meer die aarzelingen in het begin een plaats krijgen, des te minder zullen ze later de therapie voor de voeten lopen. Het komt er dus voor de therapeut op aan de aarzelingen van de cliënt bespreekbaar te maken. Daarbij moet zijn attitude accepterend zijn. De basisidee is dat een cliënt die aarzelt goede redenen heeft om te aarzelen. De cliënt voelt aan dat spreken risicovol is en probeert zich tegen die risico's in te dekken door te zwijgen. Het is de taak van de therapeut te luisteren naar het verhaal van cliënt over zijn aarzelin-

---

[1] CLB: *Centrum voor Leerlingbegeleiding*.

gen en zo goed mogelijk te begrijpen welke de goede redenen zijn die hij heeft om te aarzelen. Het verhaal over de aarzelingen kan verwijzen naar wat de verwijzer over therapie vertelde of naar wat de omgeving over therapie vertelde. Het verhaal van de cliënt over zijn goede redenen om te aarzelen kan ook een verhaal zijn over vroegere negatieve ervaringen met hulpverlening.

De goede redenen om te aarzelen kunnen liggen in wat de verwijzer over therapie vertelde:

> Een gezin met een tien jaar oude zoon, Bart, is verwezen door de huisarts. Een grote som geld is gestolen uit moeders handtas, en de ouders verdenken Bart. In de sessie is Bart heel stil en teruggetrokken. Hij antwoordt kort op de vragen van de therapeut en zegt geen woord te veel. Hij lijkt gespannen, defensief en wantrouwig. Als de therapeut vraagt waarom de dokter hen voor therapie heeft verwezen zegt de vader: 'De dokter vertelde ons dat we naar u moesten gaan want u bent een gezinstherapeut en hij vertelde dat u trucs zou kennen om Bart te laten bekennen dat hij dat geld gestolen heeft.'

De goede redenen om te aarzelen kunnen liggen in wat de omgeving over therapie vertelde:

> Erik van 12 jaar wil therapie. Hij is misbruikt door zijn stiefvader en sindsdien heeft hij nachtmerries en is hij angstig in het donker. Hij heeft zijn moeder gevraagd of zij niemand kent die hem zou kunnen helpen. Moeder was vroeger bij mij in therapie geweest, dus ze belde mij op voor een afspraak. Ik geef haar een afspraak op een donderdagnamiddag.
> In het begin van het eerste gesprek valt me op hoe stil Erik is; zo heeft zijn moeder hem niet beschreven. Ik vraag ernaar en Erik haalt de schouders op. Moeder zegt: 'Erik, je wilt toch zelf met Peter praten?' Weer haalt Erik zijn schouders op.
> Ik neem een groot blad papier en een viltstift. Ik maak twee kolommen op het blad. Boven aan de linkerkolom schrijf ik 'goede redenen om in therapie te gaan'. Boven aan de rechterkolom schrijf ik: 'aarzelingen, of goede redenen om niet in therapie te gaan'. Ik vraag Erik of hij dit blad kan invullen zoals hij het voelt. Ik geef hem de stift. Hij begint in de linkerkolom: de goede redenen om in therapie te gaan. Hij schrijft: minder nachtmerries hebben, minder bang zijn, minder ruzie met moeder, beter slapen. Dat was het. Erik gaat weer zitten. 'En de andere kolom? De aarzelingen?' vraag ik. Hij staat op, gaat naar het blad en schrijft in de rechterkolom: 'ik ben niet gek'. Ik vraag hem of hij mij kan helpen te begrijpen wat hij daarmee bedoelt. Erik vertelt me dat hij die ochtend nog naar school is geweest, en op de speelplaats heeft hij aan zijn vriend gezegd dat hij in de middag naar de psycholoog zou gaan om te praten. Dat vriendje zei: 'Een psycholoog? Dat is voor gekken.'

De goede redenen om te aarzelen kunnen liggen in vroegere ervaringen met therapie:

Een moeder komt met zorgen over haar dochter van acht. Moeder praat uitgebreid over haar dochter, maar ze vertelt niets over zichzelf. Ook al probeer ik wat zicht te krijgen op wie zij is. Ik vraag haar wat haar vroegere ervaringen met therapie zijn. Ze vertelt dat haar vorige therapeut in slaap viel terwijl ze aan het vertellen was. Ze is niet boos op hem. Neen, ze schaamt zich, zo vertelt ze mij. Ik begrijp het niet en vraag toelichting. Ze zegt: 'Ben ik dan zo saai dat zelfs mijn therapeut bij mij in slaap valt?' Ze legt ook uit dat haar man haar verlaten heeft voor een jongere vrouw: 'Hij wilde meer opwinding in zijn leven, en hij vond dat ik hem die niet kon geven.'

Aarzelingen uiten zich in het non-verbale gedrag van kinderen

Wat niet gezegd wordt, wordt soms toch op een non-verbale manier uitgedrukt. Het is dan ook belangrijk aandacht te hebben voor kleine lichaamssignalen die kunnen wijzen op aarzeling om te spreken. Daarbij is het niet aangewezen dat die signalen door de therapeut *geduid* worden, of *geïnterpreteerd*. Het is niet de bedoeling de gezinsleden te ontmaskeren. Het gezin heeft recht op een beschermend schild. Het zwijgen van de gezinsleden en de non-verbale uiting van datgene wat verzwegen wordt, dienen *gerespecteerd* en *gewaardeerd* te worden door de therapeut. In deze zelfbescherming toont het gezin immers eigenheid, kracht en overlevingsdrang. Wat de therapeut het beste kan doen is vanuit een accepterende maar kordate houding de cliënten uitnodigen te spreken over hun angst en hun gespannenheid.

Liza, een 25-jarige vrouw, komt in therapie omdat ze als kind door haar vader is misbruikt. Al in het begin van het eerste gesprek voel ik me vaag ongemakkelijk. Aanvankelijk kan ik er mijn vinger niet op leggen. Ze beantwoordt al mijn vragen, maar haar antwoorden zijn toch eerder kort. Ze lijkt gespannen. Ik merk ook op dat ze nauwelijks oogcontact maakt. Eigenlijk lijkt ze geïrriteerd. Het geeft me het gevoel alsof ze me niet vertrouwt, alsof ze boos is op mij. Anderzijds, misschien is ze alleen gespannen, zoals sommige cliënten zijn bij het begin van een therapie.
Ik vraag haar of ze zich gespannen voelt. Eerst is ze stil, en dan zegt ze dat het niet gemakkelijk voor haar is om in therapie te gaan.
'Kan je me helpen om dat te begrijpen?' vraag ik.
Liza antwoordt dat ze er al lang aan denkt om in therapie te gaan, maar ze heeft het steeds uitgesteld:
'Zelfs zonet in de wachtkamer dacht ik dat ik misschien beter weer naar huis kon gaan,' voegt ze eraan toe.
Ik vraag weer of ze me kan helpen dat te begrijpen.
Dan vertelt ze me het volgende verhaal.
'Mijn vader misbruikte me de eerste keer toen ik vier of vijf jaar oud was. Hij kwam op een nacht naar mijn kamer terwijl iedereen in het huis sliep. Hij verkrachtte mij. Daarna zei hij dat ik er nooit over mocht praten, want anders zou hij de gevangenis in vliegen. Daarom heb ik er niet over gepraat. Maar de volgende nachten kwam hij weer en hij verkrachtte mij telkens opnieuw.

Op een nacht had ik in mijn bed geplast. Toen vader 's nachts naar mijn kamer kwam en vaststelde dat mijn bed nat was, noemde hij mij een vuile, vieze trien. Maar hij verkrachtte me niet. Ik had dus een manier gevonden om me tegen hem te beschermen. Vanaf die nacht plaste ik elke nacht in bed.

Mijn moeder merkte al gauw dat ik weer in bed plaste. Daarom sprak ze met onze huisarts en die verwees ons naar een therapeut. Toen ik dat hoorde kreeg ik weer hoop. Misschien zou er een einde komen aan de pijn en de angst en de schaamte. Maar al in het eerste gesprek merkte ik dat de therapeut alleen geïnteresseerd was in het vinden van een oplossing voor mijn 'enuresis', zoals hij het noemde. Hij leek helemaal niet geïnteresseerd in wat zich in het gezin afspeelde. Ik moet toegeven dat dat ergens ook een opluchting voor mij was. Ik vreesde immers de confrontatie met mijn vader. Anderzijds was ik razend op die therapeut. Niet alleen omdat hij niet merkte dat er meer aan de hand was dan bedplassen, maar ook omdat hij een oplossing zocht voor het bedplassen en niet scheen te beseffen dat dat mijn enige bescherming was tegen mijn vader. Daarom saboteerde ik alle oplossingen die de therapeut voorstelde en ik zwoer dat ik nooit nog een therapeut zou vertrouwen.'

Liza's verhaal raakt me. Ik denk aan al die keren dat ik oplossingen heb voorgesteld aan cliënten, zonder dat ik er echt bij heb stilgestaan wat de betekenis is van het probleem. Ik bedank Liza en complementeer haar dat ze, ondanks wat er vroeger gebeurd is, toch de moed heeft gevonden om haar verhaal te vertellen. We praten verder over vertrouwen en over hoe ze zich het beste kan beschermen om niet opnieuw teleurgesteld te worden door een therapeut.

Liza's verhaal over haar kindertijd kan ons heel wat leren over het belang van non-verbale communicatie (in haar geval: haar symptoom, bedplassen) in de praktijk van de gezinstherapie. Het toont dat non-verbaal gedrag van kinderen vaak raakt aan datgene wat niet gezegd kan worden in het gezin. Vaak is het non-verbale gedrag de beste manier om te zeggen wat niet gezegd kan worden, omdat woorden verboden zijn en onveilig (Griffith & Griffith, 1994). Het feit dat kleine Liza's non-verbale signalen niet ernstig genomen, noch begrepen waren door de gezinstherapeut was erg teleurstellend voor haar. Verder was ook haar aarzeling, die zich uitte in het saboteren van de therapie, onbesproken gebleven. Waarschijnlijk ervoer de therapeut haar als een lastig, defensief kind.

Liza's verhaal over haar ervaring met therapie in haar kindertijd maakt begrijpelijk waarom ze als volwassen vrouw aarzelt om in therapie te gaan. Door haar verhaal begrijpen we haar goede redenen om nu te aarzelen. De sessie van de volwassen Liza met de therapeut toont het belang van het ernstig nemen van non-verbaal uitgedrukte aarzelingen bij het begin van een therapie. Deze aarzelingen verwijzen immers vaak naar belangrijke persoonlijke verhalen die nog niet verteld zijn. Zoals in Liza's geval gaat het daarbij vaak over vroegere onaangename of zelfs traumatische ervaringen met therapie (Tilmans-Ostyn, 1999a). Deze negatieve ervaringen met therapie kunnen de cliënt bijzonder gevoelig en kwetsbaar maken. Ruimte maken om deze verhalen te bespreken, maximaliseert de kansen dat deze nieuwe therapeutische ontmoeting vruchtbaar zal zijn, niet enkel omdat het de therapeut de kans geeft om extra voorzichtig te zijn met de gevoelige plekken van de cliënt, maar ook omdat er zo plaats wordt gemaakt voor iets nieuws, door ervoor te zorgen dat deze negatieve ervaringen zich in deze nieuwe therapie niet zullen herhalen (Tilmans-Ostyn, 1999). Vaak volstaat het dat de cliënt de kans krijgt het verhaal van de negatieve ervaringen aan de therapeut te vertellen. De empathische reactie van de therapeut stelt de cliënt voldoende gerust dat de ervaring zich niet zal herhalen. Door het verhaal te vertellen wordt het nieuwe therapeutische proces gedifferentieerd van het vorige en zo ontstaat er ruimte voor iets nieuws. Soms is het vertellen van het verhaal niet voldoende voor de cliënt om zich te bevrijden van zijn preoccupatie met zijn vroegere negatieve ervaringen. In die gevallen kan de therapeut met het gezin bespreken wat hen zou geruststellen dat hetzelfde hen hier in deze therapie niet opnieuw zou overkomen. Zoals geïllustreerd wordt in de volgende casus kan het gesprek over deze vraag aanwijzingen geven over wat de cliënt nodig heeft om zich veilig te voelen in de therapeutische relatie. De volgende casus illustreert ook dat aarzelingen om te spreken in de gezinssessie vaak door kinderen worden uitgedrukt. Inderdaad, het zijn de ouders die vol zijn van de noodzaak van therapie en die vooral over hun bezorgdheid vertellen. De kinderen drukken de aarzelingen uit van het gezin om te spreken. Soms verbaal: 'Ik wil niet praten. Ik wil liever thuis blijven spelen op de Playstation', maar vaak ook non-verbaal: in hun gedrag, gezichtsuitdrukkingen en lichaamssignalen. Hier ligt het belang van iets wat we aan het begin van deze tekst schreven: de therapeut dient vanaf het begin van de therapie non-verbale communicatie aan te bieden als een kanaal dat gebruikt kan worden om dingen uit te drukken. Zo wordt het kind uitgenodigd om deel te nemen aan het gesprek op zijn of haar eigen manier.

Sam en het uitroepen van de noodtoestand

Een gezin komt in therapie omdat de twaalf jaar oude zoon Sam weggelopen was van thuis. Toen hij door de politie gevonden was, beweerde hij dat hij ontvoerd was. De agenten geloofden zijn verhaal niet en brachten hem terug naar zijn ouders. Ze namen ook contact op met de schoolpsycholoog. De schoolpsycholoog praatte met Sam, maar omdat Sam het had over gezinsproblemen verwees hij Sam en zijn gezin naar mij.

In de eerste gezinssessie is Sam erg stil. Hij wil niet praten. Ik vraag hem of hij me kan helpen zijn stilte te begrijpen. Sam kijkt naar zijn vader en zegt geen woord. Ik zeg: 'Sam, ik weet het niet, maar ik heb de indruk dat je liever niet wilt praten. Dat is oké. Je hoeft niet te praten.'
Ik pauzeer even en zeg: 'Laat me je een verhaaltje vertellen. Hier, kijk eens naar deze schildpad (ik toon hem een speelgoedschildpad). Als een schildpad zich niet veilig voelt trekt hij zijn kop en zijn pootjes terug in zijn schild. (Ik toon hem hoe een schildpad zijn kop en poten terugtrekt) Zo

kan een schildpad niet gekwetst worden. Op die manier beschermt een schildpad zichzelf. Nou, kinderen hebben zo'n schild niet. Weet je hoe kinderen zich vaak beschermen zodat ze niet gekwetst worden? Ze zwijgen. Ze zeggen niets en wachten tot het over is. Dus als jij nu zo stil bent, vraag ik me af of je je wel veilig voelt. Ik vraag me dan af of je ooit hebt meegemaakt dat er iets slechts gebeurde nadat je over iets gepraat had?' Sam kijkt weer naar zijn vader en dan naar zijn moeder. Ik heb de indruk dat Sam geïnteresseerd is in mijn verhaaltje en in mijn vragen. Sam haalt diep adem alsof hij iets wil gaan zeggen, maar ik onderbreek hem en zeg: 'Nee, wacht. Je moet me niet antwoorden. Je moet alleen praten als je je veilig genoeg voelt om te praten.'
Sam knikt.

Dan zegt hij dat hij zich veilig had gevoeld bij de schoolpsycholoog. Daar had hij gepraat. Maar nu, met zijn ouders erbij, wil hij niet praten. We praten over het verschil tussen individueel praten en praten met zijn ouders erbij. Het wordt al gauw duidelijk dat Sam bezorgd is dat zijn vader weer depressief zou kunnen worden als ze hier praten. De ouders leggen uit dat vader verschillende keren gehospitaliseerd is geweest met een ernstige depressie. Vader zelf zegt dat hij ook gespannen is om weer naar een therapeut te gaan, omdat hij bang is dat praten zijn depressie opnieuw zal oproepen.

'Ik ben ooit in therapie gegaan, maar hoe meer ik praatte, hoe meer ik me weer depressief begon te voelen. Dus stopte ik de therapie,' legt vader uit.

Ik vraag hun wat hen zou geruststellen dat hetzelfde niet opnieuw zou gebeuren in deze gezinsgesprekken.
Sam zegt: '... Als we waakzaam zijn voor de eerste tekens van de depressie.'
'...Uitkijken voor alarmsignalen?' vraag ik.
Sam knikt.
Dan vraag ik: 'Wat zouden de alarmsignalen zijn dat de depressie dreigt terug te komen bij papa?'
Sam en zijn ouders praten over 'niet uit zijn bed willen komen 's morgens', 'zich altijd moe voelen', 'minder positieve dingen zeggen over zichzelf', 'geen plezier meer beleven aan het lezen van een krant', 'niet meer gaan vissen met zijn vriend', 'veel zuchten', 'meer drinken'.
Ik schrijf op welke signalen ze noemen. Ik stel voor een scoringsschaal te maken waarmee we deze alarmsignalen in het oog houden. Aan het begin van elke sessie kunnen de gezinsleden elk van de items scoren op een schaal van 1 (geen alarm) tot 10 (rood alarm). Ik vraag wat we doen als de scores van de schalen alarmerend hoog zijn, bijvoorbeeld meer dan 6. Wat moeten we dan doen?
'Dan kondigen we de noodtoestand af,' roept Sam uit.
Iedereen lacht.
We praten over wat de 'noodtoestand' kan betekenen voor dit gezin. De gezinsleden beslissen dat na het afkondigen van de noodtoestand de ses-

sies 'minder emotioneel en diep moeten zijn', dat vader contact zal opnemen met zijn psychiater om te praten over het eventueel nemen van medicatie, dat vader ook met zijn vrouw zal praten over wat hem zo zwaar weegt, dat hij meer zal trachten te denken over positieve aspecten van zichzelf en de wereld om zich heen en dat hij daarover met zijn vrouw en zijn zoon zal praten.

Na de sessie maak ik een contract waarin ik duidelijk onze afspraken stipuleer. Zoals afgesproken met vader bel ik ook zijn psychiater om hem uit te leggen wat we aan het doen zijn in de gezinstherapie. De volgende sessie krijgt iedereen een kopie van het contract en een kopie van de schalen die moeten worden gescoord.
Deze procedure maakt praten in het gezin veiliger voor iedereen. Het helpt de therapeut ook een therapeutische samenwerkingsrelatie op te bouwen met het gezin. Gedurende de hele verdere therapie worden de schalen gescoord en de alarmdrempel wordt nooit overschreden.

Tot slot

Ik heb vooral twee aspecten van de eerste therapeutische ontmoeting belicht: de bezorgdheid en het aarzelen. Het bespreken van deze beide aspecten met de gezinsleden draagt bij tot het creëren van een werkbare context voor therapie.
De ideeën die we naar voren hebben gebracht verraden een bepaalde visie op spreken en niet spreken in therapie. Als de therapeut ervan uitgaat dat de cliënt goede redenen heeft om te aarzelen, krijgt niet spreken in therapie een nieuwe betekenis. Niet spreken wordt niet gezien als een mislukken van de therapeut die er niet in slaagt de cliënt aan de praat te krijgen, of als weerstand van de cliënt die zich tegen het therapeutische proces zou verzetten. Niet spreken wordt geapprecieerd door de therapeut als een gerechtigde manier van de cliënt om zich te beschermen. Verder wordt het zwijgen van de cliënt niet gezien als een leegte, als de afwezigheid van een verhaal. Integendeel, stilte is vol van niet-vertelde verhalen en goede redenen waarom die verhalen niet verteld worden.

Reflecties

Bespiegelingen

De zelfbeleving van kinderen

Mieke Faes

Als kinderen in therapie komen, vertellen ze een verhaal. Een verhaal over hoe ze de werkelijkheid ervaren en wat de dingen voor hen betekenen. Dit verhaal, hun werkelijkheid, is ontstaan in een voortdurende dialoog tussen hen en de anderen. Dit betekeniskader, waarbinnen ze hun ervaringen kunnen plaatsen, heeft zijn impact op hun denken, hun voelen en hun handelen. Het is ook binnen deze unieke, in communicatie gecreëerde, realiteit van elk kind dat we hun gevoelens en ervaringen (soms) kunnen begrijpen.

Met dit verhaal vertellen kinderen nog een verhaal. Geen ander verhaal, maar eerder twee complex verweven dimensies van hetzelfde verhaal. Kinderen vertellen in alles wat ze zeggen en doen ook hoe ze zichzelf beleven, hoe ze naar zichzelf kijken, wat ze betekenen voor zichzelf en de anderen. Kortom, ze zeggen tussen de regels door ook wie ze zijn.

In dit hoofdstuk wil ik, binnen de complexiteit van het therapeutisch werken met kinderen, inzoomen op het werken rond zelf en zelfbeleving. Ik vertrek hierbij vanuit een systeemtheoretische visie op het zelf en de zelfbeleving. Deze visie beschouwt het zelf niet als een statische kern binnen elk individu, maar als een sociaal geconstrueerde unieke eigenheid. Een zelf dat, voortdurend in beweging, op authentieke wijze ontstaat in een ingewikkeld samenspel tussen ik en de ander. Deze visie op het zelfconcept creëert ruimte in therapie. Als we het zelf en de zelfbeleving beschouwen als een unieke organisatie van betekenissen gecreëerd in sociale dialoog (Cronen, 1987; Gergen, 1991; Harré, 1998; Dekoven Fishbane, 2001), dan moet het mogelijk zijn om in therapie, een vorm van sociale dialoog gericht op verandering, wijzigingen aan te brengen in de zelfbeleving van kinderen. Ik wil in wat volgt onderzoeken hoe de therapeutische relatie en de betekenissen die ontstaan in de therapie gebruikt kunnen worden als veranderingspotentieel voor de kijk van een kind op zichzelf.

De zelfbeleving van kinderen

Ian, tien jaar, komt aarzelend en ineengedoken de therapiekamer binnen. Zijn eerste woorden zijn: 'Ik ben dom. Als ik in de klas moet lezen zit iedereen te kijken en te lachen. Iedereen vindt mij maar een stommerd. Ik ben ook lelijk en ik kan niet hardlopen. Niemand wil met mij bevriend zijn.'

Ian zegt hoe hij naar zichzelf kijkt en hoe hij zichzelf ervaart. Hij geeft een indruk weer over zichzelf, opgedaan in vele relaties. Mensen zijn voortdurend bezig met wie ze zijn voor elkaar. Ze doen voortdurend, ongewild en zonder er bewust mee bezig te zijn, uitspraken over elkaar in de trant van zo zie ik jou, zo zie ik mezelf, zo denk ik dat jij over mij denkt, zo denk ik dat jij over jezelf denkt, en zo verder. Laing (1966) noemt dit de interpersoonlijke perspectieven. Deze wederzijdse uitwisselingen kleuren en beïnvloeden de interacties tussen mensen. Om iets te weten te komen over onszelf hebben we anderen nodig. Schuurmans (1999) citeert Fogel (1993) om aan te geven dat zelfbeleving contextueel en relationeel is en dat de kennis van onszelf altijd kennis is van onszelf in de omgeving. Ook Gergen (1985, 1991) schetst in zijn sociaal-constructionistische visie op het zelf een beeld van een mens die in voortdurende dialoog met de ander toetst wie hij is. Mensen houden elkaar voortdurend spiegels voor. Alle mensen, dus ook kinderen, kijken in al die spiegels en telkens weer krijgen ze een stukje kind te zien. Dit wil zeggen, telkens weer krijgen ze een visie op een aspect en tegelijk op de totaliteit van hun 'ik' voorgehouden.

> Tijdens een gezinsgesprek met vader, moeder, Laïs (hun zestienjarige dochter) en Olivier (hun achttienjarige zoon), vertellen de ouders uitgebreid over wat er allemaal misloopt in het gezin door het lastige, egoïstische gedrag van hun dochter. Ze houdt met niemand rekening. Aan hen en aan de opvoeding ligt het niet, want Olivier doet het erg goed. Het is een vriendelijke jongen, hij houdt rekening met andere mensen en met hem loopt alles prima. Wat is er toch mis met hun dochter? Terwijl haar ouders praten zie ik Laïs meer en meer wegzakken in haar stoel. Ook draait ze zich steeds verder weg. Ze begint papiertjes uit haar zak in stukken te scheuren en kijkt vervolgens naar buiten. Af en toe kijkt ze boos naar haar ouders en naar Olivier. Olivier zit rustig en aandachtig het gesprek te volgen. Af en toe knikt hij. Ik voel druk omdat ik de nood van de ouders beluister (wij zijn goede ouders die zeer begaan zijn met de opvoeding van onze kinderen, we hebben het moeilijk, maar zoeken hiervoor hulp) en tegelijk aanvoel dat Laïs pijnlijk geraakt wordt (het ligt allemaal aan mij, ik deug niet, ik ben slecht). De ouders doen uitspraken over wie hun dochter (en hun zoon) voor hen is. Ook Olivier en Laïs doen zwijgend uitspraken over hun ouders en over elkaar.

Kinderen vangen voortdurend indrukken op omtrent wie ze zijn in de ogen van de anderen. Maar ze kijken hiernaar met hun eigen ogen, ogen die al in vele spiegels hebben gekeken. Wat ze zien is een eigen unieke interpretatie van wat er door anderen gespiegeld wordt. Hoewel ze dus de positie van de ander nodig hebben, is het niet zo dat ze zichzelf enkel door de ogen van de ander bekijken (Schuurmans, 1999). Kinderen worden bij het opgroeien meer ingeschakeld in het sociale discours, in het denken over wie je kunt zijn, moet zijn en best zou kunnen zijn binnen een bepaalde socio-culturele context (Mattheeuws, 1990). De zelfbeleving van kinderen is een synthese van hun kijk op zichzelf met hun kijk van anderen op hen die ontstaat binnen een sociale dialoog waarin ze handelend en betekenisgevend participeren. Uit de samenvloeiing van alle spiegels ontstaat een uniek zelfgevoel op een bepaald moment in het leven van een kind.

Kinderen ontwikkelen geleidelijk aan een 'meer vaststaand' idee over zichzelf. Er ontstaan effecten van langer lopende beïnvloedingen op anderen en op hun visie op zichzelf en de anderen. Dit bepaalt mee hoe ze zich voelen, hoe ze zich gedragen en hoe ze omgaan met anderen. Omdat hun handelen beïnvloed wordt door hoe ze zichzelf ervaren, ontstaan in het leven van kinderen soms spiralen van zich steeds herhalende bespiegelingen.

Kinderen die in therapie komen, vertellen een verhaal waarin problemen en moeilijkheden op de voorgrond staan (White, 1989, 1990). Ook in de omgeving wordt in veel gevallen met 'probleemogen' naar het kind gekeken; veel zaken lopen moeilijk, het lukt op veel terreinen niet voor of met het kind. Het perspectievenverhaal dat het kind vertelt is dan ook meestal doorspekt met negatieve bespiegelingen op verschillende vlakken en in verschillende aspecten van hun zijn. Kinderen en hun omgeving zitten gevangen in perspectievenverhalen die zich herhalen en bevestigen, waardoor een kind gevangen zit in zelfbelevingen die de groeimogelijkheden verkleinen. We krijgen kinderen te zien met een negatieve zelfbeleving.

> Ik spreek met Ian over zijn 'dom zijn'. Hij geeft voorbeelden van hoe klasgenoten lachen als hij een fout antwoord geeft. Of hoe de turnleraar hem een 'slome' noemde toen hij niet over een toestel kon springen. Ook merkt hij dat hij in de klas altijd naast andere dommeriken, achteraan in de klas, moet zitten. Het stoort hem ook dat zijn vriend hem soms wil helpen bij zijn huiswerk. Die moet hem dan ook wel dom vinden. En als de leerkracht iets opnieuw uitlegt, is dat zeker vooral voor hem. Hij is dom en alle andere mensen vinden dat ook. 'Alleen moeder vindt dat ik niet dom ben, maar dat is mijn moeder', zegt hij. De stem van moeder kan op dat moment niet op tegen alle stemmen van leeftijdgenoten en leerkrachten.
> Hij heeft dan ook besloten om zo weinig mogelijk te antwoorden in de klas, ook als hij denkt het antwoord te kennen. Zijn huiswerk probeert hij zoveel mogelijk 's morgens van anderen over te schrijven. Als er toetsen zijn probeert hij uitvluchten te zoeken om niet mee te doen.

De uitingsvorm van de zelfbeleving van kinderen is zeer verscheiden; soms wordt het meer rechtstreeks verwoord (ik ben, ik kan, ...), maar tegelijk is het verborgen tussen de regels van wat een kind zegt of doet. Dit zijn twee aspecten die reëel aanwezig zijn en die sterk van elkaar kunnen verschillen (Güldner & Veerman, 2003). Mogelijk hangt dit samen met een aanvoelen van kinderen over wie ze graag willen zijn, wie ze zouden moeten zijn of wat anderen verwachten en wensen dat ze zijn.

> Jef, een jongen van veertien jaar, is aangemeld voor depressieve klachten. In het eerste gesprek dat ik met Jef heb, zegt hij dat hij weinig tijd heeft om naar de gesprekken te komen. Hij heeft ze ook niet nodig, maar hij moet komen van zijn ouders. Hij heeft een druk leven en heel veel vrienden. Het is dan ook stom om op vrije dagen hier bij mij te komen zitten. Hij vertelt dit alles fluisterend en met tranen in de ogen. Als ik vraag wat hij liever wil doen op vrije middagen, wordt hij boos en lastig. Ik moet geen onnozele vragen stellen. Ook over zijn vrienden wil hij met mij niet praten. Voor mijn gevoel zegt hij dat hij een stoere jongen is en tegelijk zegt hij iets over zijn kwetsbaarheid.

> In dit en de verdere gesprekken die we hebben voel ik een grote kloof tussen hoe Jef zegt dat hij zich voelt en het gevoel van eenzaamheid en geen aansluiting vinden dat niet met woorden benoembaar is en toch tussen de regels van het gesprek merkbaar is.

Kinderen hebben meestal geen woorden voor bespiegelingen en hoe die in de zelfbeleving meespelen. Ze kunnen niet te pakken krijgen hoe ze bezig zijn met de anderen en hoe dit hun denken over zichzelf beïnvloedt. Er is enkel een aanvoelen van wie ze zijn en hoe anderen hen beleven. Ze voelen enkel de druk van al die 'kijken' op zichzelf; ze voelen zich bedrukt.

Onder invloed van narratieve en sociaal-constructionistische benaderingen wordt systeemtheoretische psychotherapie meer en meer beschouwd als een taalgebeuren, waarbij in dialoog ruimte wordt gecreëerd voor nieuwe betekenissen (Anderson, 1997; Anderson & Goolishian, 1988). Het dwingt de systeemtherapeut ook te kijken en te zoeken naar unieke betekeniskaders van het individu, waar andere en soms minder vanzelfsprekende betekenissen op de voorgrond treden. Het verhaal van het kind, zijn of haar persoonlijke ervaring van gebeurtenissen, relaties en verbindingen is hierbij het uitgangspunt. Het is de subject-eigen realiteit van de cliënt: de realiteit van de effecten van tussenmenselijke beïnvloedingen op een individu. Het is binnen deze tussenmenselijke realiteiten dat gevoelens en ervaringen kunnen worden begrepen (Reijmers, 2003).

> Ik spreek met Ian heel veel over zijn ervaringen op school en met leeftijdgenoten. Hij vertelt over wat er de voorbije week gebeurd is en over hoe moeilijk en lastig dit soms was. In een gesprek vertelt hij dat een nieuwe jongen van de schaakclub iemand van zijn school is. Ik ben verwonderd dat hij nog nooit iets over de schaakclub heeft verteld en vraag hoe het daar is. Hij vertelt over verschillende schaakpartijen en verschillende strategieën. Het is wel lastig dat hij alles zo moet uitleggen omdat ik niet veel van schaken afweet. Hij heeft vorige week een toernooi gespeeld en was derde. Ik vraag hoeveel deelnemers er waren. Het waren er dertig en dat betekent toch dat hij goed gepresteerd heeft. We praten een heel uur over wat je allemaal moet kunnen om goed te schaken, van wie hij dat geleerd heeft, of schaken ook iets met logisch denken te maken heeft en hoe je stap voor stap een plan opbouwt.
> In een ander gesprek vertelt hij over de lessen biologie, die hem erg interesseren. We spreken over het antwoord weten en het de ene keer wel zeggen en de andere keer niet. Hij is dus soms een 'weter' die niet spreekt. Dat heeft te maken met zijn angst dat de anderen gaan lachen bij een onhandig, onvolledig of fout antwoord. Maar hij was ook een 'weter die spreekt' toen het ging over dieren in Afrika.
> Ian is slecht in de taalvakken, en daar geeft hij verschillende voorbeelden van. Op mijn vraag wat dan minder slecht is antwoordt hij wiskunde en biologie. Is dat omdat hij meer een 'wetenschappelijke knobbel' in plaats van een 'taalknobbel' heeft? Hij denkt dat sommige vakken beter gaan omdat ze hem meer interesseren. Als hij iets niet interessant vindt,

droomt hij gemakkelijk weg. En als hij zo wat aan het dromen is, zou hij dan voor anderen soms een wat 'domme' indruk maken?

De therapeut spreekt met het kind over zijn of haar leefwereld, over de vele betekenisvolle relaties in het leven van het kind. Maar de therapeut maakt hierbij keuzes in het naar voren halen en belichten van werkelijkheidsaspecten en tussenmenselijke verbindingen. De therapeut is een actieve gesprekspartner, die samen met het kind op zoek gaat naar een leefbare, bruikbare en betekenisvolle werkelijkheid. In de complexe betekenislussen die ontstaan tussen hier en nu in therapie en daar en ginds bij de cliënt ontstaan nieuwe verbondenheden zowel hier en nu als daar en ginds (Reijmers, 2003).

Spiegels verkennen en verschuiven

Een belangrijk stuk in het therapeutisch werken met kinderen en jongeren is het werken rond zelfbeleving. De therapeutische relatie als dialoog creëert wegen om op een respectvolle en constructieve manier te werken met en na te denken over perspectieven en zelfbeleving. Wie we zijn, onze identiteit, is geen gegeven, maar een proces van identificaties met de mogelijkheden van het zelf (McAdam, 2002). Michael White beklemtoont hoe belangrijk het is om cliënten in therapie te helpen om 'verzadigde', veelzijdige en rijke zelfportretten te construeren in plaats van 'magere', beperkte zelfdefinities (White, 1999 in Wachtel, 2001).

Hierbij maakt de therapeut voortdurend keuzes bij het verkennen, belichten en benoemen. Therapeut en kind denken na over de vele reflecties van vele spiegels in het leven van een kind. Zij denken ook over de bespiegelingen die opduiken in de therapiekamer zodat het kind iets kan beseffen van deze beïnvloeding zonder dat het bedreigend of statisch wordt. De therapiekamer wordt een veilig oefenterrein, waar zelfomschrijvingen kunnen worden onderzocht en uitgeprobeerd. Zo kan een ander beeld op de voorgrond komen en kunnen meer hoopvolle aspecten een plaats krijgen.

Het gaat over gewone dagelijkse dingen, over wat die over het kind en de anderen zeggen, over hoe het kind over de therapeut denkt, over hoe het kind denkt dat de therapeut naar hem of haar kijkt, over hoe het kind naar het leven kijkt. Maar het is tegelijk een voorzichtig toevoegen en voorstellen doen, zodat de beelden minutieus aansluiten bij hoe het kind zichzelf ervaart en bij de soms hardnekkige, bestaande bespiegelingen ginds. Perspectieven zijn ook heel moeilijk te pakken. Ze hangen in de ruimte en 'lopen' via woorden, gebaren, blikken, houdingen, sferen, posities, situaties, verwachtingen of ervaringen (Reijmers, 2003). De therapeut houdt enigszins nieuwe of andere spiegels voor, maar het is steeds afwachten wat het kind in deze spiegels weerkaatst krijgt.

> Elke, een meisje van veertien, komt in therapie voor verwerking van een incesttrauma. In de eerste gesprekken spreken we over hoe goed ze het doet op school, ondanks de moeilijke periode in het gezin. We spreken over hoe ze haar moeder helpt met de andere kinderen en over hoe ze

samen met een vriendin elke week gaat helpen in het buurthuis bij de opvang van jonge kinderen. Ze vertelt dat iedereen vindt dat ze erg goed met jonge kinderen kan werken en dat ze heel creatief is. Veel later in therapie spreken we over het misbruik en al het verdriet dat ze heeft gehad. In het eerste gesprek maak ik de keuze om in het begin van deze therapie niet over de incest te spreken. Bij de aanmelding vraagt ze me om haar te helpen bij haar verdriet en de paniek die ze soms voelt. Sinds het misbruik is ze nooit meer blij en kan ze nooit meer rustig zijn. Bij mijn vraag naar vroegere contacten met hulpverlening vertelt ze me dat die altijd door haar werden afgebroken na enkele gesprekken. Verder wil ze over de vroegere contacten met de hulpverlening niet veel vertellen, maar ze wil nog wel een keer proberen door gesprekken iets te doen aan haar 'slecht voelen'. In het gesprek ontstaat bij mij (door wat ze tussen de regels zegt en uitdrukt) de hypothese dat praten over het misbruik niet kan omdat ze zich daardoor meer en meer slachtoffer voelt. Een perspectief op slachtofferschap maakt haar slachtoffer. In de voorbije periode is, door de aandacht die men had voor haar leed, haar zelfbeleving versmald tot slachtoffer-zijn en werden andere aspecten van wie ze is verdrongen. Ik maak de keuze (en zij staat me toe) eerst andere aspecten van wie ze is meer op de voorgrond te plaatsen.

Een kind krijgt al pratend en doend nieuwe kijk- en denkwijzen over zichzelf aangeboden.

Het is in therapie, zeker in de beginfase, belangrijk om de reflecties van vele perspectievenuitwisselingen zichtbaar te maken. Het zijn immers al deze spiegels samen, in hun totaliteit en hun complexe verwevenheid, die de zelfbeleving van kinderen constitueren. Hierover spreken, hieromheen werken, betekent in de eerste plaats veel verschillende concrete beïnvloedingsmomenten gedetailleerd verkennen en onderzoeken. Dit gebeurt door stemmen van mensen die betrokken waren zichtbaar en hoorbaar te maken. Wat er toen gebeurde, wie er allemaal bij was en wie wat deed en zei bijna als een film in de therapiekamer afspelen en beeld voor beeld onderzoeken. Het is pas in deze gedetailleerdheid en concreetheid dat bespiegelingen van buiten kunnen ontrollen en zichtbaar worden. En het is bij het zichtbaar worden van zoveel mogelijk verschillende bespiegelingen dat er kansen gecreëerd worden om spiegels op de achtergrond meer naar voren te halen door ze te benoemen en te verkennen.

Als een therapeut en een kind samen zijn, worden dingen gezegd en gedaan en ook hierbij moet de therapeut keuzes maken. Ook als de therapeut niets zegt of denkt te doen, doet hij uitspraken over het kind en zichzelf. Vanaf het eerste contact houdt de therapeut voortdurend spiegels voor, en het kind doet tegelijk hetzelfde bij de therapeut. Deze perspectievenspiralen zijn zeer complex en zitten vervat in elk woord, in elk gebaar en in de gehele context van het gebeuren. De bespiegelingen die ontstaan bepalen sterk de betekenis die de therapie en de therapeutische relatie voor het kind (en zijn omgeving) en voor de therapeut zal krijgen. Welke interventies de therapeut ook doet, welke taalvorm (spreken, spelen, ...) er in therapie ook gebruikt wordt, het belangrijkste is dat een kind door wat de therapeut doet en niet doet, zegt en niet zegt, spiegels voorgehouden krijgt waarin het iets kan zien dat groei, verandering en nieuwe manieren van in het leven staan mogelijk maakt.

Rober (1998) beklemtoont het belang van een veilige therapeutische context voor kinderen; een context waarin het kind zich veilig voelt, waar het kind welkom is en waar ruimte is voor alle verhalen en betekenissen van een kind, ook als de therapeut deze betekenissen niet onmiddellijk begrijpt. Cooklin (2001) houdt een pleidooi voor dialectische conversatie met kinderen. Hij spreekt hen aan op hun eigen denken en gaat in zijn therapeutisch werk op zoek naar een sfeer waarin het kind leert zijn mening te zeggen en waarin er verschil kan en mag zijn. Dit alles is zoekwerk voor de therapeut, in dialoog met het kind en zijn omgeving. Minutieus zoekwerk in een kast vol interventies, taalvormen of niets doen. De therapeut kan enkel uitproberen en spiegels bovenhalen, maar het is pas in de dynamiek van de relaties tussen de therapeut, het kind en vele anderen dat iets van de bespiegelingen zichtbaar wordt.

> An, een meisje van zestien, met al verschillende langere opnames in de kinderpsychiatrie achter de rug, komt op eigen initiatief op gesprek. Het eerste gesprek gaat ze zitten, het hoofd naar beneden, de lippen op elkaar en de armen gekruist. Ik stel mezelf voor en vertel wat over mijn manier van werken. An reageert niet. Op alle, in mijn ogen onschuldige vragen over wie ze is en hoe haar leven er op dit moment uitziet, reageert ze met het dichtknijpen van haar lippen. Ze vermijdt oogcontact en kijkt de hele tijd naar de grond. Enkel op de vraag of ze zelf wil blijven komen knikt ze ja.
> Ik vraag me af op welke manier hier een context van moeten praten ontstaat. En wat dit met haar vroegere ervaringen te maken heeft? Hoe dit haar zelfbeleving beïnvloedt? Wat therapie voor haar allemaal betekent? Waarom ze ook niet kan antwoorden op banale vragen over haar nieuwe schoenen of haar nieuwe kapsel?
> Mijn hypothese is dat in therapie gaan op zich al een spiegel creëert dat er problemen zijn die ze moet oplossen. Ze zit daar in de therapiekamer in een context van moeten praten over problemen en tegelijk niet kunnen praten over problemen. Als ze hier niet praat, doet dat iets met haar en wordt ze een probleem. Als ze wel praat, doet dat vreemd genoeg ook iets met haar. Terwijl ze spreekt over het probleem gaat ze ermee samenvallen en wordt ze het probleem. Ook praten over iets anders dan problemen binnen de context therapie kan niet. Het mag in therapie dus enkel over problemen gaan. Zwijgen wordt dan het enige mogelijke.
> Binnen deze volgens mij erg smalle marge moet ik iets zeggen of iets doen.
> Ik zeg haar dat zwijgen soms het beste en verstandigste is wat ze kan doen in een therapie. Ze kan hiervoor kiezen en soms is dat het meest moedige en wijze dat ze kan doen. Ze weet immers nooit waar ze aan toe is. Er is altijd het risico dingen te vertellen die je niet wilt vertellen. Ze moet maar rustig haar tijd nemen om te verkennen en te ervaren of het

hier voor haar veilig genoeg is. Dit is haar therapie en zij bepaalt het tempo en de inhoud. Ze mag ook gerust komen zonder iets te zeggen. Er volgen nog veel 'stille' gesprekken, waarin ik hetzelfde herhaal in vele variaties. Ze komt wel elke week stipt op haar afspraak. Daarmee vertelt ze me tussen de regels door iets over haar nood, over de relatie tussen ons en misschien mag ik dat interpreteren als 'we zijn goed bezig'? Ik vertel haar over wat iedereen verwacht dat in therapie moet: over je problemen praten. Maar hier kan zij beslissen waarover we het zullen hebben. Dat ik zie dat ze al over veel dingen heeft nagedacht en dat ze wel zal beslissen waarover ze met mij nog wil praten en waarover niet. Ik hou haar voortdurend spiegels voor over hoe ik naar haar kijk binnen de context therapie. Na maanden kan ze zeggen dat ze hulp wil en ook waarbij ze hulp wil. Ze heeft beslist dat ze over een aantal dingen niet meer wil praten. We zoeken samen uit waaraan we verder zullen werken.

Veel later in therapie vertelt ze me dat het feit dat ik haar zwijgen respecteerde voor haar erg belangrijk was. In vroegere hulpverleningscontacten kreeg ze altijd het gevoel dat ze dingen zei die ze niet wilde zeggen. Door haar andere spiegels voor te houden, en dit telkens opnieuw, kreeg ze ruimte om in haar eigen tempo te praten over datgene waarover ze wilde praten.

Spelen met spiegels

Door in de praktijk met vele kinderen aan de slag te gaan ontdekte ik een aantal methodieken, die het 'perspectieven verkennen' gemakkelijker of mogelijk maken. Deze methodieken geven taal en maken concrete beïnvloedingsmomenten zichtbaar. Het gaat om middelen waarmee vele therapeuten in hun dagelijkse praktijk met kinderen vertrouwd zijn. Ik bekijk deze werkvormen echter vanuit het oogpunt van perspectievenuitwisseling. Methodieken en het therapeutisch hanteren ervan hebben immers ook altijd een effect op de zelfomschrijving en zelfbeleving van kinderen. De vraag wordt dan hoe je verschillende methodieken flexibel kunt gebruiken zodat iets wordt gewijzigd aan hoe het kind zichzelf ervaart.

Kinderen kunnen een situatie tekenen, waardoor je een beeld krijgt van hun beleving en van wie er allemaal bij betrokken was. Kinderen kunnen, terwijl we verkennen, personen toevoegen die ze vergeten waren. Ze kunnen details wijzigen en gelaatsuitdrukkingen versterken of veranderen. Met tekstballonnetjes kan wat gezegd werd worden toegevoegd. Tekeningen kunnen opnieuw gemaakt worden en verschillende tekeningen kunnen bij elkaar worden gelegd. Hierdoor kunnen bespiegelingen gedifferentieerd, gecorrigeerd of beklemtoond worden. Situaties kunnen worden uitgebeeld of met poppen worden nagespeeld. Verschillende mogelijkheden en variaties kunnen worden onderzocht. De therapeut kan bevragen of bepaalde bespiegelingen benoemen en verkennen.

Met sommige kinderen maak ik een 'levenstijdlijn'. Op een lange reep papier tekenen we hun leven vanaf hun geboorte tot nu. Op die lijn duiden ze voor hen belangrijke momenten in hun leven aan. Wat ze deden en al konden op een bepaald moment. Welke gebeurtenissen hen vooral zijn bijgebleven. Wie er allemaal bij was en hoe die keken naar de situatie en naar hen. Sommige kinderen nemen hun 'levenslijn' mee naar huis en vullen deze aan samen met andere gezinsleden. Er is op het papier ook ruimte voor tekeningen en foto's. Het is mijn ervaring dat door deze manier van werken heel veel verhalen en bespiegelingen zichtbaar worden. Er komt heel veel stof om over concrete momenten te spreken en om verschillende beïnvloedingssituaties te verkennen. Het verschil dat deze tijdlijn maakt, is dat er ruimte ontstaat. In de periode van therapie zijn de probleemspiegels meestal heel dominant aanwezig. Door te verbreden in de tijd wordt de ruimte voor vroegere, andere bespiegelingen groter. Door zowel in therapie als thuis met andere gezinsleden hierover te spreken, kunnen bespiegelingen die op de achtergrond waren geraakt weer een beetje ruimte krijgen.

> Karolien, een meisje van twaalf, is na de echtscheiding van haar ouders helemaal veranderd. Ze is lastig en werkt niet meer voor school. Moeder, bij wie Karolien de meeste tijd verblijft, heeft het gevoel dat ze geen vat meer heeft op haar dochter. Ze is brutaal, slaat en schopt naar moeder en maakt in enorme woede-uitbarstingen dingen in huis stuk. Ik maak met Karolien een 'levenstijdlijn' en aan het einde van het gesprek neemt ze hem mee naar huis. Samen met moeder vult ze nog verschillende dingen aan. Het volgende gesprek heeft ze hem weer bij zich en we verkennen de aanvullingen. Er staat dat ze op vierjarige leeftijd al zorgde voor haar broertje, die leerde lopen en overal tegenaan liep. We spreken over dat zorgende in haar. Over hoe ze dat vroeger deed en over hoe ze dat nu soms ook nog doet. Over hoe niemand nog ziet dat ze soms ook mama helpt. Over hoe ze voor haar broer probeert te zorgen, waardoor ze steeds ruzie krijgen. We spreken ook over hoe ze hierover gisteren met mama heeft gesproken en over hoe blij ze is dat mama dat nog wist van vroeger, terwijl zij het al vergeten was.

Soms vraag ik kinderen om henzelf en anderen neer te zetten in poppetjes (dat kan met Playmobil, Duplo, houten of plastic poppetjes, met grotere poppen). Het kind kiest een poppetje voor zichzelf en alle relevante betrokkenen. Aan de hand van wat er staat op tafel verkennen we de bespiegelingen. Het voordeel van deze manier van werken is dat het afstand creëert. Het kind kan van 'bovenaf', als relatieve buitenstaander, kijken naar zichzelf en de anderen. Dit maakt het voor het kind gemakkelijker om met de vele bespiegelingen voeling te krijgen en er taal aan te geven. Er ontstaat ruimte om voeling te krijgen met eigen emoties zonder door deze emoties overspoeld te worden. Door de relatieve afstand valt het kind minder samen met sociale 'denkwijzen' over hoe hij of zij zou moeten zijn of moeten denken.

> Bert is veertien en hij is kort na zijn geboorte geadopteerd door een Vlaams gezin. Zijn geboortemoeder is Noord-Afrikaans en hij heeft een donkere huidskleur. In de eerste gesprekken omschrijft hij zichzelf als 'racist'. Hij gaat met zijn vrienden regelmatig vechten met groepen

Marokkaanse jongeren. Hij raakt helemaal overstuur als anderen opmerkingen maken over zijn uiterlijk. Hij is erg in de war over wie hij is, waar hij bij hoort en wat hij betekent voor anderen. Hij komt in therapie vanwege zelfverwaarlozing (zich niet willen wassen, tanden niet meer poetsen, steeds dezelfde vuile kleren aandoen) en automutilatiegedrag. Na een aantal gesprekken stel ik voor met de poppetjes te werken. Ik leg uit waarom ik dat doe, ook met jongeren en met volwassenen omdat zij het een goede manier vinden om over zichzelf na te denken. Hij gaat akkoord. Ik zal wel een goede reden hebben en hij ziet dat ik begrepen heb dat hij niet iemand is die nog met de poppen speelt. Hij lacht en zegt 'de andere voetbalhooligans zouden mij hier eens bezig moeten zien'. Ik vraag hem een poppetje uit te zoeken voor zichzelf en voor de mensen die belangrijk voor hem zijn. Hij zet zichzelf driemaal neer. Eén keer als baby'tje bij zijn geboortemoeder, eenmaal als veertienjarige bij zijn adoptieouders en eenmaal als veertienjarige tussen zijn vrienden. We verkennen alle bespiegelingen die deze poppetjes ervaren. Hoe denken anderen over hen, wat voelen ze hierbij, wat doen ze dan, wat vinden ze van zichzelf,... Hij vervangt witte poppetjes door donkere en we verkennen of dit door hen anders ervaren wordt. Het grotere poppetje praat met het baby'tje. Het baby'tje praat met de geboortemoeder en met de adoptiefouders. Ook de veertienjarigen gaan een gesprek aan met alle anderen. De vrienden kijken en geven commentaar. De poppetjes verhuizen van plaats, overleggen en zeggen wat zij van de situatie en van elkaar vinden. Bij de spiegels die door het spreken van de poppetjes en door wat ik bevraag en op de voorgrond plaats naar voor komen, zijn er een aantal erg troostend voor Bert. Hij is verbonden met anderen en hij hoort erbij, ook al is hij dan soms wat anders. Hij huilt terwijl hij de poppetjes laat spreken en van plaats verschuift. Op zijn tranen ga ik niet in. Hij kan huilen om wat de poppetjes is overkomen en overkomt. Zo kan hij voeling krijgen met emoties en verdriet die anders niet mogelijk zijn, omdat hijzelf in het dagelijkse leven een stoere jongeman is.

Constructieve spiegels vergroten

McAdam (2002) stelt dat we als therapeut de mensen die we in therapie zien co-creëren met de vragen die we stellen, de standpunten die we innemen en de verhalen die we vertellen. Dit dwingt ons als therapeut tot het maken van ethische keuzes over hoe we kijken naar kinderen en hun problemen. Richten we onze blik vooral op wat moeilijk loopt en op beperkingen óf op de krachten en mogelijkheden van een kind? Geloven we in het onveranderbare en vaststaande óf in verandering en groei? Kijken we naar kinderen als zwak en kneedbaar óf zien we hen als autonoom denkend en medeauteur van hun levensverhaal? Gesterkt door praktijkervaring met kinderen ben ik ervan overtuigd dat wanneer we hen als competent beschouwen en we hun mogelijkheden blijven zien, dit hun de waardigheid en de kans geeft om nieuwe relationele wegen te bewandelen. De kijk van de therapeut op het kind, tussen de regels in therapie steeds aanwezig, is een onderschat maar krachtig veranderingspotentieel van de therapeutische relatie. Er kan dan binnen de therapieruimte, naast de last en de pijn, een gemeenschappelijk narratief van groei en kracht ontstaan, dat alle bespiegelingen kan beïnvloeden. Belangrijk is aansluiten bij de beleving van het kind en tegelijk de groeimetafoor hardnekkig blijven vasthouden, ondanks tegenkrachten die voortdurend naar boven komen. Tegenkrachten bij het kind, dat al zo lang zichzelf op een bepaalde manier bekijkt. Tegenkrachten ook vanuit de omgeving van een kind, waar spiralen van negatieve bespiegelingen hardnekkig vastliggen en zichzelf blijven herhalen. En tegenkrachten ten slotte vanuit een wijd verspreid denken over kinderen, hun problemen en hun beperkingen. Zeker in de beginfase van de therapie neem ik het risico als wat naïef bekeken te worden door de omgeving van het kind en soms door het kind zelf, er graag bij. Dit vanuit de praktijkervaring dat door volgehouden bevraging en werken vanuit deze kijk op kinderen, nieuwe constructieve bespiegelingen altijd een beetje doorsijpelen en een plaatsje krijgen tussen alle al aanwezige, destructieve spiegels. Het mag natuurlijk niet zo zijn dat deze kijk een beeld van het kind oproept dat nergens kan worden gezien of gedeeld. Het blijft in de eerste plaats belangrijk goed te luisteren naar de verhalen van het kind en zijn omgeving en hierbij aan te sluiten. Verandering kan enkel geënt worden op wat al aanwezig is. Er moeten in de ervaringswereld van het kind voldoende aanknopingspunten zijn waaraan de nieuwe perspectieven zich kunnen vasthechten. We gaan op zoek naar de uitzonderingen in het probleemverhaal (White & Epston, 1990) en belichten deze niet meer zichtbare aspecten en de daarbij horende zelfbeschrijvingen. We kunnen hierbij een beroep doen op een niet zichtbaar stuk dat in elk probleemverhaal, zelfs in het meest negatieve, op de achtergrond aanwezig is, namelijk de wens om dingen beter te laten lopen en de hoop dat het ook anders kan (Lang & McAdam, 1997). Of zoals Wachtel (2001) het stelt: er zit in ons allemaal de wens om ontdekt te worden.

In therapie kunnen spiegels die niet meer zichtbaar zijn naar voren worden gehaald door ze expliciet te benoemen en te verkennen. Constructieve identiteitsaspecten worden naar voren gehaald als aanvulling op of toevoeging aan de zelfbeleving van het kind.

> Lisa, een meisje van acht, dat veel problemen heeft met leren en zich daardoor heel onzeker voelt, komt de therapiekamer binnen. Ze heeft vanmorgen met succes een rekenoefening op het bord kunnen maken.
> T: Vertel eens, hoe ging dat dan?
> L: De juf riep me aan het bord om een oefening te maken.
> T: Dat is niet zo gemakkelijk, zo alleen naar voren gaan.
> L: Nee, ik was zenuwachtig, ik bibberde helemaal.
> T: En toch ben je naar voren gegaan. Wat moedig! En wat zei de juf toen ze jou vroeg om naar voren te komen?
> L: Ze zei dat mijn huiswerk de laatste tijd zo goed was en dat ik het nu ook maar eens aan de andere leerlingen moest laten zien.
> T: De juf ziet dus dat jij erg je best doet.
> We spreken over wat de andere kinderen doen als zij voor het bord staat. Sommigen lachen. Lisa denkt dat dat de plaaggeesten van de klas zijn. Andere kinderen steunen haar. Haar vriendin steekt een duim op.

> T: En je hebt de oefening op het bord gemaakt en ze was helemaal goed?
> L: Ja.
> T: En zei de juf nog iets?
> L: Dat de andere kinderen de oefening moesten overschrijven in hun schrift.
> T: Dus alle kinderen hebben nu een 'juiste-Lisa-oplossing' in hun schrift.

Om perspectieven te vergroten en een plaats te geven in de zelfbeleving en het ervaringskader van kinderen, werk ik ook regelmatig met het idee van beeldenschatkisten. Tijdens de verkenning van bespiegelingen komen omschrijvingen van het kind naar voren die, vanuit een denken over en een geloven in de groeimogelijkheden van een kind, voldoende waardevol zijn om te versterken en te vergroten. Ik benoem deze omschrijvingen van een kind en samen onderhandelen we of ze in de schatkist van het kind mogen. Deze schatkist is een mooi doosje of kistje dat het kind zelf mag kiezen. Als een omschrijving er volgens het kind in mag, als ze voldoende past, schrijven we ze op een briefje en dat mag in de schatkist. Elk gesprek opnieuw onderhandelen we of een omschrijving erin mag blijven, van naam moet veranderen of eruit moet. Ook nieuwe ervaringen worden zo besproken. We verkennen wat er in de tussenliggende periode mee gedaan kon worden, of anderen er iets van gemerkt hebben, kortom hoe de schatten beleefd en geleefd werden. Kinderen nemen de schatkist ook mee naar huis als ze dit willen. We spreken af dat ze de schatkist elk gesprek meebrengen. Kinderen zijn vrij om over de schatten met anderen te spreken. Ze mogen de schatten tonen aan vrienden of gezinsleden, maar kunnen dit ook níet doen. Dit alles gebeurt in hun eigen tempo en wordt tijdens de gesprekken uitgebreid verkend en voorbereid.

> Wim is dertien en in begeleiding vanwege depressieve gevoelens, onzekerheid en een negatieve zelfbeleving. Tijdens de gesprekken komt naar voren dat Wim soms veel gevoel voor humor heeft, waarmee hij zich, ook als het heel moeilijk is, overeind houdt. Ook zijn doorzettingsvermogen komt regelmatig tot uiting. Hoe moeilijk het ook is, hij geeft nooit op. We onderhandelen of deze twee schatten al in zijn schatkist mogen. Dat hij humor heeft en soms grappig is, herkent hij wel. En zijn overleden grootvader (waar hij nog veel verdriet over heeft) zei ook altijd dat hij een doorzetter was. We schrijven de twee schatten op briefjes en stoppen ze in de kist. Elk gesprek opnieuw verkennen we of hij zijn schatten nog heeft gebruikt, in welke situaties en wie dat heeft gemerkt. In de loop van de therapie worden nog andere schatten in de schatkist gestopt.

Door te spreken met een kind over de bespiegelingen in vele contexten en met vele anderen, worden deze bespiegelingen in de therapiekamer binnengehaald. Toch kan het bij het versterken van constructieve identiteitsaspecten ook zinvol zijn om anderen uit de omgeving in de therapiekamer binnen te halen, om samen na te denken en naar verschillende spiegels te kijken. Zo kunnen in de therapie vergrote spiegels ook rechtstreeks in het ginds worden binnengebracht.

Merel is een meisje van negen. Ze wordt door haar omgeving, zowel door volwassenen als door leeftijdsgenoten, als lastig, bazig, egoïstisch en onvriendelijk omschreven. Dit zijn de woorden van moeder in het eerste gesprek. Ik heb soms gesprekken met moeder en Merel apart en soms zie ik ze samen. Merel weet niet hoe anderen naar haar kijken. Ze voelt zich ongelukkig en ze weet niet hoe ze met leeftijdgenoten moet omgaan. Ze vindt zichzelf lelijk en stom. Niemand wil haar vriendin zijn. Binnenkort is er een feestje voor Merels verjaardag. Er gaat een aantal kinderen van haar klas komen en moeder is bezorgd. Zal Merel door haar bazige gedrag het feestje niet verknoeien? Ik nodig voor het volgende gesprek Merel uit, samen met haar moeder en haar broer. We verkennen samen het thema 'een goede gastvrouw zijn'. We verkennen hoe je dat doet, hoe een gastvrouw voor de gasten zorgt, hoe ze de gasten verwent, hoe ze spelletjes kan voorstellen en organiseren. Ook broer en moeder brengen verschillende ideeën in. Er worden voorbeelden gezocht van wat Merel allemaal al kan van gastvrouwgedrag en wat ze nog moet oefenen. We spreken over vroegere familiefeesten en wat er allemaal leuk was en lukte. Door samen na te denken over gelukte ervaringen kunnen nieuwe bespiegelingen ontstaan die kunnen doorwerken bij de voorbereiding van het feest.
Misschien is hierdoor op het feest voor Merel ook ander gedrag mogelijk, waardoor ze weer nieuwe ervaringen in de contacten met leeftijdgenoten kan opdoen.
Twee weken later komt Merel vertellen dat het feestje goed is verlopen. Ze hebben bijna geen ruzie gemaakt.

Tot slot

Door verkenning en exploratie van bespiegelingen binnen een veilige therapeutische context en met de therapeutische relatie als drijvende kracht, kan het zelfconcept van kinderen worden gedifferentieerd en gewijzigd.

Freeman, Epston & Lobovits (1997) werken in hun therapie uit hoe je op een speelse wijze het kind achter de probleemwolk zichtbaar kan maken, zodat er ruimte ontstaat voor de krachten en de mogelijkheden van kinderen. Door afstand te creëren tussen het kind en de probleemverhalen kunnen bespiegelingen verschuiven en komen achterliggende aspecten en kwaliteiten van het kind weer meer op de voorgrond. Door het probleem los te maken van het kind in een externaliserende conversatie (White, 1989) komt er weer ruimte om andere bespiegelingen te zien, te verkennen en te benoemen. Externaliseren is in deze betekenis niet enkel het creëren van afstand tussen het kind en het probleem, maar schept tegelijkertijd ruimte om verrijkende aspecten op de zelfbeleving van het kind te enten.

Het belichten en vergroten van sommige bespiegelingen kan constructieve aspecten van het zelf van het kind meer naar voren schuiven, zodat ze kunnen doorwerken op de relaties tussen het kind en de anderen. Het uitgebreid en steeds opnieuw verkennen van bespiegelingen en hoe deze de zelfbeleving beïnvloeden, kan bevorderen dat kinderen tussen de regels ook iets oppikken van de veranderbaarheid en de groeimogelijkheden in wie ze zijn voor zichzelf en de anderen. Dit kan de veerkracht van kinderen, ook in moeilijke situaties, alleen maar versterken.

Lastige emoties

Last van last

Lieve Cottyn

Waar kinderen en therapeuten samen zijn, spelen er niet alleen aangename, maar ook onaangename emoties. De aangename emoties vormen meestal geen probleem, de onaangename wel. Kinderen en jongeren kunnen, met wat ze doen of niet doen, een therapeut geïrriteerd, bezorgd en machteloos maken. Het therapieproces kan in een impasse raken door de wijze waarop de therapeut met deze lastervaringen omgaat.

Ik wil hier onaangename emoties belichten op een wijze die deze lastige kanten hanteerbaar en constructief werkbaar maken. Als ik emoties benader als een intrapsychisch construct wordt mijn blik versmald tot individuele capaciteiten, eigenschappen en kwaliteiten. Ik zie dan bijvoorbeeld een irritant kind waar iets mis mee is of ik zie een angstig kind dat beschadigd is. Ik zie dan ook een ouder die niet deugt. Of ik begin aan mijn eigen kunnen te twijfelen. Ik ga naar schuld in personen zoeken. Ongewild ga ik veroordelen en word ik normerend en disciplinerend. Deze automatische reacties creëren nog meer lastige emoties met nog meer afstand en verwijdering. Alles komt vast te liggen en vast te zitten. Starre interpretaties – teweeggebracht door lastige emoties – hinderen het kunnen spelen met realiteiten en doen de mogelijkheid vergeten dat er vele wijzen zijn om de realiteit te bekijken.

Door lastige gevoelens te benaderen als een relationele dimensie wordt weer beweging gebracht in interpretaties, in emoties en in zelfbeeld. Lastige gevoelens worden minder hinderlijk en beperkend wanneer ik ze benader als een verbinding met de socio-culturele context en als een effect van het proces tussen mensen, in plaats van als iets dat vastligt in een persoon. Het concept benadeling biedt hierin een uitweg.

Stilstaan bij vastzitten

Margot is bijna twaalf. Ze wordt door haar ouders aangemeld met de klachten liegen, stelen, brandstichting, dreigende zwaarlijvigheid en stiekem snoepen. De ouders zijn ten einde raad. Ze hebben al verschillende therapeuten geraadpleegd en niets hielp.

Margot komt stipt en vrolijk mijn gesprekskamer binnen. Ze vult de kamer met opgewekt getater over alles en nog wat. Ze loopt rond en neemt voorwerpen vast waarover ze vragen stelt. Ze hangt uit het raam en kijkt naar buiten. Ze stelt vragen over mijn werk, mijn privé-situatie en mijn collega's. Ze kamt haar haren, stift haar lippen rood of paars en veegt ze weer schoon, ze eet, drinkt en snoept, leest de Joepie, schrijft op het bord welke kledingstukken ze allemaal krijgt met de prijs ernaast. Ze vertelt hoe geliefd en populair ze is in de klas. Ze zorgt ervoor dat de sfeer luchtig en aangenaam blijft en dat kommer en kwel geen kans krijgen. Maar haar vlotheid heeft iets onechts. Ik krijg de indruk dat er iets ernstigs aan de hand is met dit meisje. De ouders bellen mij verontrust en melden dat er weer geld verdwenen is, dat Margot weer eens gelogen heeft, dat er nog steeds niets veranderd is. Als ik deze telefoontjes met Margot bespreek en het onderwerp geld wegnemen ter sprake breng, stapt ze er laconiek overheen. Als ik aandring verhaalt ze over geen zakgeld krijgen thuis, eten moeten kopen omdat ze te weinig boterhammen krijgt. Ze zegt – geheimzinnig en samenzweerderig – dat er iets is, maar dat ze het niet mag of kan zeggen en ik mag raden wat er is. Hoe langer hoe meer raak ik verstrikt in allerlei verhalen die, achteraf of ter plekke, niet blijken te kloppen. Ik krijg een rij van feiten, zonder betekenis. Het is alsof de dingen haar niet raken. Ik raak vast in een leegte. Ik hoor mijn eigen woorden terug als een echo: ze vertelt mij wat ik laat zien dat ik graag wil dat ze vertelt. Ik vind het steeds moeilijker om nog te luisteren naar haar 'bokkensprongen'. Ik wil de waarheid weten. Ik raak steeds meer gefixeerd op de gedachte dat het stelen en snoepen moeten stoppen en in de gedachte dat ze zit te liegen. Ik betrap me erop dat ik haar lastig en gestoord vind, net zoals haar ouders haar zien. Ik krijg telefoontjes van de leerkracht en de leerlingbegeleider, die zich geen raad weten met Margot en haar ouders. Men denkt dat er in het gezin iets grondig mis is. Men vermoedt seksueel misbruik. Ik ben blijkbaar niet de enige die vastraakt.

Bij Margot kan ik op dat moment niets meer toevoegen en zie ik de toestand steeds zwaarder. Mijn blik verengt tot de smalle focus van de dyade therapeut-kind, en de relatie kind-ouders. Mijn denken verstart tot het zien van stoornissen, onveiligheid en fout gedrag. Iedereen rondom Margot ondervindt dezelfde last. Deze last wordt geuit door druk uit te oefenen op anderen. Iedereen wil Margot of het gezin veranderen. Ik ook. De fixatie op het probleemgedrag maakt dat ik steeds méér van hetzelfde krijg. Druk, ongerustheid, ergernis verlammen mij en maken dat ik niet kan blijven reflecteren over het proces dat zich in de spel- of gesprekskamer afspeelt (Rober, 1999). Ik moet van de klacht weggaan, mijn blik verruimen en iets nieuws zoeken.

 Een van de redenen die het mij moeilijk zo niet onmogelijk maken om te reflecteren over het kind en de verbindingen rondom het kind, is dat ikzelf als therapeut nadelige en lastige effecten ondervind en daar niet bij stilsta. Ouders, leerkrachten, collega's kunnen aandringen dat er iets moet veranderen en dat het niet snel genoeg gaat. Er komen verontruste en dwingende telefoontjes. Ik kan als kindertherapeut van alle kanten opdrachten krijgen: zorg voor de veiligheid; maak dat mijn kind naar school gaat en goede cijfers haalt; zorg dat het geen verdriet meer heeft; stop de woedebuien en de ruzies; doe het gehoorzamen en met de juiste vrienden omgaan. Ondertussen zit het kind bij mij mokkend te zwijgen, zeer verdiept in gameboy of gsm. Of het kind wil niet meer komen. Of het zit me van alles op de mouw te spelden. Er kan over alle onderwerpen gesproken worden behalve over het probleem. Daarnaast kan het kind me gek maken met traagheid en lethargie of met druk en chaotisch gedrag. Door spullen in de therapiekamer te vernielen of te stelen, door met harde dingen te gooien, door me uit te schelden en in persoonlijke lades te gaan neuzen kunnen kinderen mijn creatief vermogen erg op de proef stellen.

Ik kan de enorme irritatie of wrevel die mij bekruipt wegmoffelen of negeren en doen alsof alles prima loopt. Ik kan – onder druk van mijn frustratie en machteloosheid – gaan redden, beschuldigen, disciplineren en controleren. Ik kan ook stilstaan bij mijn emoties en mijn ervaring van last constructief aanwenden om van daaruit een nieuwe verbinding te maken.

> Moeder vraagt hulp voor haar vijfjarige dochter Jolien die weer in haar broek doet (enuresis en encopresis). Ik zie een uitgeputte vrouw die vertelt hoe ze al jarenlang wordt gestalkt door haar ex, de vader van haar dochter. Ik zie een kind bekneld tussen twee strijdende ouders. Eerdere interventies, waaronder speltherapie, haalden niets uit.
> Het tweede gesprek brengt moeder onverwacht haar dochter mee met als uitleg dat ze geen opvang had en dat ik Jolien toch eens moet zien, aangezien het over haar gaat. Jolien heeft geen last van verlegenheid. Ze spreekt mij aan en komt tegen mij aanleunen. Overdonderend trekt ze alle aandacht naar zich toe. Ze tekent een konijntje met tranen. Ja, het heeft verdriet. Ze tekent de slechten en daar moet je tegen vechten. Op het bord tekent ze twee huizen met daartussen een wirwar van straten. Haar grootste wens is dat mama en papa weer samen zijn en geen ruzie meer maken. Ondertussen probeert moeder over zichzelf te praten. Enerzijds beveelt ze haar dochter stil te zijn, anderzijds geeft ze haar het woord. Jolien begint een spel te spelen: zij heeft een dier in haar hoofd en wij moeten raden welk. Jolien blijft volharden in haar spel terwijl moeder probeert het te stoppen. Moeder probeert dochter te laten zeggen dat papa niet deugt en beschrijft hoeveel last Jolien heeft van al de dingen die papa verkeerd doet.
> Ik merk dat ik mij steeds grondiger ga ergeren, de ene keer aan moeder, de andere keer aan het meisje. Ik word vreselijk moe. Ik krijg een onweerstaanbare neiging om pedagogisch op te treden, dit gesprek te structureren en moeder of kind te disciplineren. Die drang krijgen is voor mij het signaal dat ik onder druk sta. Ik kan iets niet hanteren. Wat niet? Ik moet een metapositie gaan innemen: waarom kan ik deze situatie niet verdragen? Wat keur ik af? Waar heb ik last van? Ik vind het vervelend dat een vijfjarige zo in het middelpunt staat. Moeder geeft haar te veel ruimte en ziet niet dat het kind de baas is. Maar moeder geeft haar ook géén ruimte; Jolien moet kind en volwassene tegelijk zijn en wat ze ook doet, ze kan nooit goed doen. Allebei zitten ze in nood en verwachten van de ander deze nood te lenigen. Ik kan niet tegelijkertijd naar hen luisteren, ze zitten met een verschillende vraag. Jolien vraagt ruimte om ook kind van vader te mogen zijn. Moeder is te zeer benomen door eigen negatieve ervaringen met deze man om te kunnen stilstaan bij haar dochter. Ik kan het niet opnemen voor dochter zonder de positie van moeder te ondergraven en dochter zwaait al te veel de scepter.
> Ik besluit de ouderpositie te versterken en moeder te steunen om het kind

te steunen. Tegelijk wil ik Jolien ontlasten.

Ik verwoord dat ik het moeilijk vind om tegelijkertijd naar elk van hun beiden te luisteren. Ze willen allebei zoveel vertellen, ieder over iets verschillends. Ik leg uit dat het praten anders verloopt als er kinderen bij zijn, omdat bepaalde dingen anders vallen voor kinderoren, zeker als het gaat over papa. We hebben het hier over twee verschillende personen als we over 'papa' spreken. Ik richt mij verder tot moeder om uit te leggen hoe dat voor kinderen is. Jolien laat ons praten terwijl ze potloden inpakt in papier en als cadeau aan mama geeft. Tot slot zingt ze voor mama. Ik zeg dat ik zie dat ze mama blij wil maken en troosten. Daarom zal mama nog verschillende keren met mij samen spreken, om raad te vragen en sterker te worden. We spreken af dat als Jolien vragen heeft voor mij, ze die kan meegeven aan mama.

Therapeuten onder druk

Een nieuwe ruimte, een weg uit de impasse, kan geopend worden door het besef dat ik me moeilijk kan verplaatsen in de gedachten, gevoelens en bedoelingen van het kind (en van de ouder) als ik het zelf lastig heb en niet kan stilstaan bij *mijn gevoelens* van last en hinder. Stilstaan bij mijn lastervaringen helpt om mijn blikveld weer te verruimen en vele verbindingen te zien in plaats van één.

Er zijn factoren die mijn inleving bemoeilijken. Wat ik voel en denk is onlosmakelijk verbonden met breed gedeelde opvattingen in mijn omgeving over opvoeding en welzijn van kinderen. Het gaat niet enkel over een lastig kind of een lastige ouder, het gaat vooral ook over een maatschappelijk denken over kinderen. Hoe ik mezelf ervaar staat evenmin los van professionele vertogen over wat therapeuten mogen en moeten voelen of denken in het werken met kinderen. Mijn gewaarwordingen en gevoelens zeggen méér dan enkel iets over de relatie tussen kind en therapeut. Ze staan altijd in relatie tot het beïnvloedingsproces dat van de hele context uitgaat. Deze contexten zijn talrijk: er zijn maatschappelijke en culturele dimensies, persoonlijke biografieën en geschiedenissen, er is de beroepsgroep en de werksetting met specifieke denkbeelden over kinderen, er zijn diagnoses van ouders, van school, van verwijzers en andere deskundigen én er is de hier-en-nu-context van de therapeutische relatie mét de communicatieve realiteit die daar ontstaat en waar ik niet omheen kan. Al deze betekenissen begrenzen en bezwaren mijn voelen en denken (McNamee & Gergen, 1992; Gergen, 2002). Ik ben niet vrij om te voelen en te denken wat ik wil.

Als ik als therapeut last ervaar van een kind (met lastervaringen) kom ik in moeilijkheden. Er is iets lastigs met het ervaren van negatieve emoties. Dit heeft wellicht te maken met een cultuur waar emotionaliteit niet zozeer als professioneel en efficiënt gezien wordt, maar eerder als teken van zwakte en onverantwoordelijkheid. Neutraliteit, niet te betrokken zijn en je niet laten beïnvloeden zijn vanzelfsprekende waarden in een psychotherapeutische omgeving. Nochtans roept de confrontatie met een kind dat last ondervindt automatisch onze neiging op om dit kind te vrijwaren van pijn door reddend en beschermend op te treden. Stilstaan bij leed en druk die kinderen ervaren is moeilijk door ons verlangen een kind gelukkig te zien en te maken. Geregeld moet een therapeut echter onder ogen zien dat goedbedoelde pogingen om kwetsuren te vermijden of weg te werken het leed nog groter kunnen maken. De maatschappelijke standaard van gelukkig zijn, van onbezwaard en harmonieus door het leven gaan, kan zwaar wegen op een kind.

Als een volwassene niet kan omgaan met de last die een kind teweegbrengt en ervaart, wordt het voor een kind ook moeilijk om overeind te blijven onder de ervaren last. Het kind leest immers een betekenis in de antwoorden die aan hem of haar gegeven worden. Als het kind in de commentaren van de therapeut leest dat het meegemaakte leed ondraaglijk is, is de kans groot dat het kind zich niet gesteund voelt om dit leed te kunnen dragen. Als de therapeut voor ieder probleem een oplossing weet, leert het kind misschien dat moeilijkheden te vermijden zijn.

Therapeuten worstelen met het gegeven dat ouders of andere volwassenen tekortschieten in zorg. Ze worstelen met kinderen die gepest worden, mikpunt van spot zijn en zielig zijn. Ze worstelen met het gegeven dat kinderen zichzelf of anderen kunnen verwonden, liegen en bedriegen, bezig zijn met drugs en criminaliteit, vertoeven in gevaarlijke milieus, hun studie of gezondheid verknoeien. Een therapeut kan zich belast voelen door de druk die omstanders uitoefenen als er zorg en verdriet optreedt rondom kinderen.

Door de heersende vertogen in een samenleving over wat bij kinderen per se gerealiseerd en absoluut vermeden moet worden, is het voor een therapeut/volwassene bijzonder moeilijk om niet in pedagogische, disciplinerende of beschermende acties te schieten als een kind zich in risicovol gebied bevindt.

Maatschappelijke vertogen over kinderen

Een therapiecontext is altijd een context waar de verhouding kind-volwassene speelt. In deze verhouding wordt het discours weerspiegeld dat in een samenleving leeft omtrent deze verhouding. Zolang volwassenen ten opzichte van kinderen in een samenleving gezien worden als diegenen die weten en controleren, beschermen en disciplineren, wordt deze machtsverhouding telkens opnieuw opgeroepen in een therapiecontext. Volwassenen creëren psychologische theorieën over ontwikkeling en persoonlijkheid en leggen belangen van kinderen vast in maatschappelijke conventies, zoals de wet op de jeugdbescherming en het kinderrechtenverdrag. We kunnen niet neutraal of objectief naar een kind kijken zonder de voorschriften die uitgaan van maatschappelijk gangbare en dominante visies op kinderen (Cottyn, 2001). Wat goed en schadelijk is voor een kind, wat een kind erg vindt en wat het nodig heeft, wordt door volwassenen ingevuld. Wat men in een bepaalde tijdsperiode problematisch acht voor kinderen kleurt onze blik over wat problematisch is voor het kind.
Filosofen en sociologen stellen dat we ons momenteel in een cultuur bevinden met een dubbele moraal over de natuur van kinderen (zie bijvoorbeeld Anthone & Mortier, 1997; Brinkgreve, 2004). Enerzijds leeft er een denken dat

kinderen, vanuit hun onschuld en zuiverheid, kwetsbaar en breekbaar zijn en bijgevolg niet mogen lijden, want lijden kan onherstelbare schade toebrengen. Anderzijds worden kinderen gezien als stevig en mondig, in staat tot redelijkheid en verantwoordelijkheid of zelfs als schuldig en boosaardig en met behoefte aan strakke beteugeling door volwassenen. Deze heersende (ambivalente) kindvisies vormen het kader waarbinnen wij als therapeuten/volwassenen bezig zijn met kinderen en maken dat realiteiten van frustratie, begrenzing, eisen stellen doorkruist worden met idealen van geweldloosheid, wederzijds overleg en instemming.

Deze maatschappelijke vertogen kleuren eveneens de belevingen van kinderen. Kinderen worden geraakt door het dominante verhaal dat je vat moet hebben op het leven. Zij leren niet zozeer de andere kant, namelijk dat het leven vat heeft op jou. Als je ervaart dat bepaalde dingen niet lukken en je hebt daar last van, ben je een zwakkeling, dan ben je niet goed bezig.

Autonomie en individualisme zijn westerse kernbegrippen (Fisher & Jansz, 1995). Binnen een ik-gerichte cultuur is het allesbehalve populair om stil te staan bij het feit dat je begrensd bent in het bepalen van anderen. Alleen positieve emoties zijn in orde. Emoties die wijzen op onaangename ervaringen worden als ongewenst gezien en dienen gecontroleerd te worden. Je zelfbeheersing verliezen en anderen lastigvallen kan absoluut niet.[1]

Als onaangename emoties, die wijzen op beperking en begrenzing, niet meer passen in het grote verhaal, wordt het begrijpelijk hoe niet alleen therapeuten maar ook kinderen onder druk komen te staan door al die onzichtbare en onzegbare lasten.

Kinderen onder druk

Kinderen worden voortdurend blootgesteld aan druk, plichten, frustraties en kwetsuren. Dit is niet te vermijden. De lasten die kinderen subjectief ervaren kunnen zeer divers zijn. Soms gaat het over zaken die schokkend zijn voor de volwassene. Soms gaat het over lasten die in de ogen van de volwassene onredelijk of banaal of te bijkomstig zijn om bij stil te staan.

> Ik schaam me voor mijn moeder; ze drinkt, als ze op school komt zegt ze de verkeerde dingen.
> Mijn vader zegt dat hij zich van kant maakt als mijn moeder niet bij hem terugkomt.
> Ik had beter niet geboren kunnen worden, ik ben de schuld van het verdriet van mijn ouders.
> Ik heb geen vrienden nodig. Ik kan best zonder.
> Ik ben dik en lelijk.
> Ik heb te weinig geld. Ik moet een gsm hebben.
> Ik ga niet meer naar school. Het interesseert me niet meer.
> Iedereen in de klas heeft een liefje behalve ik.

---

1. *Dit fenomeen is ook waar te nemen bij het populaire begrip 'Emotionele Intelligentie' van Goleman (1995), waar alleen positieve emoties wijzen op deze intelligentie (Fischer & Manstead, 1998).*

Wat men objectief aanneemt als belastend voor kinderen valt niet altijd samen met wat een kind subjectief ervaart als last. Wat een kind pijnlijk vindt, kan verschillen van wat volwassenen denken dat pijnlijk is. Kinderen kunnen last hebben van die invullingen van volwassenen.

> Tom (10) wordt verwezen omdat de juf en ook moeder zich zorgen maken. Hij zit volgens hen met veel onverwerkt verdriet, hij wordt overbelast en is depressief. Zijn ouders zijn uit elkaar. Hij woont bij moeder en daarvoor voor korte tijd in een pleeggezin toen moeder opgenomen was in een psychiatrisch ziekenhuis. Tom weet niet waarom hij naar mij moet komen. Hij doet zijn uiterste best om mij duidelijk te maken dat hem niks scheelt. Alles gaat goed. Zorgvuldig vermijdt hij elk onderwerp dat moeilijk zou kunnen zijn. Ik verwoord dat juf zich zorgen maakt omdat hij zo stil is in de klas. Ze denkt misschien dat het moeilijk moet zijn voor hem thuis omdat zijn mama ziek is, niet zomaar ziek maar ziek in haar hoofd. Hij reageert kwaad. De juf moet niet denken dat het met hem niet goed gaat. Als hij stil is in de klas verveelt hij zich en zit hij gewoon te dromen. Hij is dan niet verdrietig zoals juf denkt! Hij vindt trouwens dat zij vreemd doet. 'Als ik klets tijdens de les zegt ze niets, als een ander dat doet geeft ze straf.' Hij vindt dat niet leuk want de andere kinderen vinden hem een slijmbal. Door een uitzonderingspositie te krijgen in de klas wordt hij geplaagd en dat vindt hij lastig.

Ook als een volwassene goed wil doen voor een kind kan last teweeggebracht worden. De moeilijkheid is dat iemand niet zelf kan bepalen wat een ander als aangenaam of als onaangenaam zou kunnen ervaren. Effecten van gedrag liggen niet vast. Dergelijke misverstanden tussen volwassenen en kinderen en tussen kinderen onderling zijn legio en kunnen pijnlijk worden.

Kinderen kunnen, door de ervaring dat anderen hen hinderen, kwetsen of in de steek laten, de indruk opdoen waardeloos te zijn. Hun gevoel van mee te tellen en erbij te horen kan worden aangetast. Ze kunnen denken geen invloed te hebben op de omgeving en niet in staat te zijn om hun eigen leven vorm te geven.

In een psychotherapiecontext zie ik kinderen komen met probleemverhalen waarin veel last en betrokkenheid zit. Ze voelen zich onbegrepen. Ze begrijpen zichzelf en anderen niet meer. Ze kunnen geen rekening houden met eigen en andermans beperkingen zonder zichzelf daarin te verliezen. Het lijkt alsof ze vernietigd of onbestaand verklaard worden door de ervaring van onaangename beïnvloedingen. Ervaringen van frustratie en onmacht worden een loodzware realiteit waar nog moeilijk beweging in te krijgen is. Heel veel energie gaat hierbij naar vragen over wiens schuld het is en wie zich verantwoordelijk moet voelen. Ik zie hoe positieve ervaringen van wederzijdse betrokkenheid verdwijnen als verdriet of woede verschijnen.

Een theorie over benadeling

Er zijn veel visies op emoties. Emoties kunnen bekeken worden als een puur lichamelijk iets, als een innerlijk conflict of als een relationeel conflict. In steeds bredere kring wordt erkend dat emoties belichaamde fenomenen zijn die niet als louter aangeboren biologische en mentale toestanden moeten worden gedacht, maar als processen ingebed in een socio-culturele context. Emoties bestaan uit het samengaan van ervaringen van lichamelijke veranderingen met een continue stroom van mentale beelden en representaties over onszelf én over personen en situaties waar de emotie over gaat. Het betreft hier een uiterst complexe samenhang en een dynamische werkelijkheid (Damasio, 1995; Glas, 2004).

    Bij deze complexiteit wordt doorgaans de klemtoon gelegd op het innerlijke zelf en wordt emotie gezien als een intrapsychisch construct. Binnen deze dominante sociale constructie wordt een lastige emotie benoemd als een gevoel vanbinnen, als emotionele pijn, als iets dat in je zit. Deze visie dwingt je te kijken naar de diepte van het gevoel. Bij deze benadering wordt verondersteld dat je kunt weten wat je écht voelt, denkt en wilt. Er worden woorden gezocht om het gevoel correct en indringend te beschrijven. Negatieve emoties krijgen hierbij de status van vastliggende, op zichzelf bestaande entiteiten of zijnscategorieën.

    Men zegt bijvoorbeeld: *'Zij is woedend.' 'Hij is verdrietig.' 'Dit kind is beschadigd.'* Het wordt belangrijk om gevoelens precies te benoemen en te bespreken: *'Wat voel je precies? Hoe pijnlijk is dat voor jou?'* Er wordt gevraagd om de pijn die vanbinnen zit eruit te halen: *'Hij zit met iets, hij wil niet over gevoelens praten', 'Ik wil van dat gevoel af, snij de pijn eruit, los het op.'*

    Opvallend is hoe hierbij de emotie losgemaakt wordt uit een sociale context. Door de blik intrapsychisch te richten wordt de verbinding met het manifest interpersoonlijke uit het oog verloren. Individu-overstijgende kaders die mee beïnvloeden welk gevoel juist of fout is, goed of slecht, gepast of ongepast, verdwijnen hierbij uit het vizier. Morele oordelen over de waarde en juistheid van het gevoel en de daaruit volgende normerende en pedagogische reflexen, creëren druk waardoor een persoon of een gevoel steeds meer kan vastraken.

Door de klemtoon te leggen op het relationele zelf worden emoties niet beschouwd als een innerlijk construct maar als een sociaal construct (Gergen, 2002). Het ervaren van en spreken over emoties wordt dan gezien als een socioculturele activiteit. Dit betekent dat men ervan uitgaat dat emoties mede gecreëerd en bewerkt worden door representaties en mensbeelden in een maatschappelijke context (Moscovici, 2001). Onze samenleving reikt kaders aan waarbinnen onze emoties gevat worden. De wijze waarop we onze emoties begrijpen kleurt ons en andermans waarnemen, denken en handelen, die dan weer onze emoties beïnvloeden in een voortdurende wisselwerking.

Wanneer we lastervaring 'benadeling' noemen (Mattheeuws, 1983), wordt een poging gedaan om een relationele ingang te nemen. Het woord 'benadeling' richt immers de blik op wat er *tussen* mensen gebeurt en maakt alert op de brede sociale context, terwijl woorden als pijn, kwetsuur, schuld en schaamte meer zelfreferentieel zijn.

'Benadeling' maakt dat het plots over relaties gaat en brengt een **werkelijkheid** op de voorgrond vol tussenmenselijke en contextuele verbondenheden (Reijmers, 2003). Als concept creëert 'benadeling' een betekenisruimte waar wisselwerking en proces verschijnen. Iemand die kwaad of verdrietig is of zich schuldig voelt bekijken als iemand die benadeeld wordt, betekent dat men op zoek gaat naar wat of wie op deze benadeling van invloed is of invloed heeft. Benadeling geeft een onderwerp en een lijdend voorwerp aan en daarmee een verbinding.

Met het concept 'benadeling' blijft onaangename geraaktheid bestaan, maar naast die gevoelskant licht ook een andere kant van de werkelijkheid op, namelijk een relationele kant vol verbindingen en samenhang. Last wordt zo niet enkel als gevoel benoemd maar als méér dan dat, als een geraakt zijn, als een effect van een relatie. Een pijnlijk gevoel wordt geplaatst binnen de realiteit van de effecten van tussenmenselijke beïnvloedingen met hun sociale constructies. Hierdoor blijf ik niet vastzitten aan wat me stoort bij een persoon, maar kan ik ook gaan reflecteren over de patronen waar ik zelf in zit.

Een beïnvloedingsingang of relationele ingang kiezen is niet gericht op het oplossen of ongedaan maken van onaangename ervaringen, met stress, druk en pijn als gevolg, maar wel op het in beeld brengen van wat mensen allemaal kan raken, zowel in aangename als in onaangename zin. Emoties wijzigen zich in dit reflecteren over tussenmenselijke relaties (Stern, 1990; White & Epston, 1990; Fonagy et al., 1995; Cooklin, 2001). Door anders te kijken naar gebeurtenissen en door omstanders anders te omschrijven, wordt tegelijkertijd een andere zelfomschrijving gecreëerd. Het gaat niet om emoties of vaardigheden op zich, maar om nieuwe betekenissen die tegelijkertijd zowel de ander als jezelf impliceren.

Er is een verschil tussen emotionele last ervaren als een signaal van iets dat van binnen gebeurt of als een signaal van iets dat tussen mensen gebeurt. Het maakt eveneens verschil of het ervaren van last gezien wordt als iets abnormaals, als fout en niet in orde of als een teken van normaliteit, verbondenheid en erbij horen.

Ik ga ervan uit dat negatieve ervaringen en onaangename beïnvloedingen waar zijn, erg zijn, maar niet te vermijden. Teleurgesteld worden, falen, vijandigheid, bekneld zitten in dilemma's, afgewezen, verraden en in de steek gelaten worden, pijn, ziekte en dood, zijn ingrediënten van het leven. Kinderen hiervoor te veel afschermen creëert een ontkenning van deze realiteit. De vraag is dan hoe je kinderen kunt steunen zodat ze met hun leed overeind kunnen blijven. Een belangrijke bron van steun is dat kinderen deze pijnlijke gevoelens kunnen delen met iemand die er niet op afhaakt of wegloopt en die er iets mee doet, waardoor het kind er ook iets mee kan doen.

Aansluitend bij benadelingsverhalen nodig ik het kind of de jongere uit zich te gaan verdiepen in de complexiteit van menselijke communicatie of beïnvloeding. Benadeling kader ik niet als een persoonlijk falen, maar als een feitelijke gegevenheid van mensen die niet te vermijden is. Iets niet in de hand hebben, moeilijkheden ondervinden en extreem vijandige gevoelens hebben niet alleen te maken met een grens in jezelf, maar vooral met een grens buiten jezelf, met anderen en met omstandigheden. Deze visie is echter niet altijd evident.

> Nele (14) is onverklaarbaar moe, heeft last van felle hoofdpijnen met duizeligheid en flauwvallen. Artsen kunnen geen medische oorzaak vinden en verklaren dat het psychisch is en te maken heeft met een gezinsprobleem. Nele haat haar vader hartgrondig en heeft een innige band met moeder. Zowel de ordening dat er psychisch iets mis met haar is als de ordening dat het moeders fout is, wijst Nele met felheid af. Ze heeft maar één probleem in haar leven en dat is: vader. Het is allemaal zijn schuld, zijn bazigheid, zijn botheid en zijn stijfheid. Zowel moeder als dochter heeft veel last van die boeman. Volgens Nele zouden alle pijnen opgelost zijn wanneer haar vader zou verdwijnen uit haar leven. Het liefst zou ze hem vermoorden.
> De therapeut ziet zich hier geplaatst voor een dilemma. Stilstaan bij de symbiotische band met moeder (die haar dochter betrekt in huwelijksproblemen) sluit aan bij het sociale vertoog omtrent gezonde gezinsrelaties, maar niet bij Nele. Deze normerende reflexen bezorgen haar alleen nog meer hoofdpijnen. Stilstaan bij de benadeling door vader sluit aan bij Nele maar niet bij het sociale discours. Je mag immers niet zozeer samenvallen met je moeder en je vader willen buitenzetten of vermoorden.
> De enig mogelijke aansluiting is de last die Nele van haar vader ervaart te respecteren. Het is trouwens knap lastig dat niemand – behalve moeder – ziet hoe onmogelijk vader is. Ik steun haar door te zeggen wat een rotvader ze heeft en hoeveel steun ze heeft aan moeder. Ik steun haar door te zoeken naar het verschil met andere vaders, van vriendinnen en uit tv-series. We proberen een verklaring te vinden voor het onhebbelijke gedrag van haar vader door stil te staan bij commentaren van familieleden en kennissen en door collegiale omstandigheden en omgangsvormen op zijn werk te verkennen.

Door de extreme last die ze van vader heeft te respecteren en te benoemen, kunnen we spreken over het bestaan van sociale conventies op het gebied van ambities en carrière, over man-vrouwopvattingen op dat vlak, over visies op partnerrelaties, over opvattingen over vader-dochter- en moeder-dochterrelaties. Door haar band met moeder te respecteren kan deze een plaats krijgen naast de beïnvloeding van de peergroep. Nele blijkt daar een uitzonderingspositie te hebben. Zij is inniger met haar moeder, gaat minder vaak uit en kleedt zich anders dan haar leeftijdgenoten. Nele kan voelen dat ze als buitenbeentje wordt gezien in haar klas, ook door het flauwvallen op de speelplaats en haar veelvuldige afwezigheid in de klas. Dát is ook lastig voor haar, en niet alleen de moeilijkheden met vader.

Het sterke haatgevoel naar haar vader wordt minder bedreigend en verkeerd door het te plaatsen in een breder kader. Ze kan zich vader minder aantrekken en met haar eigen keuzes bezig zijn.

Zelfbeeld en de complexiteit van aansluiting vinden

Om op constructieve wijze stil te staan bij benadeling is het niet om het even hoe en bij welke lastervaring ik aansluit. Ik dien rekening te houden met fijnmazige microsociale processen waarin persoonlijke identiteit wordt betwist, onderhandeld en verdedigd.

> Een tienjarig meisje vertelt dat klasgenoten haar uitlachen omdat ze te dik is. Ze eten opzettelijk een zak chips leeg voor haar neus, laten haar struikelen op de speelplaats. Ze wordt altijd als laatste gekozen wanneer ze in groepjes moeten werken. Als ze steun zoekt bij de leerkracht zegt die dat ze niet zo flauw moet doen. De therapeut drukt haar bezorgdheid uit over deze manier van doen en probeert het meisje te steunen door te zeggen dat het niet gemakkelijk moet zijn voor haar. Het maakt haar vast verdrietig. Het meisje reageert afwerend en wrevelig met: 'Oh, ik ben dat gewend'; 'Dat is normaal'; 'Pfff, ik heb daar geen last van'; 'Ik ben gewoon lui, ik trek me dat niet aan'.

Rechtstreeks opmerken van last ('Dat is erg voor je, je hebt het lastig') ervaren kinderen vaak als ongewenst. Het opmerken van benadeling gaat om méér dan empathie. Het gaat niet over gevoelsinleving ('Ach, oei, wat erg, vreselijk, och arme') maar over verbindingen en dus contextinleving. Het benoemen en bevragen van het gevoel door de therapeut zijn niet voldoende.

Je kunt blijkbaar niet zomaar last oppakken. Je moet rekening houden met ongewenste effecten die telkens kunnen ontstaan. Elke ingang brengt bepaalde effecten teweeg op het gebied van zelfomschrijving en begrenzing. Benadeling enkel als gevoelskwestie oppakken kan als effect hebben dat je ongewild een perspectief geeft dat het kind zielig is. Kinderen zullen terecht protesteren, ze willen immers geen zwakkelingen zijn.

Aansluiten bij benadeling kan ook als ongewenst effect hebben dat het kind denkt gelijk te krijgen en vrijgepleit te worden van eigen aandeel of verplichtingen. Met deze denkwijze komen ze nog meer in de problemen.

Stilstaan bij benadeling betekent méér dan enkel bij dat gevoel stilstaan, er worden tegelijkertijd meningen en perspectieven uitgewisseld en identiteiten omschreven. Het kan niet de bedoeling zijn om een kind te verzwakken, te verwennen of gelijk te geven. Het kan evenmin de bedoeling zijn om het gedrag goed te praten of te legitimeren door een moeilijkheid als moeilijkheid te benoemen. Het gaat over het creëren van samenhang en verbinding door gevoelens van last die het kind ondervindt te koppelen aan hun leefwereld en hun context. Om dat effect te krijgen moet men letten op tal van elementen in de context van het kind, zoals concrete interacties, onderscheid tussen intenties en effecten, verschillen in betekenissen en in het bijzonder in identiteitsomschrijvingen.

Ik zoek interpretaties waar kinderen iets mee kunnen in hun leefwereld. Aangereikte hypothesen moeten aansluiten bij de ordeningen waar kinderen mee werken. Ik zal ook moeten aansluiten bij zijn of haar zelfbeeld. Het is lastig als anderen je als probleem zien terwijl je jezelf niet zo ervaart. Het voelt onrechtvaardig en tast het zelfgevoel aan.

Victor (14) moet komen van zijn moeder omdat de artsen zeggen dat zijn huidproblemen en haaruitval te maken hebben met de stress die hij ondervindt op school door conflicten met leerkrachten. Met een grappige muts (om zijn kaalheid te verbergen?) op zijn hoofd, pretlichtjes in de ogen en een lach rond zijn mond, hangt hij spottend, uitdagend in zijn stoel tegenover mij. Zonder woorden toont hij dat hij allesbehalve een sukkel is. Hij straalt uit dat hij een rechttoe rechtaan man is die geen blad voor de mond neemt en graag plezier maakt. Ik kan mij al levendig voorstellen dat sommige leerkrachten zich in een klascontext aangevallen kunnen voelen door deze houding. Over het probleem met de leerkrachten zegt hij: 'Ik doe niks en zij pesten mij! Ik stel gewoon vragen om zeker te zijn of ik iets snap – mijn systeem is checken, zeker zijn, zie je – en ze geven mij gewoon geen uitleg! Vooral die van aardrijkskunde pest mij, hij heeft het voortdurend op mij gemunt! Hij pest mij met mijn uiterlijk. Ik laat dat niet toe, ik zeg dan dat hij me moet gerust laten.' Ik veronderstel hardop dat de andere klasgenoten het wel goed zullen vinden dat er iemand is die zo zijn meningen durft te geven en de boel wat animeert om het wat aangenamer te maken op school, om de saaiheid draaglijk te maken (hij knikt enthousiast). Ik zeg dat ik me kan voorstellen dat ze hem aanmoedigen om verder te gaan. Tot mijn verrassing is het antwoord negatief. Victor zegt dat de klasgenoten hem aanraden zijn mond te houden. Het blijkt dat hij veel te verliezen heeft op dit moment. Hij heeft slechte cijfers en dreigt zijn jaar te moeten overdoen, wat hij zeer zou betreuren. Hij weet dat het nu al hopeloos is, er is niets meer aan te doen. Hij gaat zijn gedrag niet veranderen zoals anderen hem zeggen! Dat zou toegeven betekenen en hij wil die manier van doen van die leerkracht, dat onrecht, aanklagen: 'Het is zijn probleem, niet het mijne!' We gaan zoeken naar wat er aan de hand zou kunnen zijn met die leerkracht dat die zo doet. Victor denkt dat hij iemand pest om in aanzien te stijgen voor de klas, de andere leerlingen vinden dat leuk en zo wordt hij sympathieker gevonden. We eindigen met een pittig meningsverschil. Ik stel voor die leerkracht zijn plezier en het laatste woord te gunnen en dat hij, deze laatste maand voor de eindexamens, zijn gedrag wijzigt. Ik kan me voorstellen dat hij wel eens moe wordt van dat amuseren van de klas. Ik vind dat hij het de anderen wel erg gemakkelijk maakt. Zij hebben plezier, kunnen goed lachen én hebben goede cijfers en geen straf. Hij doet het werk en hij krijgt slechte punten en een slechte naam. Ik vind dat onrechtvaardig. Victor is het niet met mij eens. Hij is fatalistisch: er is niks meer aan te doen. Hij neemt boos afscheid. Een maand later blijkt dat hij een goed rapport heeft en mag overgaan. Hij weet niet hoe hem dat gelukt is; gewoon, hij heeft gezwegen, het kostte geen moeite. Hij heeft niet het gevoel zich te hebben aangepast.

Ik neem de beleving en last van Victor serieus: het ligt niet aan hem maar aan de leerkracht en we moeten iets met de leerkracht doen. Ik sluit aan bij zijn zelfomschrijving. Hij is stoer en hij is een animator. Ik vermijd alles wat naar gevoelens en begrip zweemt, want dat is zielig. Een conflict hebben met mij is passender dan zich door mij begrepen te voelen. Ik sluit me bij hem aan door het gedrag van de leerkracht als benadeling te zien, maar daar het gedrag van de leerlingen aan toe te voegen. Deze toevoeging, geënt op zijn visie en zijn beleving, maakte het wellicht voor hem mogelijk om zijn gedrag te wijzigen.

Het niet verwoorden van last kan lastig worden

Bestaansrecht geven aan benadeling wordt moeilijk in een context waarin last ondervinden niet mag of kan. Veel verhalen ontkennen de onaangename kanten van het samenleven met als gevolg dat intieme banden vervagen (Byng-Hall, 1995; Weingarten, 1991). De complicatie die speelt tussen therapeut en kind kan ook spelen tussen ouders en kind en andere volwassenen. Het wordt lastig als het ondervinden van last en benadeling als een probleem wordt gezien. De gevoeligheid voor het sociale discours dat kinderen niet belast mogen worden en dat ze blijvende schade ondervinden van de confrontatie met leed en ellende, maakt dat volwassenen proberen hen ver weg te houden van pijnlijke gebeurtenissen. Er leeft een schroom om benadeling te benoemen. Door benadeling niet te noemen, lijkt het alsof het niet bestaat. Raken en geraakt worden gebeurt echter ook zonder woorden. Kinderen kunnen gebukt gaan onder lasten die ze gewaarworden, maar niet kunnen articuleren. Het niet benoemen kan maken dat kinderen de gevoelde spanning aan zichzelf gaan wijten. Verwoorde angsten en zorgen worden door kinderen doorgaans als minder bedreigend ervaren dan niet-uitgesproken zorgen (Cooklin, 2001). Het markeren door het benoemen van benadeling bakent de benadeling af en begrenst. Zegbare en daardoor zichtbare lasten zijn beter te dragen dan onzegbare. Ouders kunnen echter zoveel last hebben van de benadeling van hun kind dat ze verlammen en geen stem meer hebben om lasten en dilemma's te identificeren. Zwijgen lijkt dan de enige manier te zijn om het voor elkaar op te nemen en niemand te belasten. Last ondervinden wordt zo een taboe. Men houdt de moeite binnen. De stil gedragen last uit liefde voor elkaar kan echter ontaarden in een tijdbom.

> Felix, tien jaar, heeft woedebuien en ruzie met zijn moeder. Hij scheldt haar uit en bedreigt haar met een mes. Hij zegt dat hij liever dood wil zijn en van het dak gaat springen. Moeder denkt dat het te maken heeft met zijn vader die hij niet kent. Zijn vader is van Afrikaanse origine. Toen Felix nog een baby was, zijn de ouders gescheiden.
> In het gesprek met moeder en zoon samen zegt Felix, met een blik op moeder, dat hij wit wil zijn, want er is racisme op school en hij wordt gepest. Er komt een spanning te hangen in de kamer: zoon daagt moeder uit, moeder is de kluts kwijt. Niemand noemt vader. Het lijkt alsof vader een taboeonderwerp is. Ik breng vader ter sprake, voelend dat ik iets pijnlijks doe. Nog steeds met de blik op moeder zegt Felix dat hij zijn vader graag zou zien, maar dat dit niet mag van mama omdat ze vreest dat papa hem zou ontvoeren. Moeder zegt dat zijn vader bezig is met drugs en dat hij eerst blijk moet geven van enige interesse in zijn zoon voordat er spra-

ke kan zijn van contacten. Ze heeft er altijd alleen voor gestaan. Ze is bang voor de (slechte) invloed van vader op Felix. Ik verwoord de spanning die blijft hangen. Moeder en zoon zijn het eens dat ze niet over vader kunnen spreken. Ik krijg toestemming om vader hier bespreekbaar te maken en nodig moeder uit te vertellen over wat er allemaal gebeurd is in het verleden. Machteloosheid, kwaadheid en verdriet krijgen een plaats. De eis van Felix om zijn vader te zien maakt plaats voor meer willen weten over het dorp en de familie van vader. Hij merkt op dat andere kinderen uit gemengde huwelijken die hij kent trots zijn op hun anders zijn en hij niet. Ze geven bijvoorbeeld spreekbeurten in de klas. Hoe verklaart hij dat verschil? 'Zij hebben meer geld', zegt hij. Hij heeft last van te weinig geld hebben. Hij wil meer dingen en kleren kunnen kopen zoals de andere kinderen van de klas. We hebben het over kostwinnerschap en gezinnen met eenverdieners en tweeverdieners. Plots zegt hij in tranen dat zijn grootste verdriet is dat hij zoveel geld heeft op zijn spaarboekje (door mama gespaard) en dat mama niets heeft op haar spaarboekje. Zowel moeder als zoon moeten huilen. Er ontstaat een innige verbondenheid tussen die twee. Ze kunnen weer ervaren dat ze steun hebben aan elkaar.

De ondraaglijke last waar Felix (en ook moeder) onder gebukt ging, was dat de last niet uitgesproken kon worden. Door de last uit te spreken kwamen er vele dimensies op de voorgrond: vrees voor vader, boosheid en gemis, loyaliteitsconflict, zijn zwarte huidskleur en gepest worden, zijn verantwoordelijkheidsgevoel voor de financiële situatie, zich zorgen maken om moeder, goed willen maken waar vader in tekortschoot. Felix gaat zichzelf begrijpen in een context. Door steeds meer verbindingen te zien, worden zijn ervaringen en gevoelens tot realiteiten gemaakt. Doordat de therapeut zelf rustig en gewoon spreekt over lastige en zware dingen die daar gebeuren, komt er een ander perspectief op wat moeder en zoon voelen en wordt de verbinding hersteld. De kortsluiting tussen hen wordt benoemd als het niet meer kunnen communiceren van zorg willen dragen en zorgen hebben, elk op hun eigen manier in hun eigen leefwereld.

Tot slot

Therapeuten, kinderen en gezinsleden hebben een betekeniskader nodig om hun relaties – binnen en buiten de therapie – te kunnen ordenen en begrijpen. Een visie op menselijke beïnvloeding dient hier als kader om ervaringen van onaangename geraaktheid te vatten. Binnen deze invalshoek worden benadeling en last ondervinden gezien als een niet te vermijden en normaal effect van verbonden zijn. Door de subjectieve ervaring van benadeling als een terugkerend thema te nemen, wordt een houvast geboden in de complexiteit van menselijke interafhankelijkheid.

Thema's helpen om uit impasses te raken (Papp & Imber-Black, 1996). Het benadeeld worden als thema biedt een conceptualisatie waaraan zowel therapeuten als kinderen en gezinsleden hun gevoelens, gedachten en handelingen kunnen toetsen.

Lastige emoties worden niet langer als geïsoleerd binnen in een persoon gezien, maar als een relationele dimensie. Extreme gevoelsinhouden worden gereguleerd door ze concreet te verbinden met een context van menselijke beïnvloeding. Tussen het minimaliseren of het maximaliseren van lastige emoties zit de mogelijkheid om er iets constructiefs mee te doen op het vlak van het zelf in relatie tot anderen. Voelen wordt verbonden met denken over verbinding en samenhang. Kwetsuren en frustraties worden verankerd door ze te markeren en te verbinden met een relationele en sociale werkelijkheid.

Stilstaan bij benadeling betekent het wezen en de betekenis ervan veranderen. De ervaring van tekortgedaan worden wordt getransformeerd tot het steviger maken van het zelf. Door uitzicht en reflectie te bieden op de ander en op het sociale, verwerft een kind (een ander) zicht op het individueel-psychische.

Het ontdekken van orde en samenhang in sociale situaties blijkt te werken als een beschermende relationele context waardoor kinderen beter bestand zijn tegen moeilijkheden (Rutter, 1987; Garmezy, 1991; Werner, 1993). Als je een kind een overlevingspakket kunt meegeven, hoeven pijnlijke omstandigheden niet langer verdoezeld of weggewerkt te worden.

Reflecties

III. Gezinsvariaties

Settingkwesties

Gebruik van settingwisselingen als therapeutisch instrument

Nel Alblas

In het werken met gezinnen komen settingwijzigingen geregeld voor. De systeemtheoretische literatuur biedt echter weinig houvast om deze wisselingen ook therapeutisch te kaderen. Meestal wordt er geschreven en gedacht over één enkele setting: het gezin, de ouders of een van de gezinsleden. Hoe en wanneer je tijdens een therapie onder invloed van inschattingen en op gang gekomen veranderingsprocessen een overstap maakt naar een andere setting blijft veelal onderbelicht. Theoretische uitgangspunten, praktijkgebonden routines of toevalligheden kunnen als vanzelfsprekend de setting bepalen. Hierdoor wordt de dynamiek ontmanteld die juist kan ontstaan wanneer men aansluit bij de kracht en de ontwikkeling van de verschillende leden van het systeem en dit zichtbaar maakt met het bewust werken in diverse settings.

Nadenken over het hoe, wanneer en waarom van settingwisseling is in mijn ogen een krachtig therapeutisch instrument. Spelen met settings is immers ook spelen met waarheid en werkelijkheden. Het biedt een therapeut die werkzaam is binnen kinder- en jeugdhulpverlening[1] veel uitdagingen en mogelijkheden.

Al vanuit het eerste contact met een gezin komt een therapeut in aanraking met de veelzijdigheid van de werkelijkheid. Kinderen geven vaak een andere definitie van het probleem dan hun ouders. Jongeren debiteren vaak haarscherpe 'waarheden' over hun ouders en anderen. Hun kijk op de werkelijkheid is een sterk facet van hun identiteit. Miskenning daarvan wordt gevoeld als miskenning van de persoon. Het openstaan voor de mogelijkheid dat er andere waarheden zouden kunnen bestaan levert soms strijd op, een gevoel van te moeten toegeven of de strijd te verliezen. Vaders en moeders hebben zo hun eigen 'waarheden', onder meer meegenomen uit hun eigen gezin van herkomst, de opvattingen en perspectieven van de tijdsgeest waarin ze opgegroeid zijn en de dagelijkse beïnvloeding door de omgeving waarin ze verkeren. En ook de therapeut beziet de problemen binnen zijn of haar ordeningen en evidenties.

Afhankelijk van verschillende probleemdefinities wordt de werkelijkheid geordend en waarheid gecreëerd. Settingkeuzen bieden dan een extra mogelijkheid om dit zichtbaar te maken en kunnen recht doen aan verschillende probleemdefinities. Het is een manier om samen te zoeken naar overeenkomsten en verschillen. Dit vraagt voortdurende onderhandelingen van alle betrokkenen: onderhandelingen die grenzen van vanzelfsprekendheden in kaart brengen en wijzigen.

Ik vertrek vanuit de aanname dat ieder mens uitgaat van vele vanzelfsprekendheden (natuurlijk neem je bloemen mee als je op bezoek gaat, natuurlijk vier je je verjaardag met familie, natuurlijk ga je met de kerstdagen bij je ouders op bezoek).

---

1. *In mijn geval betreft dit een poliklinische praktijk voor kinder- en jeugdpsychiatrie.*

Alleen op momenten en in situaties dat je met andere evidenties in aanraking komt, word je min of meer gedwongen om eens stil te staan bij je eigen ordeningen.

Denken over settingkeuze is en introduceert een onderhandeling over vanzelfsprekendheden en kan daarmee een krachtige interventie zijn. Deze visie op settingkeuzes impliceert dat de therapeut zich bewust dient te zijn van eigen vanzelfsprekendheden, gewoonten en uitgangspunten. Niet zo'n eenvoudige zaak! Want waarom kiest een therapeut om te werken in een bepaalde setting? Is dat vanuit de visie dat een gezinsprobleem altijd met het hele gezin aangepakt moet worden? Kiest een therapeut voor de setting individu vanuit de gedachte dat adolescenten zich aan het losmaken zijn en dat het dus beter is om de ouders (of andere gezinsleden) niet bij de gesprekken te betrekken?

En is er altijd het besef van het hele scala aan betekenissen voor de gezinsleden en vooral de ouders, als een gezinslid niet mee wil komen terwijl de therapeut zich op het standpunt stelt dat dit noodzakelijk is? Is de therapeut zich voldoende bewust van de geweldige drempel en impact die het heeft als iemand zijn eigen problemen niet meer kan overzien en oplossen?

Ik veronderstel dat er impliciet vaak sprake is van settingwijziging, omdat een van de gezinsleden niet meekomt of zich op een andere wijze onttrekt aan de behandeling. Je kunt dan als therapeut de vraag stellen of er ook sprake is van een verschil van mening over de probleemdefinitie en of de voorgestelde setting nog steeds de meest gewenste is en aansluit bij de beleving van het systeem.

In dit hoofdstuk heb ik mij door bovenstaande overwegingen laten leiden. Ik beschrijf een casus waarin het gaat om complexe problematiek. Ik vroeg me af bij deze casus: wat is wijsheid, wat kan deze mensen helpen om vanuit hun verschillende werkelijkheidsordeningen weer meer greep op hun leven te krijgen, weer een perspectief te verkrijgen waardoor men verder kan?

Mijn keuze voor de beschreven casuïstiek is ingegeven door de wens iets zichtbaar te maken van de vele mogelijkheden en moeilijkheden die er zijn met settingkeuze. Wat bespreek ik met wie en in welke samenstelling of setting en omgekeerd: wie wil wat bespreken met mij en wie moet daarbij zijn of juist niet?

Om dit denkproces te tonen opteer ik voor procesbeschrijvingen. Mag ik u uitnodigen om kennis te maken met het gezin Adriaans?

Gezin Adriaans

Vader is 44 jaar oud en elektrotechnicus van beroep. Hij geeft leiding aan een kleine afdeling. Moeder heeft dezelfde leeftijd als vader. Zij is huisvrouw van beroep en deels geïnvalideerd door reumaklachten. Het paar heeft vier kinderen. Eva, met haar zeventien jaar de oudste, volgt praktijkonderwijs en heeft een benedengemiddelde intelligentie. Jasper is veertien jaar. Hij zit op het VWO[2] en houdt van computeren. Helena is tien jaar. Zij zit in groep 7[3] van het basisonderwijs. Rina is zeven jaar oud en zit in groep 4[4] van het basisonderwijs. Zij speelt graag binnen met poppen.

    Vader belt op om dochter Helena aan te melden in verband met hoofd- en buikpijnklachten. Zij wil niet meer naar school.

Het is niet vrijblijvend of zonder betekenis dat dit eerste gesprek plaatsvindt tussen vader en mij. Er ontstaat een eerste contact, een eerste informatie-uitwisseling die van invloed is op de te nemen vervolgstappen. Immers, wat ik nu hoor is de probleemdefinitie volgens vader. Vóór het telefonisch contact met vader wist ik via de huisarts en eerdere hulpverlening dat er sprake is van mishandeling in het gezin. Zowel vader als Eva mishandelt moeder. Ik ga er op basis van deze informatie van uit dat de probleemdefinitie waarschijnlijk voor de gezinsleden niet eenduidig is.

Tegen deze achtergrond kunnen er diverse therapeutische ingangen afgewogen worden. Ik kan ook de keuze maken om met de tienjarige Helena individueel te werken aan haar psychosomatische klachten en haar schoolverzuim. Ik kan de keuze maken om met de zeventienjarige Eva individueel te werken aan haar separatie-individuatieproces. Ik kan de keuze maken om alleen met de ouders te werken of – vanuit het oogpunt van vrouwenhulpverlening – alleen met moeder. Ik kan zelfs kiezen om alle gesprekken met het hele gezin te voeren of samen met een co-therapeut en alle keuzes zijn legitiem. Bij alle keuzes en settings zijn voor- en nadelen te noemen.

Mijn rode draad is echter het voortdurend afstemmen met de gezinsleden: wat past op dit moment bij deze fase en bij dit (facet van het) probleem. Om een metafoor te gebruiken: je mee laten voeren met de stroom: wildwaterkanoën waarbij voortdurend klippen kunnen opduiken of onverwachte stroomversnellingen die je ertoe dwingen om snel, aangepast, intuïtief en weloverwogen te reageren. Een rivier is geen dag hetzelfde. Een gezin is een abstractie van hoog niveau met talloze verschillende betekenissen.

Nadrukkelijk wil ik hier stellen dat dit niet verward mag worden met willekeur of achter de feiten aanlopen. Dit laatste is in tegenspraak met het op gang brengen en onderhouden van een therapeutisch proces. Veiligheid in de therapeutische setting houdt ook in dat cliënten ervaren dat de therapeut het belang van het geheel blijft overzien.

'Spelen met settings' klinkt luchtig en feitelijk is het dat ook. Het besef dat je als therapeut speelt met settings is echter van groot belang vanwege de invloed en betekenis die het heeft op alle betrokkenen, dus ook op de therapeut.

Overwegingen omtrent de settingkeuze

Vanuit de hypothese dat het hier gaat om zeer complexe gezinsproblematiek besluit ik om beide ouders uit te nodigen.

Bij complexe gezinsproblematiek is de kans immers groot dat de verschillende posities (ouder-echtpaar-kind) door elkaar lopen en dat er weinig verschil in hiërarchie en afgrenzing is tussen ouders en kinderen. Door de ouders gezamenlijk uit te nodigen bekrachtig ik hun positie als ouders. Door deze keuze te maken laat ik een heleboel andere informatie en mogelijkheden liggen. Impliciet veronderstel ik al dat er het nodige aan de hand zal zijn

---

2. VWO (= Voortgezet Wetenschappelijk Onderwijs) is gelijk aan ASO.
3. Groep 7 is het 5e leerjaar.
4. Groep 4 is het 2e leerjaar.

met de rangorde in het gezin. Vanuit de eerdere informatie heb ik al vernomen dat deze ouders het vaak oneens zijn over tal van zaken. Hier speelt ook een stukje eigenbelang mee. Ik wil niet ondergaan in de chaos van te veel informatie door te veel partijen.

Ik overweeg dat het waarschijnlijk gemakkelijker zal zijn om in eerste instantie met de ouders te zoeken naar gedeelde aspecten in hun probleemdefinities en hulpvraag. Ik wil vooral onderzoeken hoe beiden de problemen van Helena zien en welke betekenis zowel vader als moeder geven aan de mishandeling. Anderzijds realiseer ik me, door deze keuze te maken, dat er voor de ouders sprake kan zijn van negatie. Ik weet namelijk niet of mijn settingkeuze aansluit bij de verwachtingen van vader of moeder. Het is om die reden belangrijk om de motivatie voor de keuze van de setting met de ouders in het eerste gesprek ter sprake te brengen, zodat daarover overeenstemming kan bestaan en dit geen strijdpunt wordt.

Setting ouders

> Vader en moeder komen samen. De stemming is bij binnenkomst geladen. Vader is heel erg boos en moeder huilt voortdurend. Vaders boosheid richt zich op moeder, die hij onbekwaam acht, én op de hulpverlening, waarin hij absoluut geen vertrouwen (meer) heeft.
> Aan het eind van het eerste gesprek is het volgende bekend:
> Er zijn veel problemen met de zeventienjarige Eva, wat leidt tot lichamelijk geweld tussen Eva en moeder. Vader steunt Eva in haar conflicten met moeder en gebruikt daarbij eveneens fysiek geweld. Dit komt minstens één keer per week voor, maar vaak ook meer.
> Op de vraag hoe de ouders de problemen van Helena zien, geeft vader aan dat zij door moeder niet goed opgevoed wordt en dat moeder erin faalt haar naar school te krijgen. Er spelen ook conflicten tussen Helena en moeder.
> Moeder komt in dit eerste gesprek nauwelijks uit haar woorden, ook omdat ze voortdurend huilt en dezelfde zinnen herhaalt. Zij kan alleen zeggen dat ze haar best doet en dat het niet eerlijk is. Ze vindt dat vader haar meer moet steunen. Vader geeft aan dat hij dat al meer dan genoeg heeft gedaan.

Uit dit gesprek distilleer ik de probleemdefinities van beiden. Vader vindt dat moeder faalt in haar taak als moeder. Hij begrijpt dat Eva door het lint gaat door moeders gezeur, want dat heeft hij zelf ook. Hij beschuldigt moeder er ook van dat zij Helena niet naar school krijgt.

In de probleemdefinitie van moeder daarentegen wordt vaders gedrag aan de kaak gesteld. Hij geeft haar niet de steun die ze nodig heeft, kiest de kant van Eva en doet alles op zijn manier. Als Helena buikpijn of hoofdpijn heeft, begrijpt moeder wat ze voelt, want ze heeft ook vaak pijn en komt dan niet tot activiteiten. Als Eva haar slaat en schopt, komt dat in moeders ogen vooral door vader.

Het wordt mij duidelijk dat er sprake is van een massaal gevoelde last door **beide** ouders. Er wordt lineair-causaal geordend en beiden zien geen positieve invloed meer van hun handelen op de ander en herhalen zichzelf in hun actie-reactiepatroon. De machteloosheid is zo groot geworden dat soms alleen fysiek geweld – letterlijk van je af slaan en schoppen – nog lijkt te helpen.

Beide ouders zien en beoordelen elkaar door de ogen van dezelfde kinderen (Eva en Helena), maar geven een totaal verschillende betekenis aan het gedrag van beide kinderen.

Moeder herkent zichzelf in het gedrag van Helena en ziet het gedrag van beide kinderen als reactie op het optreden van vader. Vader herkent zichzelf in het gedrag van Eva en ziet het gedrag van beide kinderen als reactie op de manier van doen van moeder.

De keuze om voor dit eerste gesprek beide ouders uit te nodigen zonder de kinderen bleek achteraf een goede keuze. Het gaf mij als hulpverlener de mogelijkheid om zo goed mogelijk in te gaan op wat beiden naar voren wilden brengen en een eerste voorzichtige ordening aan te brengen in de complexiteit binnen dit gezin.

Het feit dat er in elk geval enige gedeelde werkelijkheid gevonden kon worden, was eveneens van groot belang, ook al was de belangrijkste gezamenlijkheid dat men het per definitie met elkaar oneens was, behalve over het feit dat er iets moest veranderen.

Settingverbreding als veiligheid

Aan het einde van het eerste gesprek vat ik samen wat we met elkaar besproken hebben. Ik maak gebruik van het schrijfbord om de verschillende problemen naast elkaar te zetten. Dit is een bewuste keuze omdat het overzichtelijk is en tegelijkertijd wat afstand creëert. Men kijkt hier letterlijk vanaf een afstand naar. Vooral waar het het onderwerp mishandeling betreft, is het thema afstand-nabijheid van nadrukkelijk belang.
Er wordt benoemd dat het gedrag van zowel Helena als Eva voor beide ouders een verschillende betekenis heeft, dat het wellicht goed zou zijn om te horen wat de betekenis is die de kinderen eraan geven en wat er zou moeten gebeuren om te realiseren dat Helena weer naar school gaat. Ik opper dat het mogelijk is dat de problemen van Helena samenhangen met haar bezorgdheid over de ruzies en vechtpartijen, omdat bekend is dat kinderen hier op verschillende manieren op reageren. Op de vraag hoe de beide andere kinderen reageren, geven de ouders aan daar niet zo'n idee van te hebben. Jasper trekt zich terug op zijn kamer en Rina ligt vroeg in bed. Dát het betekenis heeft onderschrijven de ouders wel, maar welke, dat is nog onduidelijk.
We worden het erover eens dat het een goede volgende stap zou zijn om de volgende keer alle kinderen mee te brengen, want het is belangrijk om van henzelf te horen hoe zij over de gebeurtenissen in het gezin denken en welke betekenis zij eraan geven.
De verandering van setting van ouders naar gezin roept geen strijd op, maar wordt door de ouders gezien als een goed vervolg.

Waarom maak ik hier deze keuze? Immers, het eerste contact is gelegd, het proces is op gang gekomen en er zijn meer dan voldoende thema's om met de ouders te bespreken. Feitelijk zijn de overwegingen tweeledig. Ten eerste speelt mijn bezorgdheid in verband met de effecten van het geweld dat meermalen per week in het gezin plaatsvindt. Begrijpen dat het plaatsvindt uit machteloosheid is niet hetzelfde als accepteren dat het gebeurt. Ten tweede werd in het gesprek met de ouders duidelijk dat de basis om tot verandering te komen maar smal was. Beiden waren vastbesloten van mening dat de ander het anders moest doen en het zicht op eigen invloed en veranderingsmogelijkheden was praktisch nihil. Men bekeek elkaar ook via de ogen van de kinderen op negatieve wijze. Dit werd duidelijk door opmerkingen als: 'Natuurlijk praat Eva zo tegen jou en moet ze je schoppen om je stil te krijgen, ik heb precies hetzelfde.' Of: 'Logisch dat Helena ziek thuis blijft. Jij moppert altijd, ook tegen mij. Ik word er ook ziek van'.

Andere ogen en meningen waren dus noodzakelijk om te komen tot een verbreding en mogelijk verandering van zienswijze op elkaar en elkaars positie als ouders.

Setting gezin

Versterken van het subsysteem ouders

> Daar zijn ze dan: vader, moeder, Eva, Jasper, Helena en Rina.
> De kinderen zien er allemaal keurig verzorgd uit en ik complimenteer moeder daarmee. Ze reageert daar blij verrast op en zegt dat dat niet altijd meevalt, dagelijks iedereen voorzien van schone en gestreken kleding (moeder heeft reumatische klachten, maar wil geen huishoudelijke hulp) en dat ze ook allemaal zo hun eisen hebben. Vader kijkt eens naar zijn gezin en er kan zowaar een klein lachje vanaf. Ik zeg tegen vader dat het ook niet altijd eenvoudig is om als kostwinner voor een redelijk groot gezin de verantwoordelijkheid te dragen en te zorgen dat de wensen van de kinderen vervuld kunnen worden. Hij is het daar volledig mee eens en gaat rechterop zitten, de houding verandert, ook bij moeder, die trots naar de kinderrij kijkt.
> Bewust sta ik hier stil bij de positie van de ouders in hun functie van vader en moeder en hun onderscheiden taken.
> Ik registreer dat ook de drie oudste kinderen naar hun moeder en vader kijken en instemmend knikken. Hier breng ik de ouders als ouders in beeld, zowel ten opzichte van elkaar als ten opzichte van de kinderen. Een dagelijkse vanzelfsprekendheid wordt extra belicht.
> Daarna vraag ik de ouders toestemming om met hun kinderen in gesprek te gaan en om dat in alle openheid te mogen doen, verwijzend naar het eerdere gesprek. Beide ouders geven toestemming.

Door eerst op de ouders te focussen en te refereren aan de al eerder ontstane samenwerking en expliciet hun toestemming te vragen, probeer ik een brug te slaan tussen enerzijds ouders en kinderen en anderzijds tussen ouders en hulpverlener en kinderen en hulpverlener. Immers, we gaan over moeilijke onderwerpen in gesprek. Bij het ontbreken van toestemming van de ouders zou ik de kinderen in een moeilijke loyaliteitspositie brengen. Dit is volgens mij bij het aangaan van gezinsgesprekken een belangrijk gegeven. Kinderen willen de therapeut wel deelgenoot maken van wat ze moeilijk vinden, maar tegelijkertijd kan dit verwarring geven: enerzijds is de hulpverlener als volwassene een vertegenwoordiger van de 'ouderen' in wie kinderen wellicht het vertrouwen hebben verloren (mede afhankelijk van de problematiek), anderzijds is er ook de loyaliteit aan de ouders. Zij mogen hun ouders 'snert' vinden, maar geen ander mag er iets van zeggen.

Versterken van de gezinsidentiteit
Hier maak ik dan ook een bewuste keuze om eerst naar goedlopende (zeg maar: gewone) zaken te vragen. Dit heeft als doel om de identiteit van het gezin te normaliseren en aan te sluiten bij sterke kanten van de gezinsleden.

> Therapeut: 'Van jullie vader en moeder heb ik al een paar dingen over jullie gehoord die ze knap van jullie vinden en waar ze trots op zijn. Weten jullie welke dingen ik dan bedoel?'
> Ook hier positioneer ik weer de ouders op positieve wijze (evenals de kinderen) en maak duidelijk dat er niet alleen maar over moeilijke zaken gepraat werd en wordt. Door te vragen naar wat zij denken dat de ouders bedoeld hebben, verbind ik en haal ik de vanzelfsprekendheden naar voren.
> Helena: 'Misschien dat ik in de kerk altijd heel goed kan meezingen.'
> Therapeut: 'Dan moeten ze zondag maar eens heel goed luisteren. Ze noemden ook nog dat je heel mooi kunt schrijven en meestal je kamer goed opruimt.'
> Rina: 'Ik poets mijn tanden héél goed want ik wil geen gaatjes.'
> Therapeut: 'Ja, en meestal ga je heel zoet naar bed hè, en speel je graag met je poppen.'
> Eva: 'Ja, en ik help Rina met het maken van poppenkleertjes.'
> Therapeut: 'Ja, en als ze het vraagt speel je ook wel eens mee met de Barbies hè. En ik hoorde dat je een zaterdagbaantje bent begonnen, goed hoor. Dat valt niet altijd mee naast school en stage, denk ik.'
> Jasper: 'Ik heb ook wel eens een baantje en dat is 's zomers wel leuk, maar je moet wel vroeg op en in de winter is het niks.'
> Therapeut: 'Je moet er ook een eind voor fietsen geloof ik, maar ik hoorde dat je ook heel knap bent met computers en goede cijfers haalt voor wiskunde!'

Ook ben ik er alert op dat ik als therapeut uiteraard sterk beïnvloed word door het maatschappelijk denken over geweld binnen gezinnen. Beïnvloed door dit denken ontstaat het risico dat ik als therapeut dit gezin veroordeel en zo zelf 'gewelddadig word'. Hierdoor zal ik op betrekkingsniveau tegen hen zeggen: 'Jullie zijn een slecht gezin'. Op zo'n moment zal ik echter niet meer kunnen aansluiten bij de probleemdefinitie én de beleving van de verschillende gezinsleden, waardoor de kansen op verandering mogelijk veel kleiner zullen worden. Een veranderingsproces zet niet werkelijk in wanneer het gebaseerd is op angst of veroordeling. Het versterken van een constructieve gezinsidentiteit is daarbij broodnodig.

Versterken van het subsysteem kinderen
Na de introductie en het praten over de 'gewone 'zaken wordt de overstap gemaakt naar moeilijker terrein.

> Therapeut: 'Het is fijn dat er een heleboel dingen zo goed gaan en ik weet zeker dat ik nog lang niet alles heb gehoord, maar als er alleen maar goede dingen waren om over te praten zouden jullie nu niet hier zijn, denk ik. Ik heb van jullie vader en moeder ook gehoord dat er soms heel grote ruzies zijn tussen papa en mama en ook wel tussen Eva en mama, dat soms de buren en soms ook de politie erbij geroepen zijn om de ruzie te laten stoppen. Soms hoeft er niemand bij te komen, want dan stopt het vanzelf weer na een poosje, maar het lijkt me wel erg akelig. Ruzie in je gezin is eigenlijk nooit leuk hè? Als er zo'n ruzie aan de gang is, lukt het natuurlijk niet goed om erover te praten en daarom zijn we nu hier bij elkaar, om te kijken of we er met elkaar iets aan kunnen doen.'
>
> Eva geeft aan dat ze erg boos wordt over 'het gezeur' van haar moeder. Ze probeert meestal weg te lopen naar haar kamer, maar vaak komt moeder haar dan achterna. Wanneer moeder ook in haar kamer komt, wordt Eva zo boos dat ze haar moeder slaat en trapt 'want luisteren doet ze toch niet'. Ze vindt het zelf ook erg akelig, vooral als papa thuis is, want die wordt dan ook heel boos en gaat mama ook slaan. De ruzies zijn meestal in de ochtend en in het weekend en gaan vaak over zaken als: wat trek je morgen aan en heb je je kamer wel opgeruimd. 's Avonds vertelt moeder dan aan vader wat er gebeurd is en dan begint het vaak opnieuw.
> Jasper zegt eerst dat hij er niet zo'n last van heeft. Hij doet gewoon zijn kamerdeur dicht. Als Eva fel naar hem uitvalt: 'Ik hoor jou ook wel eens janken op je bed hoor!' krijgt hij een kleur. Hij zegt dat hij ook niet weet wat hij eraan moet doen, maar het wel erg akelig vindt. Hij snapt niet dat Eva niet gewoon haar mond houdt en net doet of ze niks hoort, dat werkt bij hem ook! Eva repliceert: 'Ja, maar jij bent een jongen en mag veel meer en bij jou komt ze niet op je kamer.'
> Helena zegt dat ze vaak op de trap zit te luisteren of haar deur op een kier laat staan. Ze durft niet goed te gaan slapen, want dan kan mama wel van de trap vallen als ze een klap krijgt en wie moet er dan naar de buren of de dokter bellen... Misschien gaat ze wel dood als ze hard valt. Helena maakt zelf de verbinding naar haar klachten door te zeggen: 'Als ik niet kan slapen ben ik nog erg moe en dan heb ik hoofdpijn en als Eva laat naar school gaat ben ik bang dat er iets met mama gebeurt en dan ben ik misselijk op school.'
> Rina zit met haar duim in haar mond en is tegen moeder aangekropen. Ze zegt dat ze ruzie niet fijn vindt en wil liever gewoon met haar poppen spelen. Hier komen om te praten is ook niet fijn, alleen de limonade is wel lekker en de suiker ook...
> Ik bedank de kinderen dat ze zo goed hebben verteld wat ze moeilijk von-

den. Vervolgens maak ik de overstap naar de veranderingsmogelijkheden. Hier sluit ik weer aan bij het eerste gedeelte van het gesprek, waarin we al stilgestaan hebben bij datgene wat ieder goed kon en leuk vond.

Therapeut: 'Zou het een goed idee zijn als we met elkaar gaan kijken of we Helena kunnen helpen om weer naar school te gaan? Ik weet al dat papa en mama daar blij mee zouden zijn. Hoe zou jij dat vinden, Helena?'

Helena stemt in, maar stelt als voorwaarde dat er dan geen ruzies meer zijn.

Therapeut: 'Oei, ik weet niet of dat in één keer gaat lukken... Zullen we afspreken dat er niet meer geslagen en geschopt wordt? Helemaal geen ruzie meer maken is wel erg moeilijk want...'
Ik leg uit hoe moeilijk het in een gezin is als er twee grote en twee kleinere kinderen zijn (generatieverschil). Immers, wat de groten mogen, willen de kleineren vaak ook en soms mogen de groteren iets niet omdat de kleintjes het anders ook willen.

Dit is een gegeven dat iedereen herkent. Men komt met voorbeelden en het gesprek wordt levendig en minder beladen en we kunnen met elkaar een veranderingsplan maken waarin ieder een deeltaak verricht. We maken belangrijke afspraken: als vader boos is zal hij een rondje gaan lopen, als Eva boos is zal ze naar haar kamer gaan en moeder zal niet achter haar aan gaan. De deur van ieders kamer is de grens die niet overschreden mag worden. Er wordt afgesloten met het maken van een vervolgafspraak, opnieuw als gezin, om met elkaar te bespreken wat er gelukt is en waar nog verder op geoefend moet worden.
Helena zal vanaf de volgende dag weer naar school gaan. Haar schoolfobische klachten kunnen gekaderd worden als zorg en bescherming. Nu deze zorg uitgesproken, besproken en gedeeld is, kan zij deze hopelijk loslaten. Er zijn immers afspraken over gemaakt.

Niet pathologiseren en erkennen van inzet
Zoals eerder vermeld is mijn zorg dat de basis om alleen met beide ouders tot verandering te komen in dit stadium van de therapie te smal is. Door alle gezinsleden te betrekken en in openheid met elkaar te praten over zoiets moeilijks als slaan en schoppen (in het bijzijn van kinderen vermijd ik de term mishandeling bewust omdat het een te abstracte term is) verdwijnt er iets van het taboe, de schaamte en de angst.
Kinderen en jongeren beseffen heel goed dat het niet 'gewoon' is als er zoveel ruzie is dat er geslagen en geschopt wordt en de buren en de politie erbij gehaald moeten worden om het weer rustig te krijgen.

Door de setting gezin kan ik een beter zicht krijgen op de interacties en belevingen binnen het gezin: het is goed om te zien en te benoemen hoe Eva en Helena samen giechelen wanneer ik een 'domme vraag' stel en hoe ze steun bij elkaar zoeken als het moeilijk is. Ook wordt zichtbaar dat het voor de enige zoon soms maar lastig is, al die kletsende en giechelende meiden en de herkenning die vader en zoon daarin bij elkaar vinden door blikken van verstandhouding uit te wisselen en te zuchten en hoe moeder en dochters daar weer herkenning in vinden bij elkaar.

Ook in het tweede gezinsgesprek worden de goedlopende terreinen en onderlinge betrokkenheden stevig in de verf gezet, ondermeer door het zichtbaar maken van ieders inzet. De gezinsidentiteit wordt ook hierdoor verstevigd. Wanneer je het samen doet, zijn er veranderingen mogelijk.

> De ouders zien dat er een verschil is in hun visie op elkaar en in hoe hun kinderen hen zien. In de kijk op elkaar treedt er daardoor een zekere mildheid op die er tevoren niet was. Men heeft zich goed aan de gemaakte afspraken gehouden en Helena is 'gewoon' elke dag naar school gegaan.
>
> Therapeut: 'Heb je weer beter geslapen? En was het moeilijk om naar school te gaan als Eva nog samen met mama thuis was?'
> Helena: 'Eerst sliep ik nog niet zo goed, maar dan dacht ik aan de afspraak en ging ik toch maar slapen. Aan Eva heb ik gevraagd: 'Je slaat toch niet, hè?' en ze zei: 'Nee, dat is toch afgesproken?''
>
> Er zijn wel conflicten geweest tussen Eva en moeder, maar het is niet meer tot een handgemeen gekomen. Eva geeft aan dat dit voor haar wel heel moeilijk is geweest. Op de vraag of men de volgende keer weer samen wil komen of dat men er andere ideeën over heeft, wordt met wat aarzeling gereageerd: Jasper, Helena en Rina vinden dat het nu wel goed gaat en ze willen na school liever spelen of huiswerk maken. Helena zegt: 'Dan komen we toch weer mee als het nodig is?' Eva geeft aan dat ze het moeilijk vindt om over bepaalde zaken te praten waar 'de kleintjes' bij zijn, die hoeven toch niet alles te weten. Hier wordt verschil in positie zichtbaar.
>
> Door in de gezinssetting te werken kan een aantal constructieve terreinen weer explicieter aan de orde komen en dus ook zichtbaar worden. Het massale gevoel te falen kan worden genuanceerd. Ik complimenteer zowel de ouders ('jullie hebben eer van de opvoeding, het zijn mondige kinderen die goed kunnen verwoorden wat ze wel of niet willen') als de kinderen zelf met hun duidelijkheid en bedank ze voor hun medewerking.

Ook door mee te gaan in de probleemdefinitie en wensen van het gezin is er sprake van inzeterkenning. Het perspectief verandert: we zijn een gezin dat zelf heel wat aankan en dat goed kan aangeven wat het wil.

Benoemen en werken met faseproblematiek

Als gezinsproblemen zich ook laten ordenen als problemen in het gezin met een van de kinderen, wellicht gebonden aan de leeftijdsfase, verdient het volgens mij de voorkeur om het ook als zodanig te benaderen (McGoldrick, 1988). Er dient afstemming te komen tussen ouders en het betreffende kind op de specifieke vragen en moeilijkheden die samenhangen met deze fase. Door het te blijven ordenen als gezinsprobleem blijft de massaliteit bestaan, door het te herbenoemen als specifiek faseprobleem treedt normalisering op. Met andere woorden: het gedrag wordt te begrijpen door het een erkend kader te geven. Ze ervaren dat ze niet de enigen zijn die hiermee kampen.

Ik vind het vanuit mijn positie als therapeut belangrijk om mee te gaan in de ordening die de cliënten, de gezinsleden aangeven. Maturana & Varela (1988) wijzen erop dat we voortdurend waakzaam moeten zijn voor de verleiding van zekerheid. Willen we op een respectvolle manier met de ander omgaan, dan is het van belang om in te zien dat hun zekerheden even gewettigd zijn als de zekerheden van de therapeut.

Eva heeft een moeilijke positie als oudste meisje. Door haar lage gemiddelde cognitieve capaciteiten roept zij extra zorg van moeder op. In haar temperamentvolle karakter lijkt zij op vader. Hij heeft daardoor de neiging zijn vrouw door de ogen van zijn dochter te bekijken en per definitie haar kant te kiezen.

Hier is dus opnieuw mogelijk sprake van verwarring omtrent de positie van ouders versus partners. Mattheeuws (1983; 1986) schrijft dat de partneridentiteit in een gezin met kinderen nauwelijks meer aan de orde kan komen. De ouderidentiteit vraagt alle aandacht door het voortdurende beroep dat kinderen doen op hun ouders. Omdat in dit gezin ook de ouderidentiteit zo ter discussie wordt gesteld dat ouders nauwelijks meer positieve waardering kunnen geven aan elkaar als ouders, zal in het volgende gesprek deze rode draad gevolgd worden, toegespitst op de specifieke (fase)problematiek die een zeventienjarige dochter kan hebben of geven.

Een nieuwe gezinssetting: ouders en Eva

Een thema dat ik wil aansnijden is de manier waarop men elkaar ruimte kan geven voor eigenheid. In gezinnen met adolescenten is dit een veelvoorkomend en toch vaak onbesproken thema, waarachter complexe afstemmingen schuil gaan.

> Therapeut: 'Eva, de vorige keer gaf je aan dat je graag een keer verder wilde praten over de problemen die jij ervaart. Kun je vertellen wat jij zo moeilijk vindt?'
> Eva: 'Iedere keer als ik iets wil wat mijn vriendinnen ook allemaal mogen, bemoeit mijn moeder zich ermee. Ik mag niet aantrekken wat ik wil. Ik mag niet uit. Ze wil alles van me weten en dan word ik kwaad en van mijn vader mag ik het wel.'
> Therapeut: 'Zullen we eens aan je vader en moeder vragen welke zaken zij vinden passen bij iemand die zeventien is en speciaal bij jou?'
> Duidelijk is dat zowel Eva als moeder erg veel last heeft van de tussen hen escalerende ruzies.
>
> Eva: 'Als ik iets vraag en het niet mag, dan wil ik dat mijn moeder niet gaat zeuren, dat ze me met rust laat, want dan ben ik gewoon kwaad.'
> Eva geeft aan dat ze het niet kan hebben als moeder haar blijft aanspreken in plaats van haar met rust te laten na een ruzie.
> Feitelijk is het voor zowel vader, moeder als Eva moeilijk om om te gaan

met een meningsverschil. Men wil dat de ander net hetzelfde ziet. Moeder is degene die het daar het moeilijkst mee heeft en dan niet kan stoppen met haar poging de ander te overtuigen.

Moeder: 'Ik maak me vaak bezorgd om Eva, als ze eens weg mag houdt ze zich niet aan afspraken en ze is erg goedgelovig. Ik ben bang dat haar akelige dingen overkomen.'

In deze fase van het gesprek las ik een 'theoretisch stukje' in over de positie van het oudste kind, in dit geval het oudste meisje, en het gegeven dat dit voor alle drie een lastige zaak is. Immers, Eva is de eerste met wie beide ouders in deze levensfase terechtkomen en dat betekent een zoektocht met elkaar naar wat er al wel, of nog niet, kan. We bespreken ook het verschil tussen ieders goede bedoelingen en de manier waarop dat – met gedrag – wordt geuit.

Wat opvalt is dat er ook veel goedlopende terreinen zijn tussen moeder en dochter. Ik benadruk deze opnieuw en we kunnen concrete afspraken maken over verantwoordelijkheid nemen voor je eigen gedrag op een manier die ook voor anderen duidelijk is, zoals het nakomen van een gemaakte afspraak of op de afgesproken tijd thuis zijn. We maken opnieuw een heel duidelijke afspraak met elkaar over 'weglopen' uit situaties die dreigen te escaleren en wat ieders rol is in deze 'probeertijd'.
De twee daaropvolgende gesprekken in dezelfde setting worden gebruikt om deze basisafspraken met elkaar te verstevigen. Er vindt ook verdieping van de gesprekken plaats over het thema 'mishandeling'. Eva staat hier voorop. Haar betekenis neem ik als ingang.

Eva: 'Ik voel me zo rot als ik geslagen of geschopt heb, dan weet ik niet meer of ik boos ben op mijn moeder of op mezelf...'.
Therapeut: 'Hoe kan je moeder je helpen om dit te voorkomen?'
Eva: 'Luisteren naar wat ik zeg en me niet achterna komen als ik naar mijn kamer ga, want dan wil ik het niet maar gebeurt het toch.'
Therapeut: 'Maakt het voor jou verschil of jij je moeder slaat of dat je vader dat doet?'
Eva: 'Ja, zij zijn allebei grote mensen en die slaan wel meer, maar ik ken niemand die zijn eigen vader of moeder slaat en ik ben zo bang dat ze het te weten komen op school of zo.'

Mishandeling is niet alleen schadelijk voor het slachtoffer (in dit geval moeder) maar ook voor degene die slaat. Het doet iets met je zelfbeeld wanneer je zegt: 'ik sla mijn moeder'. Ouders dragen daarin een gezamenlijke verantwoordelijkheid om een patroon te doorbreken.

Doorbreken van coalities
Als we kijken naar de eerste probleemdefiniëring, dan zien we dat er duidelijk sprake is van coalitievorming tussen vader en Eva, met name op die gebieden waar sprake is van negatieve interacties tussen moeder en dochter.

Vader begrijpt de reactie van zijn dochter zó goed dat hij daarmee het schadelijke gedrag (het slaan en schoppen door Eva) versterkt en goedpraat. Zowel in de gesprekken met het hele gezin als in de gesprekken met de ouders en Eva wordt duidelijk hoe moeilijk Eva het hier zelf mee heeft, zo moeilijk dat ze hier niet over kan spreken waar de andere kinderen bij zijn. Schaamte- en schuldgevoel spelen hierbij een grote rol, maar door de onmacht om het te doorbreken versterkt het ook de ongezonde facetten van de coalitie tussen vader en dochter: beiden zijn immers 'mishandelaars' en vinden elkaar in begrip voor en daardoor verontschuldiging van het gedrag.

De keuze om te werken in de setting met vader, moeder en Eva is mede ingegeven door de overweging dat er anders sprake zou zijn geweest van praten over het slaan en schoppen zonder dat het thema schuld en schaamte ter sprake kan komen. Nu kan er sprake zijn van 'ervaren van'. Confronterend voor Eva? Ja, ook voor vader en moeder. Maar tegelijkertijd ook helend door het 'niet-bespreekbare' woorden te geven. Hierdoor kan ook op een andere manier duidelijk worden dat Eva de hulp van zowel vader als moeder wel nodig heeft, maar op een andere manier!

Door stil te staan bij de manier waarop zowel vader en moeder als Eva zich inzetten (in plaats van dwarszitten) kan een betekeniswijziging optreden en kan de actieve inzet van beide ouders worden veranderd. Dit biedt Eva de ruimte om andere vaardigheden aan te leren en langzaam maar zeker meer (zelf)vertrouwen op te bouwen en verantwoordelijkheid te nemen voor haar eigen gedrag.

De setting vader-moeder-Eva wordt hiermee afgesloten. Eva zit veel beter in haar vel en geeft aan op dit moment samen met vader en moeder zelf verder te kunnen praten conform een van de gemaakte afspraken: 's avonds even bijpraten over de dag.

Ik maak met de ouders een afspraak voor een evaluatiegesprek.

En weer terug: setting ouders

Reflectie inbouwen: continueren of afsluiten
In dit gesprek staan we stil bij de grote lijn van datgene waarmee de ouders zich in eerste instantie aangemeld hebben. Het probleem waarmee men is gekomen, is goeddeels opgelost: Helena gaat weer naar school. De psychosomatische klachten zijn verdwenen en er doen zich geen gewelddadige situaties tussen moeder en Eva meer voor. Kortom: het gezin onderscheidt zich – ook in de ogen van de buitenwereld – niet langer opvallend van alle andere gezinnen met opgroeiende kinderen.

We staan ook stil bij de verschillende settings waarin de gesprekken plaatsvonden. De ouders vinden het positief dat de kinderen bij de gesprekken werden betrokken wanneer dit nodig was. Men heeft het ook in de thuissituatie meermaals nabesproken en ieder heeft het gevoel inspraak gehad te hebben, zowel tijdens de gesprekken als ook bij de beslissingen om de setting weer te wijzigen.

Tevens bespraken we of het zinvol is om samen nog een aantal gesprekken te voeren. De ouders willen dit graag, om de ingezette verandering in hun gezin verder te versterken en de nog bestaande verschillen die tot conflicten leiden verder te onderzoeken en waar mogelijk te veranderen.

Een paar dagen voor de eerstvolgende afspraak belt moeder op, huilend en nauwelijks verstaanbaar. Het is de vorige avond uit de hand gelopen tussen hen beiden. De buren zijn erbij betrokken geraakt en hebben de politie ingeschakeld. Ik maak voor dezelfde middag een afspraak met beiden (crisisinterventie). Beide ouders voelen zich machteloos en zijn teleurgesteld omdat ze hoopten dat oude situaties zich niet meer zouden voordoen. Al pratend kunnen we met elkaar toch enkele verschillen ontwaren. De kinderen zijn niet de aanleiding en zijn niet rechtstreeks in de strijd betrokken. De ruzie is ontstaan op partnerrelatieniveau.

Alvorens de gesprekken met beiden te hervatten leg ik de ouders de keuze voor om nog een gezinsgesprek te voeren waarin we kunnen stilstaan bij de betekenis van de ruzie. Zouden de kinderen ook het gevoel hebben terug bij af te zijn? Zal door de heftigheid van deze escalatie alles wat opgebouwd is weer verdwenen zijn en zullen de oude coalities weer zijn ontstaan? Zullen de kinderen zichzelf weer de schuld geven van het gebeuren? Zal alle vertrouwen weg zijn? Vragen waar de ouders mee worstelden, maar waar ze geen antwoord op hebben. Beiden vinden het ook te moeilijk om dit zelf met de kinderen te bespreken 'omdat we dan toch weer gaan kijken wie er gelijk heeft'. Ik vraag hun de kinderen voor het eerstvolgende gesprek mee te brengen, zodat het bespreekbaar kan worden gemaakt.

En weer terug: setting gezin

Daar zijn ze weer, alle vier, lichtelijk mopperend over de verstoring van hun vrije woensdagmiddag.

Therapeut: 'Jongens, fijn dat jullie meegekomen zijn. Jullie weten dat de aanleiding is dat er een knallende ruzie is geweest. Jullie ouders hebben mij gevraagd om er nog een keer samen over te praten omdat het moeilijk is om dat samen te doen. Vertel eens, wat dachten jullie, wat betekent deze ruzie nu voor de afspraken die we samen gemaakt hebben?'
Jasper neemt het voortouw (heel uitzonderlijk voor hem): 'Eerst was het niet zo erg, maar toen mijn vader een stoel tegen de muur gooide, schreeuwde mijn moeder en dat hoorden de buren en die belden de politie.'
Eva: 'Ja, maar ze waren wel zelf begonnen. Het was niet mijn schuld. Ik had geen ruzie met mijn moeder of zo.'
Helena: 'Nee, dat is waar, want ik mocht een keer bij Eva op de kamer slapen en dat was net zo leuk'.
Rina: 'Ik sliep en werd er wakker van, daarna ging ik weer slapen. Jasper heeft me toegedekt.'

In dit gezinsgesprek wordt duidelijk dat het subsysteem kinderen bij deze escalatie steun gezocht heeft bij elkaar. Dit steun zoeken bij elkaar heeft een preventieve functie, doordat het het subsysteem versterkt. Men vindt het feit dat de ouders de afspraak niet zijn nagekomen eigenlijk nogal 'stom' van vader en moeder, maar het wordt ook gezien als een incident. We bespreken dat volwassenen ook problemen of moeilijkheden hebben die op dat moment niets met de kinderen te maken hebben, maar bijvoorbeeld met werk of andere 'grote mensen'-problemen.

Hierna kan de overstap worden gemaakt naar de oudersetting, waar alle eerder behandelde thema's aan de hand van dagelijkse voorvallen uitgediept kunnen worden en waarin er voortdurend aandacht blijft voor andere manieren om elkaar iets duidelijk te maken dan met geweld.

Tot slot

In bovenstaande casus heb ik geprobeerd zichtbaar te maken hoe belangrijk het is aan te sluiten bij de ontwikkelingen in het cliëntsysteem. Ik ben meegegaan met de dynamiek en de probleemordening van het systeem en heb samen met mijn cliënten settingverandering kunnen gebruiken om andere werkelijkheden in het vizier te krijgen: van een oudersetting naar een gezinssetting, een gezinssetting met één kind en weer terug naar de oudersetting. Het een lijkt bijna moeiteloos uit het ander voort te vloeien.

Whittaker (1997) geeft aan dat er in de beginfase van de therapie twee belangrijke 'gevechten' moeten worden geleverd: het gevecht over de structuur en het gevecht over het initiatief. Imber Black (1988) noemt een derde belangrijk onderwerp, namelijk het 'gevecht' over de definitie van het probleem. Zij geeft een groot aantal voorbeelden van situaties waarin de therapeut in discussie kan raken over de definitie van het probleem.

Mijn vertrekpunt is de probleemdefinitie van alle betrokkenen, waarbij de therapeut in overleg met de cliënten de setting bepaalt.

De terminologie van Whittaker en Black impliceert per definitie strijd. Strijd impliceert dat er een winnaar is, dus ook een verliezer en ongeacht of dit nu de cliënt is of de therapeut, verliezen doet niemand graag en geeft iedereen een akelig gevoel.

Wanneer men echter aansluit bij de belevingswereld, de omgangsvormen, de betekenisgeving en de perspectieven van cliënten is er sprake van een meer gelijkwaardige en respectvolle opstelling. Dit maakt dat strijd en dus waarheidsgevechten tussen cliënten onderling en tussen cliënten en therapeut naar de achtergrond verdwijnen. Door aan te sluiten bij de dynamiek van de probleemdefinities in het systeem creëert men een therapeutische ruimte, waarin betekenisveranderingen mogelijk worden.

Settingwijzigingen maken zowel de aansluiting als de dynamiek mogelijk en hebben daarmee een grote therapeutische kracht.

Het landschap van de klacht

Narratieve hulpverlening aan kinderen

Paulien Kuipers en Jan Olthof

Klachten bij kinderen kunnen in samenhang gezien worden met traumatische ervaringen, indrukwekkende gebeurtenissen of persoonsgebonden factoren, maar ook met een ontoereikende pedagogische aanpak, schoolproblematiek of verwikkelingen in de vriendenkring. Ze kunnen eveneens in samenhang worden gezien met de gezins- en familiegeschiedenis. Over deze laatste invalshoek gaat dit hoofdstuk.

Ons therapeutisch handelen tracht binnen deze invalshoek klachten als afgesplitste en op zichzelf staande entiteiten in een betekenisvol verband te plaatsen. Wij onderzoeken of de klachten zinvol bijdragen aan het in stand houden van het grote familieverband. Men kan klachten van kinderen begrijpen wanneer men zicht krijgt op de loyaliteiten tussen kinderen, ouders en grootouders, loyaliteiten die de band over generaties heen willen beschermen. Binnen de gezinstherapie werd de theorie over loyaliteiten door Boszormenyi-Nagy (1973) geïntroduceerd. Volgens deze theorie kennen loyaliteiten een rechtvaardigheidsprincipe, een verdeling tussen geven en nemen, een balans. Het gaat dan om een bijna persoonsgebonden budget, een grootboek, waarin de boekhouding van geven en nemen wordt bijgehouden. Het grootboek bestaat binnen een gezin, maar ook binnen generaties. Hellinger (2001) gebruikt het begrip familieziel en verruimt hiermee het intergenerationele perspectief met een nieuwe dimensie om gedrag van betekenis te voorzien. Volgens Hellinger kent een grootfamilie een orde van de liefde, waarin pijn, tekortkomingen, overlijden en stemmen die verloren zijn gegaan juist door de laatst toegevoegde leden, de kinderen, worden gedragen, geleefd en gehoord.
De klachten van kinderen verhalen in deze visie over niet-vertelde pijn, over verborgen geschiedenissen en heimelijke wensen. Ze beschermen tegen of leiden af van verwondingen of kwetsbaarheid bij oudere familieleden. Ze lijken het evenwicht binnen het gezin op het oppervlakteniveau te schaden, maar herstellen dit juist op het dieperliggende niveau van de familieziel. Kinderen hebben hierin geen keus. Er lijkt een hogere kracht te zijn die het kind inschrijft in het familiegeweten. Dat wat in een vorige generatie tekortgedaan is, dat wat pijn heeft gedaan, dat wat schuldig maakt, wordt door de jongste generatie gedragen en zo opnieuw in de familie aanwezig gesteld. Voor het kind ligt bij het begin van het leven als het ware een opdracht klaar, bedoeld om de familieziel te helen. Het kind draagt de familiegeschiedenis in zich en is tevens deel van de familieziel, zoals ook een pit van de appel al de hele appel in zich draagt.
Bij de therapie van deze klachten is het helpend als ze betekenis krijgen in het licht van de hierboven beschreven invalshoek: als de stem van een verloren familielid, als het laten horen van een niet verteld verhaal of als vertolker van hetgeen woordeloos verdwenen is. De klacht is een oplichtend beeld, altijd precies sprekend voor wat het aan de orde wil stellen:

Jeanette van elf jaar is heel bang om van haar moeder gescheiden te worden. Op de vraag wanneer deze angst bij haar opkwam, antwoordt ze dat de angst al vanaf het begin van haar leven bij haar is. Ze tekent zichzelf op de meest veilige plek: in de buik van haar moeder. Ze zegt over haar angst: 'Ik ben bang mijn moeder te verliezen'. 'Wie heeft er in jullie familie zijn of haar moeder verloren?' wordt de kernvraag. Geëmotioneerd vertelt moeder dan dat Jeanettes vader een adoptiekind is, omdat zijn moeder hem tegen haar zin moest afstaan onder druk van haar familie.

Dolto (1998) wijst op het enorme belang voor kinderen om over existentiële (familie-)ervaringen relevante informatie te ontvangen en betekenissen in taal aangereikt te krijgen. Als daarover gezwegen wordt, raken kinderen vervreemd van zichzelf, blijft het innerlijke landschap onontgonnen en zijn ze eenzaam door de discrepantie tussen wat ze onbewust toch weten en wat (niet) gezegd wordt.

Een man met een sterke hang naar de Italiaanse cultuur krijgt pas op volwassen leeftijd te horen dat zijn vader niet zijn echte vader is, maar dat zijn biologische vader een Italiaan is. Hij zegt: '... en ik heb dit altijd "geweten" zonder dat iemand mij ooit iets verteld heeft. Ik heb mijn hele leven gevoeld dat ik er niet echt bij hoorde.'

Volgens Dolto dient de waarheid, daar waar deze verzwegen is, te worden geopenbaard. Zij is ervan overtuigd dat onuitgesproken stukken uit de familiegeschiedenis storend of traumatiserend kunnen zijn voor een gezonde psychische ontwikkeling en dat de effecten daarvan ook zichtbaar kunnen worden in de volgende generaties. 'Wat in de ene generatie wordt verzwegen draagt de volgende generatie in haar lichaam mee' (Dolto, 1998, p. 41). Het is van levensbelang voor het kind, zeker als het aanpassingsproblemen heeft, om geholpen te worden bij het verwoorden en betekenis geven aan de ontbrekende stukken van de familiegeschiedenis, opdat het zijn identiteit kan ontwikkelen. Te vaak wordt voor kinderen de waarheid verzwegen vanuit de opvatting dat kinderen deze waarheid niet kunnen bevatten, plaatsen of verdragen. Kinderen worden dan niet als volwaardige wezens gezien, als niet volledig talige wezens, want zij hebben het lichaam van een kind, zijn nog maar een mens in wording. Dolto maakt echter geen verschil in leeftijd: ook de allerjongsten 'weten', al begrijpen zij de woorden niet bewust. Zij nemen wel – om met Toon Hermans te spreken – de ziel van de woorden in zich op.
Uit het werk van een collega bij de Raad voor de Kinderbescherming komt het volgende voorbeeld:

Een jongetje van vijf maanden leeft vervuild, verwaarloosd en uitgehongerd alleen met zijn moeder. De situatie is zo levensbedreigend dat hij door de Kinderbescherming uit huis geplaatst moet worden. Op het moment van uithuisplaatsing is moeder in volslagen paniek en huilen moeder en kind hartverscheurend. Tegen het kind wordt in aanwezigheid van moeder het volgende gezegd: 'Uit alles blijkt dat jouw moeder veel van je houdt. Maar de mensen van de Kinderbescherming vinden dat je moeder je niet goed genoeg kan verzorgen. Je hebt honger, buikpijn van het bedorven voedsel en je ligt al heel lang in je eigen ontlasting. In ons land wordt niet toegestaan dat kinderen zo onverzorgd blijven.

Daarom hebben wij besloten dat je vanaf nu in een pleeggezin verzorgd wordt. Je moeder is het daar niet mee eens. Ze wil liever zelf voor jou blijven zorgen. Maar ze wil wel voor jou het allerbeste. Ze is jouw moeder en dat blijft ze ook. Je hele leven lang. Je zult je moeder nog heel vaak zien. Wij zullen aan je moeder vragen of ze mee wil gaan om je naar het pleeggezin te brengen. Dan kan ze ook zelf aan de pleegouders vertellen over jou.' Het kind wordt heel alert en kijkt de therapeut met grote ogen aan alsof het alles wat gezegd is in zich opneemt. Moeder wordt rustig, neemt het kind op en zegt: 'Laten we dan maar gaan.' Ze pakt een tas met babyspullen. Aangekomen op de plaats van bestemming legt ze haar baby zelf op de arm van de pleegmoeder: 'Hij is een lief kind, pas goed op hem.'

Als het kind als drager van de familiegeschiedenis gezien wordt, kan de klacht van de persoonlijkheid van het kind worden losgemaakt en in een groter verband geplaatst. De klacht wordt dan geëxternaliseerd of wordt verbonden met gebeurtenissen binnen het gezin en het grotere familieverband (White & Epston, 1990). Hierdoor kan een vrije therapeutische ruimte ontstaan, een ruimte waar iedereen die met het kind verbonden is, inclusief de hulpverlener(s), vanuit zijn of haar weten een stem over de klacht kan laten horen. Ieder staat in een samenwerkingsrelatie naast elkaar, met een gelijkwaardige inbreng en een eigen deskundigheid. Binnen deze gelijkwaardigheid gaat het weten van de een niet ten koste van het weten van de ander. Ook gaat de deskundigheid van de hulpverlener(s) niet over het hoofd van kind en ouders heen. Dit impliceert dat verandering niet totstandkomt via instructieve interactie, waarbij de een de ander vertelt hoe en wie er veranderd moet worden, maar via het aansluiten bij de interne structuur van verhalen en betekenissen van de cliënten (Maturana & Varela, 1988; Olthof & Vermetten, 1994). Door de vrije ruimte wordt de therapeut niet als meest deskundige de ultieme betekenisgever van de klacht. De vrije ruimte is een gebied van meerstemmigheid, waarin eenieder een persoonlijke relatie aangaat met de klacht en deze niet beziet als een werkelijkheid op afstand, die losstaat van de waarnemer en dan dus louter een eigenschap van de aangemelde cliënt zou zijn. In de vrije ruimte kunnen betekenissen vrij rondgaan en steeds een nieuwe vorm aannemen; een ruimte zonder vaste subject-objectrelatie. Samenwerking, het gezamenlijk reflecteren, transparantie en gerichtheid op taal zijn de belangrijke elementen in deze narratieve hulpverlening (Van der Sluys, 2002). Systeemtherapie binnen een narratief paradigma tracht te komen tot een gemeenschappelijke betekenisgeving, een gedeelde definitie van de klacht en wil in samenspraak met kind en ouders een nieuw verhaal schrijven.

Bij een sterk vermagerd meisje blijkt het gewicht al een half jaar 'op de gram af' gelijk te blijven. Het gewicht, maar ook 'het gelijk blijven' wordt nu in de vrije ruimte geplaatst en er wordt onderzocht welke betekenis gewicht en 'gelijk blijven' voor ieder heeft. Dan blijkt dat vader het gewicht van het meisje het maximumgewicht vindt. Van hem mag ze beslist niet dikker worden. En voor moeder is het gewicht van haar dochter het minimumgewicht en mag ze absoluut niet meer afvallen. Zo krijgt gewicht voor dit meisje de betekenis van het bewaren van de balans tussen de beide ouders. Gevoeld wordt welk gewicht zij te dragen heeft en hoe zij ontlast zou kunnen worden en daardoor zou kunnen groeien in gewicht.

Een kind van gescheiden ouders reageert met bedplassen en slaapproblemen op de scheiding. Door met alle gezinsleden te bepreken wat scheiding in ieders leven betekent, welke ervaringen ieder heeft met scheiding van dierbaren, wordt de klacht als identiteit van het kind afgehaald en kan voor het hele gezin gezocht worden hoe zich tot deze scheiding te verhouden. Het bedplassen wordt minder zodra de scheiding een probleem van het hele gezin is geworden en het kind het gewicht daarvan niet meer alleen hoeft te dragen.

Het bespreekbaar maken van de klachten en symptomen, zodanig dat er een vrije ruimte ontstaat, vereist van de hulpverlener een zorgvuldige aanpak. Het is belangrijk om uit het verhaal dat door ouders en kind tijdens het eerste gesprek verteld wordt die woorden en zinnen te selecteren die – emotioneel geladen – treffend de klachten weergeven en de pijn verwoorden. Het zijn veelal metaforen, metaforische kernuitspraken, spreekwoorden of gezegden, omdat de digitale taal vaak ontoereikend is om pijn te verwoorden. Als woorden tekortschieten komen de metaforen te hulp: het is net alsof ...

Een meisje van twaalf jaar zegt: 'Het is net alsof ik altijd onder de maat van mijn broertje moet blijven...'

Een moeder belt om haar zoon van veertien jaar aan te melden en zegt letterlijk: 'Hij is zo bang dat ik doodga, dat hij de hele dag zijn ogen dichtdrukt, alsof hij iets niet onder ogen wil zien.'

Een vader zegt: 'Ik voel me in mijn gezin zo onder spanning staan, ik ben net een permanent hard opgepompte fietsband.'

Een meisje van zestien jaar zegt over haar thuissituatie: 'Het is net of ik onder een glazen stolp leef.'

Een moeder die in haar gezin van herkomst erg geleden heeft onder de heftige ruzies tussen haar ouders en nu zelf erg bang is voor de boosheid van haar negenjarige dochter: 'Het is net of ik altijd onder water leef.'

In de therapie kunnen de beschreven zinnen of metaforen 'in het midden' gelegd worden, bijvoorbeeld door ze zichtbaar voor iedereen op te schrijven. Vervolgens worden de ervaringen van alle aanwezigen, de associaties met deze zinnen en woorden geïnventariseerd. Ook de ervaringen van niet aanwezige familieleden worden aanwezig gesteld. Vanuit deze inventarisatie ontstaat de unieke betekenis van deze klacht bij dit kind.

Deze betekenis wordt het vertrekpunt voor therapie en leidt naar het therapeutische kader, dat ontwikkeld wordt zoals beschreven in Olthof & Vermetten (1994) en Olthof & Rober (2001). Het kader is als een lijst om een schilderij. Zoals een lijst de schildering tot een betekenisvol geheel maakt, zo vormt een therapeutisch kader ook voor ieder een context van gedeelde interpretatie en betekenis en wordt door middel van een perspectief en een verdwijnpunt zicht op de oplossing van de klacht gecreëerd. Een therapeutisch kader is een metaniveau, waarbinnen gezin, therapeut en klacht zich zinvol verbonden weten. Het is als een overkoepelend thema dat al het individuele handelen overstijgt, een verbindend patroon (Bateson, 1979).

Een jongen van negen jaar is erg verdrietig door het plotselinge overlijden van zijn moeder, enkele jaren voordien. Als hem gevraagd wordt waar zijn verdriet woont, tekent hij een zwart hart in zijn lichaam. Als we het hart uitvergroten tekent hij een rood hart met een grote zwarte stip in het midden, symbool voor zijn onuitsprekelijke verdriet. Hij heeft ook nauwelijks nog stemgeluid. Het kader voor de therapie wordt dan: als hij zijn verdriet zal kunnen uitspreken en uithuilen, zal het zwart in zijn hart verdwijnen, zijn stemgeluid helder worden en zal hij in zijn hart de liefde van zijn moeder kunnen voelen. De liefde van zijn moeder krijgt de hemelse kleur blauw. Na iedere sessie waarin hij praat en huilt, zal hij zijn hart kunnen tekenen met minder zwart en meer blauw. Zo komt er een perspectief op 'beter worden', een verdwijnpunt voor de klacht. Het hart zal dan geheel gevuld zijn met blauw: de liefde van zijn moeder zal dan voor altijd in zijn hart wonen.

Een meisje wordt door haar moeder aangemeld met nachtmerries. De moeder is aan het eind van haar Latijn en huilt. Het meisje kan niet aangeven waar de nachtmerries over gaan. Door met moeder te exploreren of zij iets weet over nachtmerries om haar dochter te kunnen helpen: '... Misschien kunnen we samen ontdekken waar de nachtmerries over gaan? ... Wat is een nachtmerrie eigenlijk?' wordt de klacht in de vrije ruimte geplaatst. Er komt aan het licht dat moeders grootste nachtmerrie de verstikkende band met haar moeder is. Op dat moment begint het meisje te huilen en zegt: 'Mijn oma had een vreselijk leven als kind.' De nachtmerries, eenmaal zo in de vrije ruimte geplaatst, worden nu behandeld binnen het kader: ik ga jouw moeder helpen om een betere band met oma te krijgen, ik haal de verantwoordelijkheid van jou af, dan hoef jij niet meer 's nachts voor jouw mama te zorgen. Daarop verdwijnen de nachtmerries onmiddellijk. Ook overdag verandert haar gedrag. Zo kan zij voor het eerst boos worden op haar moeder. Als oma twee maanden later ziek wordt, vervalt moeder in haar 'nachtmerrie' en de nachtmerries bij haar dochter komen terug. Gezamenlijk kan snel een antwoord op de nieuwe situatie gevonden worden en de klacht verdwijnt opnieuw.

Aan de hand van de nu volgende casuïstiek willen wij laten zien hoe wij de therapie vanuit bovenbeschreven visie gestalte geven.

Antje

Klachten
De ouders van Antje (7 jaar) melden zich via de huisarts bij onze praktijk in verband met opvoedproblemen. Ze vertellen dat Antje brutaal is en niet luistert. Ze vecht met andere kinderen, ze maakt veel ruzie met haar broer (9 jaar) en zusje (5 jaar). Er is voortdurend strijd tussen de kinderen om de aandacht van de ouders. Volgens moeder heeft Antje de neiging om de fijne en harmonische momenten in het gezin te verstoren.

Moeder wordt voortdurend erg boos op Antje, omdat ze geen vat op haar kan krijgen. Uit de anamnese blijkt dat Antje in haar peuter- en kleuterleeftijd veel gekampt heeft met astma en eczeem, veel last heeft gehad van (in)slaapproblemen, regelmatig in bed plast en vaak zegt dat ze dood wil.

Antje heeft overgewicht en is erg groot voor haar leeftijd. Hierdoor heeft ze lichamelijk overwicht op andere kinderen. Haar jongere zusje is bang voor haar en haar oudere broer vermijdt conflictsituaties zoveel mogelijk. Wanneer de ouders alleen zijn met Antje, ervaren ze haar als een gezellig en coöperatief kind. De problemen zijn begonnen toen haar jongste zusje werd geboren en Antje op de crèche kinderen begon om te duwen. Haar schoolprestaties zijn overigens goed.

Een eerste exploratie

We spreken de ouders apart en exploreren hun familierelaties.

In de stamgezinnen van de ouders zien we aan moederszijde een permanente strijd tussen haar en haar eigen moeder om plaats en erkenning. Ze heeft zich steeds buitenspel gezet gevoeld door haar vader en broer. We zien aan vaderszijde een groot gezin waarin voortdurend strijd is om een goede plek voor alle kinderen, die uiteindelijk door niemand wordt gevonden. Alleen vader heeft als oudste zoon een vaste positie gekregen in concurrentie met en ten koste van zijn eigen vader. In zowel het stamgezin van vader als van moeder bekleden vrouwen een onvolwaardige positie.

> Als Antje in een individuele sessie gevraagd wordt haar familieleden als dieren weer te geven, tekent ze haar vader als een hert ('mijn lievelingsdier') en haar moeder als een aangeschoten hert met bloed in het hart. Zichzelf tekent ze als een paard: 'Ik moet groot en sterk zijn'. Met bouw- en spelmateriaal maakt Antje een hermetisch gesloten huis. Halverwege het bouwen maakt ze een opening: 'om frisse lucht te krijgen, want het stinkt binnen'. In het huis zet ze een wieg met een baby, een moeder, een vader en een oma: 'die slapen allemaal'. Voor de deur zet ze een hoge stoel met daarop een meisjespop: 'die houdt de wacht en bewaakt het huis'. Een jongenspop zet ze buiten het huis: 'die speelt buiten'. Op de vraag welke van de poppen zijzelf zou willen zijn wijst ze de pop op de hoge stoel aan. Bij het spel met het poppenhuis valt op dat ze alle bewoners met veel geweld steeds buiten zet alsof het huis te klein is. Introductie van moederfiguren in het spel levert enorm veel spanning op.

Het zoeken naar een therapeutisch kader

Uit de sessies met de ouders en de individuele sessies met Antje maken we enkele hypothesen:
- Antje ziet haar ouders als bij elkaar horend en van dezelfde soort, namelijk als hert, en herten zijn haar lievelingsdieren. Maar deze herten zijn niet gelijk: het ene is sterk, het andere zwak.
- Ze ziet zichzelf als groot en sterk, als een paard en als een grote pop wakend voor het huis.
- Het huis is te klein, er is geen plaats voor iedereen; en er is zeker geen plaats voor een moederfiguur.

- Het oudste kind wordt uit huis gezet, de jongste heeft als slapende baby geen inbreng.
- Antje lijkt de rol van haar moeder overgenomen te hebben: het moederdier is gewond en Antje zelf zit op een hoge stoel en bewaakt het huis. Het is alsof ze de pijn van haar moeder wil dragen en bewaken. Om dat te kunnen doen moet ze groot zijn en de eerstgeborene opzij zetten. Deze beweging brengt een enorme rivaliteit tussen de kinderen. Er is een strijd om de eerste plaats en deze leidt tot voortdurende conflicten in de alledaagse praktijk. Gezag van moeder lijkt niet geaccepteerd te worden. Gezag van vader echter wel. Een ouder met één kind gaat prima, ouders met alle kinderen samen geeft oorlog.
- Gezinsconflicten openbaren zich via de vrouwelijke lijn en een volwaardige plek gaat altijd ten koste van anderen.

We leggen deze hypothesen naast de bevindingen uit het oudergesprek en komen zo tot een overkoepelende betekenis, een gemeenschappelijke ingang, een verbindend patroon. We kiezen als metafoor en therapeutisch kader 'een plek voor iedereen'. Deze metafoor wordt ons centrale thema. Wanneer deze metafoor aansluit bij Antje en haar ouders creëert deze de vrije ruimte waarbinnen iedereen zich tijdens het proces van hulpverlening tot dit thema kan verhouden.

We zien mogelijkheid om te werken langs drie lijnen:
- Individuele therapie voor Antje, om haar te helpen de draaglast te verminderen en een meer geborgen plek in het gezin en daarbuiten te vinden.
- Gezinsgesprekken, om in het gezin ruimte te maken voor iedereen en de hiërarchie in het gezin te herstellen.
- (Ouder)paargesprekken met als focus gelijkwaardigheid tussen beiden.

Individuele therapie

Na een tiental speltherapeutische bijeenkomsten wordt duidelijk dat Antje steeds opnieuw de conflicten in de thuissituatie naspeelt zonder dat er een perspectief op verbetering komt. Uit het spel spreekt het grondgevoel dat niemand in het gezin de mogelijkheden heeft om veranderingen te organiseren, met als gevolg dat Antje steeds opnieuw herhaalt dat zij en de anderen geen plaats vinden. Zij kan zich aan niemand toevertrouwen. Uit haar spel spreekt wel een diep verlangen naar een veilige plek. Antje is als enige in het gezin gevoelig voor religie en de daarbij behorende symboliek. We besluiten om deze invalshoek in de therapie aan te wenden.

> Vanuit de vraag 'wie heeft het gezag over wie', tekent Antje op een groot vel papier op de onderste lijn zichzelf en haar zusje en broer. Daarboven tekent ze haar ouders, daarboven de grootouders en zo verder tot een aantal generaties terug. Ze vindt dat alle mannelijke personen een kroontje opgezet moet worden: 'Want zij zijn de baas over de vrouwen.' Helemaal boven aan het vel papier is plaats voor 'de hoogste macht'. Volgens Antje is dat God '...niet Maria, want God is ook nog de baas over haar.'
> Het besef begint bij haar te dagen dat je – als je iets graag wilt – dit het

beste kan vragen aan God. Antje vindt het een goed idee om God een brief te schrijven. Ze denkt diep na en opent met de zin: 'Lieve God, graag wil ik een huis waarin genoeg ruimte is voor iedereen, mag dat alsjeblieft... ik hoef dan niet meer zo vaak boos te zijn...'

We besluiten om met Antje de brief te bezorgen in de Onze-Lieve-Vrouwekerk. Zittend op een van de kerkbanken lezen we de brief nog een keer over. Dan gaan we op zoek naar een 'brievenbus'. Het loopt tegen de kerst en de koster is bezig de kerststal in orde te maken. Aan hem vragen we naar de plaats waar deze belangrijke brief aan God gelegd kan worden. De koster kijkt Antje recht aan en antwoordt dat brieven in deze kerk niet aan God bezorgd worden maar aan Maria, want: 'Zij is hier de baas.' Daarna moppert hij wat: dat dit nu al de vierde brief voor Maria is deze dag en dat de kerststal zo nooit afkomt... Hij sloft weg om een grote sleutel te halen. Vervolgens opent hij een glazen deur en nodigt Antje uit om binnen te komen bij het prachtige Mariabeeld. Antje kijkt naar het beeld en is zo diep onder de indruk dat ze spontaan voor het beeld knielt. Voor het beeld staat een klein mandje met daarin enkele brieven – blijkbaar van mensen die ook een brief kwamen brengen. Antje legt haar brief erbij. Als de koster de deur weer heeft afgesloten en Antje de kerk uit loopt zegt ze: 'Ik wist niet dat ook een vrouw de baas kon zijn. Het komt nu zeker goed.'

Met dit ritueel is er voor Antje een ruimer perspectief gecreëerd. Door de toevallige interventie van de koster, die als man Maria als hoogste gezag in de kerk aanwezig stelt, ontstaat er een nieuwe orde waardoor Antje de veiligheid van een Vrouw en Moeder kan ervaren.

Gezinsgesprekken
Tijdens het eerste gesprek wordt aan ieder gezinslid gevraagd om een gezinsopstelling te maken met poppenmateriaal. Het blijkt voor alle gezinsleden moeilijk om te komen tot een harmonische, rustige gezinsopstelling. Poppetjes worden steeds opnieuw geschoven, boven op elkaar gezet en omgegooid. Het poppetje dat staat voor het jongste kind, Marlou, wordt door alle aanwezigen tussen de andere poppetjes gepropt of bovenop de ouderfiguren geplaatst. Het wordt voor allen voelbaar dat ieder gezinslid op een eigen wijze lijdt onder het gebrek aan een vaste, duidelijke plaats en positie.

Tijdens het tweede gesprek wordt op een groot kleed de ontwikkelingsgeschiedenis van het gezin verbeeld. Eerst komen de ouders op het kleed te staan. De ouders vertellen de kinderen over hun beginnende verliefdheid en groeiende liefde. Als Joris, de eerste, geboren wordt (Joris wordt op het kleed geplaatst) zijn de ouders erg blij. De plaats die Joris krijgt en inneemt, namelijk vlak voor en tussen beide ouders, getuigt daarvan. Op het moment dat Antje haar intrede doet in het gezin (Antje komt op het kleed te staan) ontstaat onrust. Antje duwt Joris weg en er wordt net zo lang gerommeld totdat moeder bijna buiten het kleed belandt. Het jongste kind roept vanaf de zijlijn: 'ik wil ook geboren worden', maar het lukt de andere gezinsleden niet om zonder ruzie plaats te maken voor haar. Als de stem van moeders moeder – verwoord door een van de therapeuten en bedoeld om de vrouwelijke lijn te versterken – achter moeder spreekt over vertrouwen in moeders kwaliteiten als moeder, ongeacht de gang van zaken in het dagelijks leven, begint moeder te huilen. Op dat moment wordt Antje heel rustig, geeft haar moeder een hele zachte, lieve zoen op de wang en blijft dicht bij haar. Er ontstaat rust en harmonie, als vader en zoon aan de ene kant van het kleed dicht bij elkaar zitten, en moeder met de twee meisjes – aan elke kant één – aan de andere kant van het kleed: de mannelijke en de vrouwelijke lijn. We besluiten deze situatie van diepe rust en vrede te benoemen en uit te vergroten, opdat ieder gezinslid deze ervaring met zich mee kan dragen.

Gesprekken met het ouderpaar
De opstellingen die de ouders maken van hun stamgezin bevestigen de hypothese die in de hierboven beschreven gezinsopstelling naar voren komt en kunnen verbonden worden met de posities van vader en moeder als kind in hun gezin van herkomst. Moeder plaatst haar vader letterlijk op een voetstuk en geeft zichzelf een buitenspelpositie. Vader schuift eindeloos met de voor zijn broers en zussen figurerende poppen. Vaste posities worden niet aan hen gegeven. Zijn eigen positie is echter wél duidelijk: centraal en machtig, als zijn vaders rechterhand en plaatsvervanger, dichter bij zijn moeder dan haar echtgenoot.

In het huwelijk van de ouders lijken deze posities uit de kindertijd geactiveerd en herhaald te worden: moeder zet nu vader op een voetstuk en plaatst zichzelf daarmee buitenspel. Vader staat vanuit zijn stamgezin toch al op een voetstuk in een vaste, bewegingloze positie. In dit gezin zoeken de kinderen ook voortdurend en rusteloos naar een goede plek en net zo min als in de stamgezinnen van beide ouders staan nu hun kinderen op één lijn.

Bij het bespreken van de opstellingen komt bij beide ouders het diepe verlangen naar voren om als gelijkwaardige partners naast elkaar – en op gelijke hoogte – te staan en zo aan alle kinderen tegelijkertijd ruimte en plaats te geven. Het is voor moeder nodig om vader niet langer op een voetstuk te zetten; het is voor vader belangrijk om van het voetstuk te durven afstappen. Tijdens de volgende zittingen krijgt dit thema de volle aandacht.

Bij een follow-up na een half jaar zeggen de ouders dat het gezin tot rust is gekomen en dat het tussen hen als ouders goed gaat. Er is meer harmonie tussen de kinderen en Antje gedijt goed.

Reflectie
In deze casus wordt de klacht van de ouders met betrekking tot het gedrag van Antje begrepen binnen de context van de verwikkelingen in het grote familieverband: de thematiek in de vrouwelijke lijn die voorschrijft dat alleen mannen (broers/vaders/echtgenoten) een volwaardige plaats hebben en de thematiek van de plaats in de kinderrij, waarbij de eerstgeboren zoon de (on)gekroonde koning is. Deze thematieken werken door in de verhouding tussen man en vrouw, vader en moeder, broer en zus. In de problematiek van Antje komen deze thematieken samen en zij als draagster vrijwaart de andere gezinsleden. Haar gedrag kan worden opgevat als een protest tegen de haar toegewezen 'natuurlijke', onvolwaardige plaats. Ze manifesteert zich extreem: plek afdwingen door overgewicht in de schaal te leggen en daardoor

met grote kracht de eerstgeborene, moeder en andere kinderen opzij te duwen. Zij is tevens loyaal aan het familiethema door moeder als minderwaardig te beschouwen. Daardoor vraagt het enige tijd – en de voortrekkersrol van de therapeuten – voordat de andere gezinsleden zich ook kunnen inschrijven in de problematiek. De therapeuten introduceren een nieuwe betekenis van de klacht die de ouders over Antje en het gezin hebben.   Deze betekenis wordt niet zomaar aangenomen door de ouders; er moet stevig over onderhandeld worden. De kernuitspraak 'een plek voor iedereen' gaat pas geleidelijk aan leven. Pas dan is er sprake van een vrije ruimte, waarin iedereen samenwerkt aan een thema binnen een therapeutisch kader.

In deze casus vormt de samenwerking tussen een mannelijke en een vrouwelijke therapeut een toegevoegde waarde voor de therapie. Het is een voorbeeld voor het gezin hoe in deze samenwerking een man en een vrouw gelijkwaardig naast elkaar kunnen staan.

Deze casus illustreert ook het belang van een door iedereen gedeeld therapeutisch kader. De therapeuten kunnen nu samen of apart met het hele gezin of enkele leden daarvan in wisselende samenstellingen vanuit dit kader werken. Individuele therapie, ouder(paar)therapie en gezinstherapie krijgen zo na en naast elkaar vorm.

Kevin

De klachten
Kevin (tien jaar) wordt bij onze praktijk aangemeld door de huisarts in verband met ernstige buikpijnklachten. Uit het eerste gesprek, waarbij zowel de ouders als Kevin aanwezig zijn, blijkt dat Kevin al geruime tijd last heeft van buikpijn, die gepaard gaat met obstipatie. Onderzoek bij de kinderarts leverde geen duidelijke diagnose op. Op verzoek van de kinderarts houdt moeder nu een lijst bij van de hoeveelheid en frequentie van de ontlasting van Kevin. De punctualiteit waarmee moeder dit doet is opvallend.

De buikpijn komt vooral in de ochtend opzetten. Kevin wil dan niet naar school en blijft het liefste ziek thuis. De klachten zijn erger geworden na de overgang naar een andere groep op de basisschool. De huidige meester is volgens Kevin 'een vreselijke man', die alleen luistert naar de branieschoppers. Uit informatie over de levensloop van Kevin blijkt dat er tijdens de kleutertijd ook een buikpijnperiode is geweest. Moeder haalde Kevin dan altijd van school, of hield hem 'gezellig fijn bij haar thuis', want: '...een kind met buikpijn doe je toch niet naar school!'

Op de vraag of een van beide ouders deze klachten herkent uit hun eigen kindertijd reageert moeder met een huilbui. Ze vertelt dat ze vaak ziek was en van haar moeder niets alleen mocht doen. Vader vertelt dat het met moeder nu iets beter gaat en dat het verleden niet 'opgerakeld' mag worden. Moeder is in therapie geweest voor een 'poetsdwang'. 'Ze poetst nog veel, maar niet meer de hele dag zoals vroeger.'

Het zoeken van een therapeutisch kader
De focus van de therapie wordt in overleg met de ouders: het helpen vermin-

deren van de buikpijnklachten. Bij somatische klachten, die niet medisch verklaard kunnen worden, is ons uitgangspunt dat het lichaam spreekt daar waar woorden en taal ontbreken. Om erachter te komen wat 'de buikpijn te vertellen heeft', wordt gestart met individuele therapie met Kevin, om vanuit het perspectief van de familiecontext de specifieke betekenis van zijn buikpijn te vinden en er woorden aan te geven. Pas daarna kan daadwerkelijk met de therapie worden begonnen.

Met Kevin wordt in een drietal sessies de buikpijn van een nieuwe betekenis voorzien. Aan hem wordt gevraagd zichzelf met zijn buikpijn te tekenen. De buikpijn wordt overdwars in het buikgebied getekend, waarbij links ruimte wordt overgelaten. Rechts is alles afgesloten. In een nieuwe tekening geeft Kevin de buikpijn uitvergroot weer.

Tijdens dit werkproces ontstaat een diepe concentratie waarbij de buikpijn helemaal tot leven komt. Kevin tekent een harde steen met 'allemaal haken aan de buitenkant die pijn doen'. Hij vertelt spontaan dat als hij de buikpijn niet voelt deze er nog wel is, maar dat dan de haken zijn ingetrokken. De buikpijn verergert als hij eraan denkt alleen naar school of alleen naar een vriendje te moeten gaan. De buikpijn wordt minder als hij bij moeder thuis is en als zij alles voor hem doet, zoals een vriendje bellen. De uiteindelijke betekenis die Kevin zelf aan zijn buikpijn geeft is: 'Als ik een baby blijf zou ik nooit buikpijn hebben'. Daarmee lijkt zijn buikpijn te staan voor klein te willen blijven en niets zelfstandig te hoeven doen. Door vervolgens de buikpijn daadwerkelijk uit de tekening te knippen, met de daarbij gegeven suggestie dat niets hem nu nog in de weg zal staan om groot te worden, is het veranderperspectief in beeld gebracht en de buikpijn beschreven in de relatie tot zijn ouders. Als de buikpijn uit de tekening geknipt is, is er dus een gat ontstaan dat gedicht moet worden. De darmen moeten weer herstellen en gezonde darmen worden. De gezonde darmen worden nu getekend.

Vervolgens vertelt de therapeut samen met het kind aan de ouders welke betekenis de buikpijn gekregen heeft. In dit gesprek wordt over de klacht in de verleden tijd en over de gezonde darmen in de tegenwoordige tijd gesproken. Nu kan de buikpijnklacht in de vrije ruimte worden geplaatst en kan met de ouders worden nagedacht over de thema's: 'klein blijven/groot worden'; 'samen zijn/gescheiden worden' en 'autonoom/afhankelijk zijn'.

Het therapeutisch kader wordt: hoe kan Kevin groeien en zich meer autonoom ontwikkelen. Van daaruit starten ouder- en gezinsgesprekken.

Oudergesprekken
Het therapeutisch kader – hoe kan Kevin zich meer autonoom ontwikkelen – brengt een stroom van verdrietige gevoelens op gang bij moeder. Zij spreekt in het bijzijn van haar man over haar jeugd, die vooral in dienst van het welbevinden van haar moeder had gestaan. Nooit mocht zij in haar jonge jaren iets alleen ondernemen. Zij brengt ter sprake dat zij nu erg bang is Kevin zelfstandig te laten worden en eisen aan hem te stellen. Tegelijkertijd bespreekt zij haar gevoelens die opkomen als Kevin steeds maar in haar nabijheid is: dit zijn vooral gevoelens van woede. Beide ouders krijgen meer lucht door de suggestie dat zij – door van Kevin meer zelfstandigheid te eisen

– hem zouden kunnen geven wat moeder zelf te weinig heeft ontvangen. Zelf is moeder altijd dicht bij haar moeder gebleven. Door van Kevin meer zelfstandigheid te vragen zou ze hem kunnen geven wat zij zelf van haar moeder niet heeft gekregen. Zo kan ook het kind in haarzelf alsnog vrij worden. De eerste kracht bij alle kinderen is om loyaal te blijven aan hun ouders. Deze vrouw is dus ook loyaal aan haar moeder. Bij deze eerste kracht is er ook altijd een diep verlangen om deze loyaliteit te transformeren naar meer bewegingsvrijheid voor zichzelf en haar kind. Hulpverlening is dan de hefboom voor deze transformatie.

Gezinsgesprekken
Met de ouders en Kevin worden concrete afspraken gemaakt over het naar school gaan, het bellen van vriendjes, het opruimen van eigen spullen en vooral ook het niet meer hoeven rapporteren over eigen stoelgang. Bij het nakomen van de afspraak om elke dag naar school te gaan komt Kevin enorm in opstand, een laatste opleving van de neiging om klein te willen blijven. Zo rent hij bijvoorbeeld zonder kleren het huis uit en gaat naakt in het gras liggen. De therapeut schat in dat de ouders dit niet alleen kunnen dragen en kiest er voor om met korte, dagelijkse telefonische consulten gedurende een periode van twee weken de ouders bij te staan. Alle energie wordt gebundeld om Kevin weer naar school te helpen gaan. Deze dagelijkse telefonische ondersteuning voor moeder en de inzet en steun van vader aan moeder om de afspraken na te komen, leiden ertoe dat Kevin na drie weken zonder tegensputteren weer hele dagen naar school gaat. Over de buikpijn wordt door Kevin niet meer gesproken.

Reflectie
In de praktijk van de hulpverlening aan kinderen en jeugdigen komen we veel somatische klachten tegen, zonder dat deze een aanwijsbare organische oorzaak hebben. Vaak is eerst het medische circuit doorlopen om de klachten te diagnosticeren. Wanneer organische oorzaken worden uitgesloten, wordt de klacht als psychosomatisch geduid. Er volgt dan een verwijzing naar de psycholoog. Als de psycholoog zich richt op de psychologische processen doet hij/zij dat in de hoop dat deze oriëntatie de lichamelijke klachten zal doen verdwijnen, hetgeen toch vaak niet het geval is, waarna er opnieuw een verwijzing naar het medische circuit volgt. Wij pleiten voor een aanpak waarbij de lichamelijke klacht centraal wordt gesteld en voortdurend uitgangspunt en toetssteen is voor de therapie. Kinderen representeren hun psychologische klachten vaak via het lichaam, omdat hen taal ontbreekt om deze via het woord aan het licht te brengen. Het lichaam spreekt als het ware voor hen. Kinderen kunnen hun lichaam heel goed als spreekbuis zien. De buikpijn van Kevin 'verhaalt' van de neerdrukkende band tussen moeder en kind over meerdere generaties. Een ander voorbeeld uit onze praktijk:

> Een jongen van zes jaar vertelt bij de intake dat hij zich erg ongelukkig voelt. Op de vraag waar dat ongelukkige gevoel in hem woont, antwoordt hij 'In mijn buik want die doet pijn'. Even later blijkt de buikpijn 'een vriend' te zijn en geen vijand, want: 'De buikpijn is een teken voor mij **dat**

iets moet stoppen, de ruzie tussen papa en mama bijvoorbeeld'. De hulpverlener kan vooruitgang nu koppelen aan de buikpijn: 'Als de buikpijn minder wordt, dan ben jij gelukkiger'. Vervolgens kan de buikpijn de focus van therapie zijn.

In het beschreven vignet van Kevin is de buikpijn de primaire klacht bij aanmelding en hierdoor uitgangspunt van therapie. In het voorbeeld van de jongen die zich ongelukkig voelt, wordt het lichaam bij de psychologische klacht ingeschreven en kan als zodanig de focus van therapie worden. Hiervan is ook sprake bij de volgende voorbeelden:

> Een jongen van elf jaar wordt van de hem obsederende gedachte homoseksueel te zijn erg bang. Hem wordt gevraagd zijn hoofd en hersenen te tekenen en daarin de dwanggedachte te lokaliseren. De gedachte krijgt een kleur, een vorm en een plaats: een zwarte regenworm in de frontaalkwab. Omdat de regenworm angst 'spuit' in de hersenen wordt er door de jongen zeer geconcentreerd en zorgvuldig een laklaag op de regenworm aangebracht, zodat dit niet meer kan gebeuren. De regenworm mag wel blijven leven, want we weten nog niet precies waarom hij er is en wat hij wil vertellen. Deze interventie geeft de jongen een eerste controle over zijn klacht. De gedachte mag er zijn, maar maakt niet meer bang.

> Een meisje van negen jaar slaapt slecht in, omdat zij geplaagd wordt door vreselijk enge beelden over stervende mensen en ongelukken. Zij wil op die momenten zelf ook niet meer leven. Aan haar wordt gevraagd om haar hersenen te tekenen. Ze tekent een hoek waar de enge gedachten wonen. Een hoek met enge gedachten impliceert ook een hoek met fijne gedachten. Dan wijst het meisje een hoek hiervoor aan. Ze vindt haar mond het begin van alles dus wordt een weg van de mond naar de hersenen aangelegd. Dit wordt de hoofdweg naar de hoek met de fijne gedachten. De weg naar de hoek met de akelige gedachten wordt een zijweg. De wegen worden getekend. Uitvoerig wordt met haar gesproken over een blokkade die de zijweg volledig kan afsluiten. Vervolgens wordt de suggestie gegeven dat als de blokkade getekend wordt de zijweg ook echt afgesloten zal zijn en dat zij de akelige 'gedachtehoek' niet meer zal kunnen bereiken, ook al zou ze dat daarna nog willen. Dus zal ze heel goed moeten nadenken of ze zo'n blokkade ook echt wil. En als ze dat echt wil zal ze die blokkade ook daadwerkelijk moeten tekenen. Deze vraag roept bij haar heel veel spanning op. Ze ijsbeert tien minuten door de kamer. De therapeut laat het stil en legt de volledige verantwoordelijkheid voor de beslissing bij het meisje. Dan besluit ze de blokkade te tekenen en doet dit heel minutieus. Het inslaapprobleem blijkt nog diezelfde avond te zijn verdwenen, zo wordt bij het volgende consult vernomen.

Tot slot

Aan de hand van onze casuïstiek hebben wij willen laten zien hoe wij klachten van kinderen herdefiniëren binnen het ruimere perspectief van de familiecontext. De gekozen voorbeelden illustreren hoe de klacht van het kind als 'pars pro toto' voor de klacht van het hele gezin beschouwd wordt. We lieten zien hoe verstoring in de familie tot uiting kan komen in gedragsproblemen of lichamelijke klachten bij het kind.

Met de wijze waarop we de klacht van het kind behandelen, willen we tevens bereiken dat de stagnatie in de ontwikkeling van de familie die ten grondslag ligt aan de klacht opgeheven wordt. Onze voorbeelden illustreerden bovendien dat ook individuele therapie met het kind aangewezen kan zijn, al zal deze altijd een plaats krijgen binnen de familiecontext.

Therapie is het creëren van zinvolle betekenissen. De visie dat de individuele klacht van het kind verband houdt met de familiegeschiedenis is niet de enig mogelijke ingang voor therapeutisch handelen, maar kan een zeer indringend therapeutisch effect hebben wanneer deze aansluit bij de betekenissen van kind en gezin.

IV. Praktijkmozaïek

Van **slachtofferschap** naar **weerbaarheid**

Lieve Coppens

Therapeutisch werken met adolescenten[1] die seksueel misbruikt zijn of andere vormen van familiaal geweld hebben meegemaakt, is een complexe opdracht. Ik neem de waarheid van mijn cliënten als uitgangspunt en voeg daar iets aan toe waardoor hun verhaal rijker en veelzijdiger wordt. De kerngedachte is: deze meisjes zijn méér dan enkel slachtoffer. Dit perspectief in het vizier houden en van daaruit trachten hun identiteit te verstevigen en verrijken, zijn mijn belangrijkste systeemtherapeutische doelen.

Ik wil een veilige context creëren waarin adolescenten kunnen vertellen over wat ze allemaal hebben meegemaakt en waarbij we samen aan de slag gaan om aan dat verhaal zin en betekenis te geven. Dat betekent dus geen stappenplan zoals het in de traumaliteratuur beschreven staat, maar wel therapie op maat van de jongere. In die zin is mijn manier van werken anders dan de traumabehandelingen die uitgaan van een vast kader waarbinnen de traumatische gebeurtenissen verwerkt moeten worden.

Maatschappelijke visies op slachtofferschap en incest maken deze opdracht niet eenvoudiger. In ons huidige tijdsklimaat wordt algemeen aangenomen dat seksueel geweld een vernietigende uitwerking heeft, vooral als het gaat om langdurig misbruik door een familielid of vertrouwensfiguur van het gezin. Sinds seksueel geweld op kinderen erkend is als maatschappelijk probleem, zijn er nieuwe mythes ontstaan. Volgens een van die mythes wordt slachtofferschap haast per definitie overgedragen op de volgende generatie. Alsof alle ouders die als kind zijn mishandeld of misbruikt een gevaar vormen voor hun eigen kinderen. Ik ken heel wat jonge mensen met een traumatische voorgeschiedenis die dringend behoefte hebben aan een ander, hoopvoller geluid.

Zowel cliënten en therapeuten als omstanders worden immers beïnvloed door deze visies. Het kleurt hun ervaringen, gedachten en handelingen. Deze complexe beïnvloedingen tussen het individuele en het sociale zijn in een systeemtheoretische psychotherapie een blijvend aandachtspunt. Therapeutisch werken met meisjes met misbruikervaringen impliceert voortdurend balanceren tussen het leedverhaal van het meisje, het maatschappelijk denken omtrent slachtoffers en je eigen systeemtherapeutische doelstellingen, zoals identiteitsverruiming en het creëren van sociale en relationele verbondenheid.

Mijn bedoeling is ruimte te maken voor andere betekenissen of de gangbare dominante visie uit te breiden of te nuanceren. Ik probeer aan de last van het verleden iets toe te voegen waardoor het draaglijk wordt. Is dat

---

1. *In mijn praktijk zijn dit vooral meisjes.*

traumaverwerking? Als men daaronder verstaat: het trauma uitwissen, het doen uitdoven, het naar de achtergrond laten verdwijnen, dan is wat ik doe geen traumaverwerking. Wat ik voor ogen heb is meer het trauma béwerken dan vérwerken.

In wat volgt ga ik eerst in op de maatschappelijke vertogen die het therapeutisch werk met deze meisjes aanzienlijk bemoeilijken. Vervolgens tracht ik een beeld te schetsen van hoe ik samen met hen, binnen deze begrenzingen, creatief op zoek ga naar rijkere identiteitsverhalen.

De maatschappelijke context

Twintig jaar geleden waren misbruikervaringen nog vrijwel onbespreekbaar. Ook hulpverleners liepen er met een grote boog omheen. In augustus 1996 kwam België met de Dutroux-affaire in het middelpunt van de internationale belangstelling te staan. De Vlaamse Vertrouwenscentra Kindermishandeling kregen al vijftien jaar meldingen over seksueel misbruik van kinderen, maar het leek alsof seksuele kindermishandeling in ons land pas vanaf augustus 1996 werkelijkheidsgehalte kreeg. Zowel de gerechtelijke als de medische en hulpverlenende sector werden plots overspoeld met aangiften en hulpvragen van slachtoffers van seksueel misbruik. Met alle positieve en kwalijke neveneffecten van dien.

Positief is zeker de toenemende openheid en kennis over het bestaan van allerlei vormen van kindermisbruik. Negatief is dat allerlei vormen van kindermisbruik door elkaar gehaspeld worden – incest, pedofilie, kinderprostitutie, kindermoord – en dat het zwart-witdenken hoogtij viert.

Het is geen zegen om als kind te ervaren dat de publieke opinie je ouders als slecht of misdadig ziet. Jongeren zijn heel gevoelig voor wat men denkt. Ze horen over hun vader spreken als een dader, over hun moeder als een medeplichtige en over zichzelf als een slachtoffer. Dat is erg verwarrend voor loyale kinderen die de kritiek op hun familie doorgaans aanvoelen als kritiek op hun eigen persoon. Geweld, hechting en loyaliteit sluiten elkaar niet uit, integendeel (Decraemer, 2001).

Het leed van het misbruikte kind wordt massaal erkend. In ons huidige tijdsklimaat staat kindermisbruik helemaal boven aan de ranglijst van menselijk leed. Onze traumacultuur is doordrongen van de ernst en de schadelijke gevolgen van deze ervaringen, zelfs in die mate dat het stigmatiserend werkt. Zo vertelde onlangs een adolescente dat ze met succes alle tests en proeven had doorstaan om toegelaten te worden tot een militaire opleiding. Maar in een laatste gesprek met een psycholoog kwam haar incestverleden aan het licht en dat was de reden waarom haar aanvraag werd geweigerd. Een incestgeschiedenis hebben betekent in de ogen van velen per definitie ernstig getraumatiseerd zijn. Blijkbaar vloeien hieruit haast hermetisch gesloten identiteitsomschrijvingen voort als: emotioneel onstabiel, niet bestand tegen stress en andere moeilijke levenservaringen, niet in staat om te zorgen en te moederen, geen grenzen kennen. Deze opvattingen wegen zwaar op jongeren met incestervaringen. Ze maken hen tot welbepaalde slachtoffers, waardoor aan de uniciteit van hun betekenisgeving afbreuk wordt gedaan (Mattheeuws, 1983). In sommige gevallen kan hun lastige en onbegrijpelijke gedrag begrepen worden als een poging om zich van deze 'sociale' etiketteringen te ontdoen.

De begrippen trauma en incest zijn haast synoniemen van elkaar. Ook dat houdt het gevaar in van een zekere identiteitsverarming, een verschraling van de ervaringswereld van misbruikte meisjes. Misbruikervaringen dreigen in dit tijdsklimaat enorme proporties te krijgen. Seksueel misbruik fungeert dan als kapstok om alle problemen van het kind of het gezin aan op te hangen. Dat is lang niet altijd terecht, maar wel dé manier om maximale aandacht en zorg te krijgen. Ook jongeren met andere geweldservaringen worden hiermee geconfronteerd. Zo vertelde een meisje van dertien me na een suïcidepoging: 'Thuis is er voor mij geen plaats, geen aandacht en geen liefde. Mijn ouders hebben me nooit geknuffeld, nooit laten merken dat ze van mij hielden of dat ik de moeite waard was.' Een continu tekort aan zorg en een teveel aan negatieve aandacht – terreur, vernedering en verbaal geweld – is minstens zo beschadigend, maar maatschappelijk minder zichtbaar dan incest en dus veel moeilijker bespreekbaar.

Visies op gezinsgeweld en hulpverlening

Bij alle vormen van kindermishandeling die in de Vertrouwenscentra Kindermishandeling (in Nederland: de Advies- en Meldpunten Kindermishandeling) worden aangemeld, gaat 85 procent over familiaal geweld. Er vindt ontzettend veel geweld plaats in gezinnen, zowel tussen partners als tussen ouders en kinderen. En hoewel gezinsgeweld eeuwenoud is, weet onze maatschappij met dat gegeven nog altijd geen raad. Het gezin wordt nog steeds geïdealiseerd als een 'veilig baken', hoewel bevolkingsonderzoeken precies het tegendeel aantonen. We sussen onszelf met de gedachte dat er 'goede gezinnen' en 'slechte gezinnen' zijn. Het goede gezin lijkt de norm, het gewelddadige gezin een afwijking. Kinderen uit gewelddadige gezinnen moeten worden beschermd. Hoe dat moet gebeuren, is de vraag. Door kinderen uit huis te halen en elders te plaatsen? Dat was in de jaren zestig de dominante visie op hulpverlening bij kindermishandeling. Ondertussen is men daar veel genuanceerder over gaan denken en wordt kinderbescherming, met behoud of herstel van de familierelaties, gezien als de beste manier om hulp te bieden aan mishandelde of misbruikte kinderen. Maar, zoals de geschiedenis ons leert, worden we vaak van het ene uiterste in het andere geslingerd. De visie die pleit voor behoud van gezinsrelaties, mag geen alibi zijn om kinderen in gevaar aan hun lot over te laten. Momenteel is, binnen het traject van de jeugdhulpverlening, een uithuisplaatsing de allerlaatste schakel. Maar bij levensbedreigende situaties moet men durven ingrijpen. In het werken met acute zaken van kindermishandeling, zoals onder meer de Vertrouwenscentra Kindermishandeling doen, word je altijd voor morele dilemma's geplaatst. Als therapeut krijg je plots een grote verantwoordelijkheid, waarbij de keuze tussen werken met jongeren in de thuissituatie of opteren voor een uithuisplaatsing of opname voor grote druk kan zorgen. Aan beide keuzes zijn risico's verbonden. Waar ligt de grens? Wat is het beste in de ogen van wie? Wat zijn de consequenties op korte en lange termijn? Vragen die niet zomaar te beantwoorden zijn. Dit betekent voor een therapeut het zorgvuldig balanceren tussen vele ongekende grootheden en kunnen verdragen dat je niet (altijd) kan weten wat het beste of juiste is.

De innerlijke beleving versus de culturele context

Wat ik geleerd heb, is dat ik geen zaken mag aannemen of veronderstellen over wat jongeren als kwetsend of traumatisch ervaren. Wat ik het afschuwelijkst vind – en dat is vaak een afspiegeling van de manier waarop de meeste mensen in onze cultuur de wereld ervaren – strookt niet altijd met wat voor het meisje het zwaarste weegt. Zo kan de verbale of emotionele mishandeling voor een kind zwaarder wegen dan het seksuele misbruik. Zo ook kunnen de gebeurtenissen die volgden op de onthulling van het misbruik traumatischer en verwoestender zijn dan het misbruik zelf. Elke is daar een goed voorbeeld van.

> Elke was twaalf toen ze, met hulp van een tante, bij het parket aangifte deed van verkrachting door haar stiefvader. Moeder had, ondanks de medische vaststellingen, haar dochter niet willen geloven. Stiefvader had een behoorlijke gevangenisstraf gekregen en Elke was door de jeugdrechter in het gezin van haar biologische vader geplaatst. Sindsdien is het contact tussen moeder en dochter verbroken.
> Wanneer ik Elke leer kennen, woont ze al drie jaar bij haar vader en stiefmoeder. Ze is een boos kind dat zich door haar moeder verraden en in de steek gelaten voelt. Ze heeft geen zin meer om zich vriendelijk en verantwoordelijk te gedragen – een houding die Boszormenyi-Nagy omschrijft als 'destructive entitlement': de aanspraak om wraakzuchtig te mogen zijn (Boszormenyi-Nagy & Krasner, 1994). Dat vertaalt zich in een waslijst van klachten: agressieve uitbarstingen, slechte schoolresultaten, spijbelen, stelen, vandalisme, experimenteren met drugs en uiteindelijk een zelfmoordpoging. Gelukkig realiseren vader en stiefmoeder zich hoe ernstig de problemen van hun (stief)dochter zijn en zoeken ze therapeutische hulp. Al gauw wordt duidelijk dat Elke niet alleen boos is op haar moeder, maar haar ook vreselijk mist. Het verlies van haar moeder is in haar beleving de zwaarste klap.

In onze cultuur spreekt men van incestslachtoffers – alsof mensen met dergelijke ervaringen allemaal over één kam te scheren zijn. Jongeren zijn daar heel gevoelig voor. Door ze in een aparte categorie te stoppen, worden ze afgesneden van het gewone leven en van hun leeftijdgenoten. De meeste jongeren willen niet vastgepind worden op hun slachtofferschap. Ze zijn zoveel méér dan slachtoffer. Net als hun leeftijdgenoten willen ze eigenheid, controle en zeggenschap verwerven over hun leven. Ze willen gehoord, gewaardeerd en begrepen worden. Als therapeut probeer ik daar zo goed mogelijk op in te spelen door in de eerste plaats aandachtig te luisteren. Elk verhaal is een ander verhaal en elke beleving is uniek (Olthof & Vermetten, 1994). Jongeren, en zeker jongeren met een misbruikverleden, zijn bijzonder gevoelig voor suggestie en beïnvloeding. Sommigen hebben een langdurig proces van misleiding achter de rug, waarbij ze de waarheid van de dader(s) voor lief namen en zichzelf de schuld gaven. Hoe ze deze ervaringen verwerken is zeer verschillend. In de puberteit ontdekken de meeste kinderen wat de regels, waarden en normen zijn in onze cultuur. Dat is soms regelrecht in tegenspraak met wat ze thuis geleerd hebben. De een reageert daarop met woede, de ander met depressie. Dat levert thema's op als: hoe bouw je weer zekerheid en (zelf)vertrouwen op? Wat is normaal en wat niet? Hoe leer je het verschil tussen wat veilig en gevaarlijk is? Wat is helpend en wat niet? Hoe kan ik weer vertrouwen op mijn eigen gevoel? En hoe kan ik opnieuw leren vertrouwen te stellen in anderen?

Wat het zeker niet gemakkelijker maakt is de dominante opvatting in onze cultuur dat, als je een geschiedenis hebt van seksueel misbruik, je voor het leven getekend bent (Herman, 1993). Dat wil niet zeggen dat elk individu zich gebrandmerkt voelt, maar wel dat alle jongeren met incestervaringen reageren vanuit deze bredere culturele boodschap. En hoe ze daarop reageren, is ook alweer heel verschillend.

Voor een therapeut betekent de dynamiek tussen enerzijds de maatschappelijke perspectieven op slachtofferervaringen en anderzijds de diversiteit aan betekenissen ervan bij jongeren een grote uitdaging. Wanneer focus je op het individuele en unieke in de leefwereld van deze jongere en wanneer op het algemene? Is het aangewezen om het slachtofferschap te benadrukken en zo ja, wanneer? Hoe krijgen andere identiteiten daarnaast een plaats? Hoe houd je je blik ruim zonder hun benadeling, last en pijn uit het oog te verliezen en zonder hen te reduceren tot slachtoffers?
    Hieronder beschrijf ik enkele systeemtheoretische ideeën die mij, samen met mijn cliënten, geholpen hebben om naast slachtofferervaringen nog andere ervaringen en realiteiten te zien. Mijn aandacht richt zich hierbij op het individueel begeleiden van meisjes met incestervaringen, vooral ook omdat het in deze setting voor een systeemtherapeut vaak moeilijk is om te blijven zien dat je systeemtheoretisch werkt.

Een gedeelde zoektocht

Een therapeutisch proces is een zoektocht die cliënt en therapeut samen ondernemen. Luisteren is niet alleen een passief, maar ook een actief en creatief proces. Je leeft je in in wat een meisje bezighoudt, in de herinneringen die ze oproept, in de taal die ze spreekt, in de gevoelens die ze daarbij ervaart en in de zin en betekenis die ze aan de wereld geeft. Als therapeut ben je niet louter een klankbord, je vertaalt wat je met je zintuigen, kennis en intuïtie waarneemt ook in eigen indrukken, gedachten, gevoelens en beelden. Door naar de verhalen van een meisje te luisteren, laat ik me meevoeren naar nieuwe plaatsen, mensen, beelden en inzichten. Haar verhalen – zowel verbaal als non-verbaal – zijn het voertuig voor het overbrengen van een heel scala aan ervaringen en emoties. Als het communicatieproces goed verloopt, verbindt het ons met elkaar. Op basis van die gedeelde ervaring groeit langzaam het besef dat de werkelijkheid vele lagen heeft en dat, door een andere laag aan te boren, het gebeuren ook een andere zin en betekenis krijgt (Migerode & Rober, 1997). Dit kan een verstandhouding opleveren die zowel voor het meisje als voor mij verrijkend is.

De jongere kan het spoor dat ik aangeef waardevol vinden, er dieper op ingaan of het afwijzen. Dat is soms een kwestie van timing: wat eerst geen ingang vond blijkt achteraf, in het verhaal van het meisje, toch een plaats te hebben gekregen.

> Zo heb ik met een meisje dat veel van de natuur houdt en veel weet van dieren en planten, een gesprek over bomen. Ze legt me haarfijn het mechanisme uit waarmee bomen die hol en rot zijn vanbinnen toch sterk zijn en nog jaren kunnen overleven. Op het einde van ons gesprek vraag ik hoe haar boom er momenteel uitziet en hoe het gesteld is met haar wortels en sappen. Ze kijkt verbaasd op, lacht mijn vraag weg, maar enkele weken later heeft ze haar boom getekend, een treurwilg met dunne, maar wijd vertakte wortels. Tegen de stam leunt een klein ineengedoken figuurtje dat door de neerhangende takken liefdevol wordt afgeschermd van de boze wereld.

Ik probeer jongeren aan te sporen om zelf controle uit te oefenen over de gang van zaken in therapie. Zij mogen het tempo bepalen en wat relevant is en wat niet. En dat is niet evident voor jongeren die geleerd hebben dat ze nauwelijks ergens vat of invloed op hebben en zich maar beter gedeisd kunnen houden. Vandaar dat het verwerven van controle een thema is dat voor heel wat getraumatiseerde jongeren boven aan de therapeutische agenda staat (Viorst, 1998). Ze hoeven mij geen plezier te doen of zichzelf weg te cijferen. Dat hebben ze vaak al jong geleerd. In de therapiekamer is wat zij willen of wensen het belangrijkste. Ze hoeven niet te antwoorden op mijn vraag. Zwijgen kan ook veelzeggend zijn. Het kan onder meer betekenen dat mijn vraag niet de juiste vraag was. Of dat ik hun lichaamssignalen om over dat onderwerp te zwijgen, genegeerd heb. Hoe dan ook: of ze spreken of zwijgen, alles is goed en betekenisvol. Een 'nee' is minstens zo boeiend als een 'ja' en voor heel wat jonge mensen is de therapiekamer een veilige oefenruimte om voor het eerst 'nee' te zeggen, om zichzelf als 'anders' te poneren zonder angst voor afwijzing.

Jongeren vragen de ruimte om hun eigen visie te formuleren en te creëren, dwars tegen allerlei dominante zienswijzen en veronderstellingen in. Maar wat is waar? Voor wie is wat waar? Wat neemt men in onze samenleving vanzelfsprekend aan als waar? Naargelang de context is wat waar is voor de een, een leugen voor de ander. Wat moet je met die verschillende visies op de werkelijkheid? Hoe sluit je aan bij de waarheid van de cliënt zonder waarheden uit het oog te verliezen? Kortom, hoe ga je om met al die verschillende en vaak tegenstrijdige interpretaties van de werkelijkheid?

Met deze vraagstelling wil ik iets van de complexiteit en de ambivalentie schetsen die zo typerend is voor het werken met jongeren met incestervaringen.

Verschuivende werkelijkheden

Therapie is geen zoektocht naar dé waarheid. Ik heb geen justitiële taak, dus hoef ik ook geen uitspraken te doen over het waarheidsgehalte van een verhaal. De reconstructie van een traumatische gebeurtenis is geen politieonderzoek. Ik richt mij op het verhaal en op de beleving van het meisje en accepteer haar waarheid. Een waarheid die, in haar eigen omgeving, aanleiding kan zijn voor hoogoplopende ruzies en conflicten. Ik kan samen met haar exploreren hoe ze daar het beste mee kan omgaan. Wat kan ze doen om haar integriteit te behouden? Waar moet ze op letten om escalatie te voorkomen? Hoe moet ze handelen om geloofwaardig te zijn? Therapie kan een manier zijn om één bepaalde inschatting van de werkelijkheid tegen het licht te houden. En niet zelden blijkt die werkelijkheid vol tegenstellingen en dubbele bodems te zitten. In dat spanningsveld van tegenstrijdige krachten probeer ik samen met de jongere een weg te vinden. Dat spelen met en verschuiven van betekenissen is een belangrijk systeemtheoretisch handvat in de individuele therapie met deze meisjes.

De meeste mensen bekijken de werkelijkheid slechts vanuit één standpunt: hun eigen standpunt. Sommige kinderen hebben al vroeg geleerd in verschillende werkelijkheden te vertoeven. Wat in hun dagelijks leven weinig of geen werkelijkheidswaarde had, was maar al te reëel in die andere, afgesplitste wereld waar geen woorden voor bestonden (van der Hart, 1991). Dat vermogen om naar andere werkelijkheden te switchen, probeerde ik in de volgende casus therapeutisch te benutten.

> Katleen is de jongste van een nieuw-samengesteld gezin met vijf kinderen. Ze was zeventien toen ze aan een oudere, getrouwde zus vertelde dat ze misbruikt werd door haar stiefvader. Moeder werd op de hoogte gebracht, maar hoewel Katleen altijd had vermoed dat ze het wist, wilde moeder haar dochter niet geloven. Stiefvader ontkende alles en omdat Katleen voet bij stuk hield wees hij haar de deur. De voorbije zomer is Katleen achttien geworden en geobsedeerd door het plan om zich op te hangen in het ouderlijk huis. Ze denkt zich zo te wreken voor het onrecht dat haar door de ontkenning is aangedaan.
>
> Ik laat blijken dat ik haar geplande zelfdoding, die ze tot in de puntjes aan het voorbereiden is, serieus neem door haar zo levendig en visueel mogelijk te laten stilstaan bij wat er zou gebeuren na de schok.
> Als zij de regisseur zou zijn, wat hoopt ze dan dat er zou gebeuren? Welke taferelen verschijnen er dan op het doek? Welke tekst zou ze aan de personages geven? Welk geluid hoort daarbij? Welke gevoelens roept dat bij haar op? Maar als ze afstand neemt van haar gevoelens en de zaak door de ogen van een nuchtere waarnemer bekijkt, wat verandert er dan aan het prentje? Welke beelden levert dat op? Met welke tekst? Wat zullen haar ouders tegen de mensen zeggen? Welke uitleg zullen ze geven aan buren, familie, vrienden? Met welke verklaring zullen ze zelf hun leven voortzetten?

Katleen houdt ervan haar verbeeldingskracht te gebruiken, dus moedig ik haar aan om verschillende aannemelijke scenario's te bedenken. Door op deze manier te werk te gaan, kan ze haar oorspronkelijk scenario vanuit andere invalshoeken bekijken.

> Ze acht de kans groot dat haar ouders haar zelfmoord zullen zien als een definitief bewijs van haar gekte. Ze zullen waarschijnlijk aan iedereen vertellen dat hun dochter al geruime tijd psychisch ziek is, depressief, niet goed bij haar hoofd. Misschien zullen ze zelfs met een beschuldigende vinger naar de therapeut wijzen die haar allerlei modieuze nonsens over incest heeft ingefluisterd. Of ze zullen haar zelfmoord proberen geheim te houden, zoals ze alle andere akelige dingen in hun leven geheim houden, en een ander verhaaltje opdissen.

Ze begint te beseffen dat ze met haar zelfmoord misschien niet het gewenste effect zal bereiken. Haar aanklacht zal met haar in het graf verdwijnen. 'Alleen een dood kind is een zoet kind.' Ik benoem haar geplande zelfdoding als 'loyaal tot in de kist'. Dát is niet haar bedoeling.

We zoeken naar alternatieve manieren om recht te doen geschieden. En gelukkig laat haar gevoel voor humor haar daarbij niet in de steek. Ze heeft wilde fantasieën over wraakacties en over wat ze allemaal aan schade zou kunnen aanrichten in het huis van haar ouders. Daar geniet ze zichtbaar van. Het feit dat iemand het onrecht erkent en haar toestaat haar pijn en woede op een veilige manier te uiten, is al een hele opluchting. Uiteindelijk ontwerpt ze een nieuw scenario voor zichzelf en de toekomst waarbij het motto wordt: het hebben van een goed leven is de best denkbare wraak.

De verwerping door haar ouders had bij dit meisje een enorme lading destructieve emoties opgeroepen. Deze emoties werden als uitermate sterk en dwingend ervaren. Alsof ze geen keus meer had: ze zou met inzet van haar leven haar ouders een vreselijke dreun geven, om hen alsnog de ogen te openen. Door het stellen van welbepaalde vragen werden andere gezichtspunten geïntroduceerd, onder meer het gezichtspunt van een observator, en dat creëerde vanzelf meer afstand. Door haar de zaak te laten bekijken vanuit het mogelijke perspectief van haar ouders, kon ze haar blikveld verruimen. Door de mogelijke effecten van haar daad op haar omgeving te exploreren, ontdekte ze dat bedoeling en effect niet altijd samengaan. Ze kwam tot de conclusie dat het niet in haar macht lag te bepalen welke betekenis haar omgeving eraan zou geven. Door haar geplande zelfmoord te herformuleren als een daad van loyaliteit, kon ze haar destructieve plannen ombuigen. Bij het afronden van de therapie was ze nog steeds boos op haar ouders, maar ze broedde niet langer op destructieve wraakacties. Ze wist nu hoe ze moest handelen om een integer, geloofwaardig iemand te worden, zowel voor zichzelf als voor haar omgeving.

Grenzen en identiteit

Als therapeut moet ik op de een of andere manier laten weten dat ik ontvankelijk en stevig genoeg ben om het pijnlijke levensverhaal van het meisje te horen en haar last mee te dragen. Ik hoef niet te dissociëren. Gruwelijke mishandeling roept afschuw en morele verontwaardiging op. Wat jongeren mij vertellen is soms ronduit schokkend en vraagt heel wat van mijn draagkracht. De houding die ik daarbij aanneem, laat zich het best omschrijven als: een grote bereidheid geraakt te worden en met afstand te registreren. Genoeg inleving en medeleven, maar ook voldoende afstand om te observeren zonder meegesleurd te worden.

Getraumatiseerde jongeren kunnen een sterk beroep doen op hun omgeving en hulpverleners. Een uurtje therapie in de week is vaak niet voldoende, vooral in crisissituaties. Vaak is het nodig om expliciet uitleg te geven over wat wel en niet kan binnen de therapeutische context, en over wat ze wel en niet mogen verwachten van mij als therapeut. En dat valt nogal eens tegen. Ik kan er maar heel beperkt voor hen zijn en hun verwaarloosde behoeften helaas niet bevredigen. Maar het samen bespreken van conflicten en teleurstellingen, het woorden geven aan hun tegenstrijdige gevoelens – zowel hun verlangen naar als hun angst voor hechte bindingen – en ondanks alles het lijntje stevig vasthouden, kan de therapie zeer ten goede komen. Het verhaal van Hanne:

> Ze is zeventien en ruim twee jaar bij mij in therapie. Ze heeft een waslijst van posttraumatische klachten en dissociatieve symptomen. Ze is van kleins af emotioneel en seksueel gemolesteerd door haar vader. Ze vraagt of ik haar wil helpen lucht te geven aan al die beschamende, vernietigende ervaringen. Ik begrijp haar verlangen, maar ik vind het niet aangewezen om in de huidige omstandigheden haar traumageschiedenis verder te exploreren. Haar woede-uitbarstingen ondermijnen de relatie met haar omgeving. Haar armen staan vol oude en nieuwe littekens van waar ze zichzelf verbrand en gesneden heeft. Als de spanning te groot wordt, neemt ze haar toevlucht tot alcohol. Bovendien heeft ze niemand om op terug te vallen wanneer ze de therapiekamer verlaat. Met haar moeder heeft ze een koele, afstandelijke relatie. Ze vertrouwt niemand. Ik kan haar slechts één uur in de week zien. Voor noodgevallen heb ik een crisisuur voorzien op vrijdagavond. Om moeilijke momenten te overbruggen, bel ik haar thuis af en toe op. Maar meer kan ik niet doen. Dat zijn mijn grenzen als therapeut en dat heeft al vaak problemen gegeven. Het gebeurt meer dan eens dat Hanne na een therapiesessie niet naar huis wil en als een bang kind wegkruipt in een hoekje. Of dat ze opnieuw komt aanbellen als ik al met een andere cliënt in gesprek ben. Ik zeg haar dat ik het in deze omstandigheden onverantwoord vind om nog meer spanning en emoties op te roepen. Hanne reageert boos en gekwetst op wat zij benoemt als 'mijn afwijzing'. Als ik te bang ben om met haar die moeilijke weg te gaan, wil ze onmiddellijk stoppen met de therapie. Ze vertrekt met slaande deuren. Aan haar emotionele noden wordt weer niet voldaan. Ook de volgende twee sessies worden besteed aan het uiten van haar teleurstelling en

woede, woede die gauw kan omslaan in angst om verlaten te worden. Ik zeg haar dat ik haar hunkering naar troost, warmte en bescherming heel goed begrijp en het rot voor haar vind dat er niemand onvoorwaardelijk aan dat verlangen tegemoetkomt. Maar ik stel ook dat ik slechts betrouwbaar kan zijn als ik mijn en haar grenzen bewaak. Door grenzen te stellen wil ik ánders met haar omgaan dan ze gewend is. Ook al schopt ze wild om zich heen, ik wil niet méér van hetzelfde doen: haar in de steek laten. Hanne geeft aan dat ze zo moe is en zo graag zou willen dat ik voor haar zorg en alle last van haar overneem. Ik kan me in haar situatie inleven, ik kan luisteren en haar proberen te begrijpen, maar ik kan haar kwetsuren niet wegnemen. Ik kan de verwaarlozing die ooit geweest is niet opvullen. Ik kan alleen haar last een beetje helpen dragen, haar chaos proberen in te dammen. En als haar levensomstandigheden minder belastend zijn, wil ik stapje voor stapje verder gaan met het verkennen van bepaalde traumatische aspecten van haar verleden en haar helpen het onzegbare zegbaar te maken.

Hanne vroeg om een volledig delen en dragen van haar last, pijn en slachtofferervaringen. Een verlangen dat weinig begrenzing verdraagt en de therapeutische context helemaal uit het oog verliest. Aan dit verlangen proberen tegemoet te komen zou niet alleen onrealistisch, maar ook veel te belastend zijn, zowel voor haar als voor mij. Het zou haar ook reduceren tot enkel 'een slachtoffer'. Een identiteit die weliswaar een plaats geeft aan haar pijnlijke en traumatische ervaringen, maar die ook haar kwaliteiten en veerkracht aan het oog onttrekt. Gekwetste mensen leven niet op een andere planeet dan wij. Door hen het label 'slachtoffer' op te plakken, versterk je hun identiteit van 'vreemd' en 'anders' zijn. Slachtofferschap is maar één facet van het meisje en niet het hele plaatje.

> Een schoolarts vraagt overleg over een meisje van zeventien dat op school betrapt is op druggebruik en een hoeveelheid cannabis in haar boekentas om aan klasgenoten te verkopen. Ze is al meermaals betrapt op leugens en manipulatief gedrag, maar nu is ze bij veel leerkrachten alle krediet kwijtgeraakt. Het meisje heeft aan de schoolarts verteld dat ze thuis al veel ellende heeft meegemaakt en bovendien onlangs door een vriend is verkracht. Wegens die verkrachting is ze naar mij doorverwezen.
> Vraag van de schoolarts is of de school het meisje op de gebruikelijke manier mag berispen en sanctioneren, wat onder meer inhoudt dat de ouders en de jeugdzorg op de hoogte zullen worden gebracht, of dat ze er bij de directie voor zal pleiten het wangedrag door de vingers te zien en het op te vatten als een symptoom van een onderliggende problematiek – dit meisje heeft tenslotte iets akeligs meegemaakt.

Het is niet omdat ze deze ervaringen heeft, dat ze de regels van de school met voeten mag treden. Begrenzen is ook een manier om iemand serieus te nemen en aan te geven dat ze meer is dan alleen een slachtoffer. Net als haar leeftijdgenoten is ze leerling, klasgenoot, dochter, vriendin, zus, kleindochter. Vanuit deze verschillende rollen en posities wordt er een beroep op haar gedaan. In het leven van een adolescent is ontzettend veel in beweging en alles kan onderwerp zijn van gesprek. Je bewijst het meisje geen dienst door haar te ontzien en het leven met al zijn rollen, taken, verantwoordelijkheden en gekkigheden tussen haakjes te plaatsen.

Steunbronnen

Erkenning voor slachtofferschap is één ding. Maar enkel het slachtofferschap benadrukken, of zelfs aanmoedigen, is een ander ding. Het is van wezenlijk belang ook oog te hebben voor de sterkte, de veerkracht en de weerbaarheid van het meisje. Ze incasseerde soms de ene dreun na de andere. Ze ging soms letterlijk onderuit, maar veerde telkens weer overeind. Het geweld heeft haar niet kleingekregen (Rubin, 1997). Daarom moet ze niet worden gezien als een weerloos, hulpeloos slachtoffer, maar als iemand die deelnam aan het kampioenschap 'overleven'. Of zoals een adolescente het treffend formuleerde: 'Het is niet zozeer een kwestie van overleven of overwinnen. Het is een kwestie van dragen.'

Wie of wat heeft hen geholpen hun last te dragen? Wat en wie waren hun steunbronnen? Waar en bij wie haalden ze de moed vandaan om te blijven leven?

Sommigen haalden troost uit muziek, een dagboek, een lievelingsdier, een vertrouwenspersoon. Anderen concentreerden zich op andere dingen: studies, vriendinnen, boeken, sportprestaties of de zorg voor anderen – allemaal manieren om hun gevoel van eigenwaarde te behouden. Eén meisje had veel kracht geput uit de idee dat haar overleden oma als een soort beschermengel over haar waakte. Een ander meisje zei me dat haar paard haar had gered. Haar paard was jarenlang haar enige vriend geweest aan wie ze alles kon toevertrouwen.

> Stefanie heeft altijd geweigerd zich te laten vastpinnen op het etiket 'incestslachtoffer'. Ze hoeft geen medelijden van anderen. Haar slechte start in het leven is haar sterkste drijfveer om, koste wat het kost, een betere toekomst op te bouwen. Ze stelt zich als ervaringsdeskundige kandidaat voor een televisie-uitzending over kindermisbruik. Daarmee wil ze aantonen dat ze níét beantwoordt aan de stereotiepe kenmerken van een slachtoffer, dat een slachtoffer er sterk, zelfverzekerd en aantrekkelijk kan uitzien – ook al heeft ze zich als kind verschrikkelijk lelijk, eenzaam en waardeloos gevoeld. En dat men een kind niet levenslang het zwijgen kan opleggen. Ze hoopt dat haar ouders, met wie ze heeft gebroken, ook naar de uitzending kijken en dat ze de boodschap 'Jullie hebben me niet kapot gekregen' zullen begrijpen.

Speelse elementen
In het geval van Stefanie heeft slachtofferschap plaatsgemaakt voor weerbaarheid. Zij levert het bewijs dat een kind dat weinig zorg en liefde kreeg, niet per definitie een liefdeloze, relatieonbekwame volwassene wordt. Ondanks alle veerkracht kan echter een aantal klachten en symptomen –

depressieve klachten, eetproblemen, automutilatie, verslavingsproblemen, nachtmerries – het leven van adolescenten sterk hinderen. Hoe ga je daarmee om? Ook dat is een veelsporig proces waar geen pasklare recepten voor bestaan. Elke interventie of techniek die de spanning kan verminderen, het vermogen tot zelfcontrole kan vergroten of hun veerkracht kan versterken, lijkt hier aangewezen (Forward & Buck, 1990). 'Praat erover' is maar één manier en vaak niet de beste. 'Mijn stem zit in mijn pen' schreef een meisje in haar schrift dat ze me elke week liet lezen. Ze zei zelden iets, maar bleek heel ontvankelijk voor beelden en metaforen. Een aantal anderen verstaat uitstekend de kunst om weg te dromen, is zeer inventief en creatief – vermoedelijk eigenschappen die ze al als kind ontwikkelden om te ontsnappen of zich aan te passen aan bedreigende situaties. De een voerde conversaties met denkbeeldige figuren. De ander bedacht allerlei listen om zich tegen haar aanvallers te beschermen. Een beroep doen op hun fantasie en verbeeldingskracht is voor velen een uitstekende manier om met hun nare ervaringen om te gaan (Faes, 2001).

> Maya, zestien jaar, werd jarenlang door een oom seksueel misbruikt. Ze lijdt aan een groot aantal psychosomatische klachten, hyperventilatie, eet- en slaapstoornissen. Ze leert, als ze zich bedreigd voelt, haar aandacht op haar ademhaling te richten en vervolgens in gedachten een trap af te gaan, een vluchtweg die leidt naar een veilige plek waar ze zich moeiteloos kan ontspannen. Het beeld van een grote rode luchtballon helpt haar in beangstigende situaties om kalm te blijven. Die luchtballon kan ze volstouwen met al haar twijfels, angsten en zorgen en vervolgens de lucht insturen, kleiner en kleiner zien worden (Cladder & Lens, 1990).

Een ontvankelijk meisje als Maya laat zich graag meevoeren in geleide fantasieën, beelden, verhalen en sprookjes. En die uitstapjes in het rijk van de verbeelding zijn troostend en helend, precies omdat dit meisje daarnaast ook stevige ankers heeft in de realiteit.

Lachen en rouwen
Lachen, schertsen en grappenmakerij is ook een overlevingsmechanisme waarvan sommige mishandelde kinderen al vroeg in hun leven gebruikmaakten om hun pijn en kwetsbaarheid te verbergen. Vandaar dat in het therapeutisch werk met adolescenten, hoe diep ze ook zijn gekwetst, soms ook hard wordt gelachen. Lachen wil niet zeggen dat je hun leed niet serieus neemt. Lachen is een andere manier van rouwen om wat je werd aangedaan of om wat je nooit hebt gekregen. Precies omdat het allemaal zo absurd, soms ronduit bizar en onvoorstelbaar is, en omdat het niet in te passen is in de gewone werkelijkheid, maakt humor het ondraaglijke draaglijk. Lachen is een uitstekend tegengif tegen wanhoop.

Het gebeurt niet elke dag, maar als jongeren hun ongeluk naar voren brengen met spot en humor, erken ik dat als een blijk van inzicht – inzicht in het feit dat humor hand in hand kan gaan met gekwetst zijn – en als een creatieve manier om met die kwetsbaarheid om te gaan en weerwerk te bieden aan de nawerking van een traumatisch verleden. Sommigen slagen erin over de moeilijkste momenten uit hun leven te vertellen alsof het een klucht is. De een heeft er meer aanleg voor dan de ander, maar het is een vaardigheid die je ook kunt trainen. Als therapeut kan je alvast het licht op groen zetten door de boodschap te geven: hier mogen niet alleen tranen vloeien, de therapiekamer is geen grafkelder, er mag ook gelachen worden. Lachen doet geen afbreuk aan je pijn. Lachen geeft een opkikker.

> Een meisje met ernstige suïcidegedachten heeft enkele zelfgemaakte cartoons opgehangen aan de deur van haar ziekenhuiskamer. Niemand twijfelt aan de ernst van haar depressie, maar de artsen en verpleegkundigen appreciëren wel haar poging om er op een grappige manier uiting aan te geven. Hoewel de tekst in de tekstballonnetjes hilarisch is, zijn de beelden schrijnend. Ze geeft aan dat ze niet meer kan huilen. Droevige liedjes op de gitaar spelen is de enige manier waarop ze haar verdriet kan uiten. Ze is als kind aanhoudend vernederd en mishandeld door haar vader en seksueel misbruikt door een oom. Gitaarspelen heeft haar geholpen te overleven. Zodra vader de deur uit was, haalde ze haar gitaar tevoorschijn en ging ze helemaal op in haar spel. Daarnaast heeft ze al vroeg ontdekt dat de clown uithangen en overal de draak mee steken een acceptabele manier is om haar gekwetste gevoelens af te schermen en zich toch geliefd te maken bij leeftijdsgenoten. Op die manier heeft ze haar zelfrespect kunnen bewaren. Nu haar vriend haar in de steek heeft gelaten, zit ze diep in de put, maar haar veerkracht is niet gebroken. Ze kan heel ernstig over haar verdriet en ontreddering praten, maar haar gevoel voor humor en zelfspot helpen haar de dingen te relativeren, afstand te creëren en opnieuw actief vorm te geven aan haar leven.

Het is niet ongepast om eerst iets heel verdrietigs te vertellen en meteen daarna, met de tranen nog op je gezicht, iets grappigs. Ook dat heeft met overleven te maken: trachten het plezier in je leven en je relaties terug te winnen. En dat is niet evident voor jonge mensen die zijn vastgelopen in hun leven, een leven dat door afwijzing, verwaarlozing en misbruik is getekend.

Spreken over je tragedie op een luchtige, ironische wijze wordt vaak opgevat als ontkenning. Mijn ervaring is dat het meer een kwestie van zelfbehoud is. De traumatische gebeurtenissen kan men niet veranderen, ze ontkennen heeft geen zin. De kwestie is: welke vorm, inhoud en betekenis geef je eraan? En welke strategieën bedenk je om ermee om te gaan? Humor kan helpen de pijnlijke, ontluisterende werkelijkheid een andere, draaglijke betekenis te geven.

Tot slot

Het misbruik, de minachting, het gebrek aan warmte van de ouders, is nooit ongedaan te maken. Mensen doen elkaar onherstelbaar veel leed aan en dat verhelp je niet door het vinden van de juiste therapeut. In het werken met ernstig gekwetste jongeren is het beter om naar niet al te hoog gegrepen doelen te streven. Wat niet wil zeggen dat ik er zonder ambitie aan begin. Samen met de jongeren – praktisch allemaal meisjes, in leeftijd variërend van veertien tot achttien jaar – en hun sociale netwerk, ga ik op zoek naar veilige manieren om hun woede en verdriet te uiten, hun pijn en eenzaamheid te verlichten, hun zoektocht naar zin en betekenis te ondersteunen en hun groei naar volwassenheid te bevorderen. En daar krijg ik ook heel wat voor terug: lessen in creativiteit, moed en doorzettingsvermogen.

    Mijn benadering van meisjes met incestervaringen is meer een kwestie van zoeken dan weten. Het is een zoektocht die elke dag verdergaat. Een soort verrijking ook. Spreken, schrijven, tekenen, fantaseren, lachen en huilen. Het zijn allemaal manieren om duidelijkheid te scheppen en achter 'de waarheid' te komen: hún waarheid. Het is ook een zoeken naar een eigen identiteit, waarbij de focus niet alleen op de traumatische gebeurtenissen ligt, maar ook op hun sterke kanten en positieve mogelijkheden. Het uitgangspunt is dat incestslachtoffers zoveel méér zijn dan de optelsom van hun trauma's, ook al denkt men daar in onze traumacultuur minder genuanceerd over. Het leed van misbruikte kinderen wordt massaal erkend. Allerlei mythes en sociale opvattingen over slachtofferschap worden als waarheden verkondigd. Dat kan voor erkenning, maar ook voor nieuw leed en onbegrip zorgen. De therapiekamer is een veilige plaats om deze aannames ter sprake te brengen en op zoek te gaan naar nieuwe betekenissen en verbintenissen.

De bewegende puzzel

Met kinderen spreken over psychosomatiek

Eric Vercruyssen

'... en toch, een lichaam is heel eenvoudig, het is een eenvoudige taal. Iedereen spreekt hem, maar niemand begrijpt hem. Ik loop hier rond met een lichaam dat door niemand verstaan wordt. Dat maakt me gek, hoort u me, het maakt me kapot!'
(Camille Laurens, 2001)

In de medische wereld spreekt men van psychosomatiek als een persoon lichamelijke klachten heeft, waarbij geen organische oorzaken worden gevonden of waarbij de organische oorzaak niet in verband staat met de ernst van de klachten. Men spreekt eveneens van psychosomatiek wanneer de behandeling van een lichamelijk symptoom niet het gehoopte resultaat oplevert of wanneer een placebobehandeling tot een spectaculaire vermindering van de klachten leidt (Nelson, 2003).
Als pediater-psychotherapeut heb ik talloze kinderen ontmoet die worstelden met dergelijke problemen: kinderen met chronische pijn in allerhande lichaamsdelen, kinderen die blijven braken, kinderen met buikpijn of hoofdpijn, kinderen met ontlastingsproblemen. Allemaal kinderen met zowel voor henzelf en hun omgeving als voor de medische wereld onverklaarbare pijn of lichaamsklachten.
In psychotherapeutische gesprekken met kinderen die lijden aan psychosomatische klachten ben je gedwongen om buiten het strikt medische kader naar betekenissen te zoeken. Je exploreert samen met het kind zijn of haar ervaringen, zijn of haar leefwereld. Je kunt echter niet voorbijgaan aan het lichaam. Het is de somatische taal die het hoogste woord voert en die niet begrepen wordt.

Maarten is elf jaar. Hij komt met zijn ouders op gesprek. Hij klaagt al maanden over nekpijn, waarvoor geen medische oorzaak blijkt te zijn. De verwijzer meent dat de klacht een roep om aandacht is.

Veelvuldig wordt in medische kringen, maar ook daarbuiten, gedacht dat het om voorgewende of ingebeelde klachten gaat. Kinderen krijgen impliciet of expliciet de boodschap dat hun klachten niet reëel zijn, dat ze de lichamelijke pijn en last onder controle kunnen houden wanneer ze maar echt willen, dat ze zich niet moeten aanstellen. Daarmee wordt echter de realiteit van hun lichamelijke ervaring genegeerd, want wat ze voelen is immers echte pijn.
In hun wanhopig zoeken naar een verklaring voor de klachten komen deze kinderen en hun ouders – vaak na lange omzwervingen in het medische circuit – bij een psychotherapeut. Want, zo luidt de redenering, als de lichamelijke klachten geen medische oorzaak hebben, dan moet er wel een psychische oorzaak zijn.

Onze samenleving is doordrenkt van de cartesiaanse scheiding tussen lichaam en geest. Klachten zonder lichamelijke oorzaak worden daardoor uitsluitend geplaatst in het domein van het psychische. Ze worden onder de noemer van 'inbeelding' en soms zelfs 'gekte' gebracht. Het lichaam verdwijnt uit beeld, lijkt onbestaand en blijft onbegrepen. Een psychotherapeut staat daarmee voor de uitdaging om het lichaam in het vizier te houden: het niet-medische lichaam, het lichaam als ervaringsrealiteit in verbinding met het psychische en sociale (Hermans, 1988).

De grootste moeilijkheid in het spreken met kinderen met psychosomatische klachten bestaat misschien wel uit dit zoeken naar een taal waarin het lichaam niet verdwijnt en toch in permanente wisselwerking gezien kan worden met andere domeinen. Dit betekent kijken met een bril van verbindingen, van voortdurende beïnvloedingen, circulair in plaats van lineair.

In dit zoekproces vond ik een beeld, een metafoor die de complexiteit van het lichaam en de complexe wisselwerking tussen lichaam, psyche en het sociale ietwat inzichtelijk kon maken. Ik noemde dit beeld 'de bewegende puzzel'. Mijn veronderstelling is dat met behulp van deze metafoor een kind en alle betrokkenen meer zicht kunnen krijgen op verbindingen in en rond hem of haar, waardoor de lichamelijke klachten een andere betekenis kunnen krijgen.

Wat nu volgt is een illustratie van mijn therapeutisch werk met 'de bewegende puzzel' en van de opvattingen die daaraan ten grondslag liggen.

Het lichaam als verbinding

De somatische taal is een taal die door kinderen veelvuldig wordt gebruikt.

> Annelies is acht jaar en heeft voortdurend buikpijn. Ze heeft al ontdekt dat het te maken heeft met het feit dat ze niet zo graag naar school gaat en liever bij mama zou blijven. Maar dat durft ze mama niet te zeggen, want dan wordt die boos. Terwijl mama minder of niet boos is wanneer ze zegt dat ze buikpijn heeft. Bij de volgende sessies klaagt ze over hoofdpijn.
> Therapeut: 'Wat zou er in je hoofd aan de gang kunnen zijn, dat jij nu zoveel last van hoofdpijn hebt?'
> Annelies: 'Misschien wel omdat ik te veel nadenk.'
> Therapeut: 'En waarover denk jij dan zoveel dat het pijn gaat doen?'
> Annelies: 'Hoe ik met mama moet praten over school.'

In de gesprekken met Annelies kan er een verband gelegd worden tussen haar pijn en de dingen waarmee ze het moeilijk heeft. Haar lichaam spreekt daarin een woordje mee. Zo gemakkelijk gaat het echter niet altijd. Geregeld zie ik kinderen waarbij enkel de lichamelijke klachten op de voorgrond staan en die vastzitten in alle spiegels die hun zijn aangereikt omtrent de oorzaak ervan. In deze complexe situaties kunnen lichamelijke klachten niet verwijzen naar psychische en relationele betekenissen. Het lichaam wordt dan het vertrekpunt in de therapie.

> Zoals Cindy (14 jaar), die al jaren gewrichtspijnen heeft en tot in details kan vertellen in welk ziekenhuis wie wat gedaan heeft en vooral wat men gezegd heeft over haar. Door al deze uitspraken heeft zij zich vooral niet begrepen gevoeld, niet serieus genomen, alsof haar pijnen inbeelding zou-

den zijn. Ze heeft geprobeerd haar pijn te vergeten en ermee te leven, zoals een arts haar had aangeraden, maar dat lukt niet. Ze werd er almaar verdrietiger en bozer van. 'Niemand kiest voor pijn om aandacht te trekken,' zeg ik, 'er zijn gemakkelijker wegen dan dat. Er moet iets meer zijn... Als jij zegt dat je pijn hebt en er vanaf wilt, dan geloof ik je.'

Bij Cindy zal allereerst gesproken worden over de pijnlijke realiteit van haar lichaamservaringen. Haar lichaam staat op de voorgrond: pijn die pijnlijk niet gezien of gehoord lijkt te worden.

Bij sommige kinderen introduceer ik mezelf als 'praatdokter'. Ik praat met de pijn en over de pijn. Een dokter dus, die geleerd heeft over de werking van het lichaam en een prater, die geleerd heeft over hoe mensen zich voelen en gedragen, ook met hun lichaam. Het woord praatdokter gebruik ik in de hoop dat kinderen therapie minder associëren met de gedachte 'er is iets met mij (of mijn gezin) aan de hand, het zit tussen mijn (of onze) oren' (Spaink, 1992). Het is eveneens een manier om het lichaam als complexe verbinding in het vizier te houden.

Als praatdokter kan ik spreken over het lichaam, al zijn organen en functies. Het lichaam dat vol zit met verbindingen. Geen enkel orgaan of lichaamsonderdeel kan immers op zichzelf werken. Bloedsomloop is nodig om met zuurstof verrijkt bloed overal rond te brengen. Het bloed neemt ook eiwitten mee, die de bouwstenen zijn voor organen en het voert tegelijkertijd afval naar de nieren. Bloedvaten zijn net autowegen, secundaire en tertiaire straten in lichaamsland. Zenuwen zijn de elektriciteitsdraden, die vertrekken van de grote pylonen in de rug om de spieren te doen bewegen. De hersenen zijn de computer, of elektriciteitscentrale. Spieren zijn als de touwen van een marionet die de armen en benen doen bewegen. Nieren zijn afvalsorteerders, longen blaasbalgen, het hart een grote pomp... Hierbij gebruik ik dan veel boeken en platen in kleur over het lichaam en probeer zelf of samen met het kind te tekenen.

Zo kan ik samen met Cindy op zoek gaan naar welke gewrichten pijn deden, hoe zo'n gewricht er vanbinnen uitziet en hoe zij via de zenuwbanen naar de hersenen (die coderen en decoderen) de pijn ervaart. Cindy is verbaasd, dat wist ze niet. We spreken over de ingewikkeldheid van een lichaam en hoe kleine veranderingen soms grote ongeplande effecten kunnen hebben en dat ook doktoren die hele ingewikkelde interacties in een lichaam niet kunnen overzien, laat staan mensen die er niet voor gestudeerd hebben.

Op deze wijze wordt haar pijn een reële ervaringswerkelijkheid en wordt zichtbaar dat absolute controle daarover niet mogelijk is. Ze krijgt taal aangereikt voor haar onmacht en boosheid, waardoor ze kan nadenken over wat ze kan doen met de druk en beïnvloedingen die ze van anderen ervaart.

Betekenissen zoeken heeft niet veel te maken met nadenken. Ze zijn er gewoon. Vanaf het moment dat men met een kind spreekt, begint men aan betekeniscreatie, een soort zoektocht naar hoe complex, slim en vernuftig zo'n lichaam in elkaar steekt. En dan ontdekken dat dit voor iedereen zo geldt en toch weer anders is. Zo probeer ik een mildheid te creëren voor het lichaam, een begrijpen ook. Ik probeer het voor te stellen als een ontdekkingsreis, waarbij ik de rol van begeleider op me neem en me als doel stel het kind zelf te laten ontdekken. Bij kinderen met chronische buikpijn is het vaak een verrassing wanneer ze op anatomische platen zien hoeveel organen er wel in een buik zitten. Geen wonder dat ze niet precies kunnen aanwijzen waar de pijn zit.

In het werken met kinderen met psychosomatische klachten viert de beheersbaarheidgedachte bij kinderen, hun omgeving en heel vaak ook bij hun therapeut, hoogtij. Dit heeft volgens mij te maken met de neiging om bij psychosomatische klachten naar oorzaken te zoeken. En het maakt daarbij niet uit of het hier om lichamelijke, psychische of relationele oorzaken gaat. Men veronderstelt dat men, wanneer men de oorzaak kent, weet wat te doen, waardoor de klachten vanzelf zullen verdwijnen.

Een lichaam is echter een eigenzinnig geheel van verbindingen, dat zich zo lineair niet laat begrijpen. Een lichaam heeft een geheel eigen complexe dynamiek. Ook al hangt deze dynamiek samen met allerlei zaken daarbuiten, het laat zich niet daartoe herleiden. Het lichaam kent ook een autonome realiteit. Psychische en sociale realiteiten zijn in deze visie geen veroorzakers, maar in hun precieze effecten ongekende beïnvloeders.

In therapie probeer ik samen met het kind de klachten van nieuwe, andere betekenissen te voorzien. Ik probeer dat door de lichamelijke klacht te relateren aan voor het kind betekenisvolle ervaringen binnen en buiten het lichaam. Dit betekent niet dat de klachten daarmee verdwijnen, maar wel dat er betekeniswijziging optreedt waardoor sommige zaken beter begrijpbaar en leefbaar worden.

Denken en voelen

Je wandelt op straat en ruikt plots de geur van verse taart. In een mum van tijd weten je hersenen, via een uitermate vertakt elektriciteitsnet van zenuwen, waarover het gaat en brengen alles in stelling om de taart te kunnen verorberen. Speeksel komt in je mond. De maag zet zich schrap, produceert al wat verteringssappen en de darmen nemen positie in. Je voelt ze rommelen. Maar de hersenen werken ook behoorlijk. Ze laten je bedenken of je wel genoeg geld bij je hebt en of je die taart wel mag kopen van je moeder. Straks is het etenstijd, dus misschien... Je twijfelt, weet niet wat je moet doen.

In een lichaam zitten niet alleen darmen, longen, een hart of maag. Er huizen ook gevoelens en gedachten. Bij kinderen met psychosomatische klachten kan het zinvol zijn om de lichaamsdimensie uit te breiden met deze twee aspecten. Je blijft hierdoor dicht bij lichaamservaringen en houdt het lichaam als centrale focus. Tegelijkertijd introduceer je andere taaldomeinen, met ieder weer eigen verbindingen: de taal van het denken en de taal van het voelen.

Brenda is acht jaar en in therapie voor bedplassen en herhaalde blaasontstekingen, die niet geobjectiveerd kunnen worden maar wel pijn geven. Ze komt op gesprek en ziet er ziek uit. Ze klaagt over erge buikpijn. Mama is meegekomen omdat ze vreest voor een nieuwe blaas- of zelfs nierontsteking. Ik verwijs naar het ziekenhuis. Onderzoek levert echter geen concrete resultaten op. Kort daarna komt Brenda terug op gesprek.

Therapeut: 'Weet je nog hoe je je voelde toen je de laatste keer hier was?'
Brenda legt haar hoofd op de tafel en woelt door haar haar. (Dit deed ze de vorige keer ook.)
Therapeut: 'Nou Brenda, de vorige keer zag ik jou met je hoofd op tafel liggen. Wat voelde jij toen van binnen? Pijn en verdriet?'
Brenda blijft stil liggen en lijkt te luisteren.
Therapeut: 'Misschien weet je nog niet goed wat je zou kunnen doen als je vanbinnen pijn en verdriet hebt. En misschien als er veel verdriet is, duwt dat op je buik bijvoorbeeld… dat doet pijn.'
De volgende sessie vertelt Brenda over haar grote verdriet: het moeten laten afmaken van haar kat die aangereden was door een auto.
Moeder, die haar komt halen aan het einde van het therapiegesprek, is verbaasd; zó heeft ze Brenda nog nooit zien huilen.

Om de interacties tussen de drie aspecten binnen een lichaam (lijf, voelen, denken) te visualiseren, gebruik ik het beeld van 'de bewegende puzzel'.

De bewegende puzzel

Binnen de grenzen van een lichaam situeren zich alle lijfonderdelen, het voelen en het denken. Je kunt je dit voorstellen als stukken van een puzzel, niet van hout maar van heel flexibel rubber. De drie stukken zitten aan elkaar vast, maar bewegen als een soort amoebe. Zonder in elkaars territorium te dringen, vormen ze een bewegende massa. Het kader waarbinnen deze puzzelstukken bewegen, wordt gevormd door een membraan, dat net zoals de menselijke huid begrensd en doorlaatbaar is. Het is in staat om zaken van binnen het lichaam naar buiten te laten en omgekeerd ook dingen uit de buitenwereld toe te laten.

Op een eenvoudige manier probeer ik de relaties tussen de verschillende lichaamsaspecten met kinderen te verkennen. Bij Veronique (10 jaar) bijvoorbeeld, die klaagt over duizeligheid en misselijkheid wanneer ze op school is.

Stel dat iemand boos is op jou, dan komt dat bij jou binnen, je hoort het. Wat gebeurt er dan allemaal in jou? Voel je je dan verdrietig, boos of bang worden? Denk je dan aan iets, bijvoorbeeld 'dit is niet eerlijk'? Krijg je dan misschien brandende ogen, buikpijn, een misselijk gevoel of tranen? Misschien weet je dat ook niet. Het is heel moeilijk om dat allemaal te weten. Het gaat heel snel.

Hanne is elf jaar en naar mij verwezen vanwege chronische gewrichtspijnen. Ze heeft al vele medische ingrepen en onderzoeken achter de rug. Er werd 'niets' gevonden. Terwijl moeder uitgebreid verslag doet van hun ziekenhuisbezoeken, weent Hanne en zegt: 'Mij geloven ze helemaal nooit.' Wanneer ik haar alleen spreek, zeg ik: 'Een kijkoperatie in een knie is voor een dokter wel gemakkelijker dan een kijkoperatie in hoe jij je vanbinnen voelt.'
Hanne: 'Dat bestaat niet!'
Therapeut: 'Dat klopt; om iets te weten van wat er vanbinnen bij jou gebeurt, heb ik jou nodig.'
Vervolgens ga ik uitgebreid in op de last die ze van haar klachten ondervindt. Het hindert haar om te bewegen. Ze kan moeilijk spelen, nauwelijks turnen en ook wanneer ze zit voelt ze pijn aan haar rug en haar heupen. Op dit moment heeft ze vooral veel pijn aan haar polsen. Terwijl we in gesprek zijn teken ik de bewegende puzzel en samen met haar schrijf ik haar pijnen in de lichaamsdimensie.
Therapeut: 'Jeetje, je hebt wel een hoge pijndrempel, zeg.'
Hanne kijkt me verbaasd aan.
Therapeut: 'Ik bedoel dat ik denk dat jij veel kan verdragen. Met zo'n hoge pijndrempel word je niet geboren, hoor.'
Hanne: 'Mijn neef, die is kleinzerig. Ik denk wel dat ik dat geleerd heb.'
Vervolgens wijs ik naar het puzzelstukje 'voelen' en zeg: 'Als jij dat zo zegt van je neef heb ik de indruk dat jij veel ziet en goed kunt voelen wat er zo om je heen gebeurt.'
Hanne: 'Ja, ik trek me veel aan.'
Therapeut: 'En ziet men dat aan jou of houd je het vanbinnen?'
Hanne: 'Meestal binnen.'
We schrijven samen op wat ze allemaal vanbinnen voelt wanneer ze zich iets aantrekt: zenuwen, triestheid, spanning... We plaatsen dit in het hart van de gevoelsdimensie, goed verstopt.
Ze vertelt dat ze nu ook zenuwachtig is, want de examens zijn begonnen.
Therapeut: 'Waar voel jij dat dan?'
Hanne: 'In mijn buik en ik eet minder.'
Therapeut: 'En wat doe jij dan met die zenuwen?'
Hanne: 'Meestal voor mezelf houden.'
We tekenen een dikke zwarte lijn om het puzzelstuk 'voelen'. Langzaam ontstaat er een puzzel, waar het stukje 'voelen' groter en groter wordt en hard en gemeen tegen de andere stukken aan het duwen is.
In een daaropvolgend gesprek begint Hanne met de mededeling dat ze meer hoofdpijn heeft en ook pijn in haar gewrichten.
Therapeut: 'Misschien denk je meer?'
Hanne (verwonderd): 'Ja.'
Therapeut: 'Waarover dan?'
Hanne: 'Over wat je me verteld hebt van die tekening daar. Ik had dat nog nooit gehoord. Ik trek me veel aan.' Hanne begint te huilen. 'Ik ben al die droevige dingen zo beu. Mama heeft ruzie met haar nicht. Die zie ik nu niet meer. Ze woonde met haar baby bij ons. Ik verzorgde het kindje zo graag. Ik mag ze ook niet meer zien.'

Een manier om heel dicht bij de lichamelijke klachten te blijven, deze in het vizier te houden en toch een verbinding te maken met de wijdere context, is het exploreren van zogenaamde 'erfelijke factoren'. Erfelijkheid, niet in wetenschappelijke zin maar in een meer dagelijkse betekenis, kan een dankbare invalshoek zijn om andere betekenissen te introduceren voor ziekte en gezondheid. *'Ken jij nog meer mensen in je familie die veel hoofdpijn hebben en daar lang last van hebben?'* De exploratie van erfelijkheid kan worden verbreed naar de exploratie van gelijkaardige klachten bij mensen uit de directe omgeving van het kind. *'Is er bij jou in de klas nog een meisje of jongen die wel eens buikpijn heeft?'* Dergelijke vragen brengen kinderen in een positie van observator, waardoor ze kunnen gaan nadenken over de pijn. *'Mijn papa heeft ook veel hoofdpijn.' 'En wat doet jouw papa dan?'* Zo kunnen kinderen zien dat anderen met hoofdpijn er bepaalde betekenissen aan geven en wordt het mogelijk om ook bij zichzelf nieuwe betekenissen te zoeken.

> Isabelle is dertien jaar en verwezen door een medisch specialist vanwege aanhoudende maagpijn, die geregeld gepaard gaat met misselijkheid en braken. Alle onderzoeken waren niet in verhouding tot de ernst van de klachten of negatief.
> Isabelle is de jongste van drie kinderen. Vader is bedrijfsleider en lijdt onder stress van het runnen van een bedrijf. Moeder is huisvrouw. De beide broers van Isabelle, dertig en zesentwintig jaar, wonen nog thuis. Isabelle komt met de nodige gereserveerdheid naar de therapie.
> Het introduceren van de puzzel slaat goed aan. Ze is leergierig en heeft veel fantasie. Al snel blijkt dat in haar puzzel het gevoel zeer dominant is en het denken min of meer heeft teruggedrongen, zodat er alleen nog een lichaam overblijft om te reageren.
> Ik opper: 'Tja, zou dat bij jouw vader zo zijn, dat als hij veel zeurt over het werk hij meer last heeft van zijn maag?' Ze denkt dat dat zou kunnen, maar het duurt enkele gesprekken voor ze gelooft dat de verbinding tussen lichaamsaspecten en omgevingsfactoren ook op haar van toepassing is. Isabelle: 'Ik heb weer zoveel moeten braken... Ik heb me suf gepiekerd...' Het blijkt dat haar vriendje haar heeft laten staan, met een draaikolk van emoties tot gevolg.
> Het doet Isabelle zichtbaar deugd dat ze na verscheidene gesprekken een nieuwe verhouding tussen lijf, voelen en denken kan tekenen. Er komt meer plaats voor denken.

Het beeld van 'de bewegende puzzel' is een dynamisch model. Verhoudingen liggen niet voor het leven vast, maar kunnen – zoals bloeddruk – onder invloed van gebeurtenissen wijzigen. De flexibiliteit van de verhoudingen tussen de drie puzzelstukjes wordt begrensd door de context: omgevingsfactoren zoals omgangsvormen, communicatiepatronen, sociale vertogen, loyaliteiten.

Zo leert Isabelle bijvoorbeeld begrijpen dat ze haar verdriet niet kan uiten naar haar vader, omdat hij daar om vele redenen niet goed mee kan omgaan. Ze leert wat ze wel kan bij haar vader, passend binnen de omgangsvormen van haar gezin.

Tot slot

De puzzel is voor mij altijd de favoriet in elke speelgoedzaak geweest. In mijn praktijk staan vele exemplaren. De puzzel is ook het beeld dat ik krijg wanneer ik aan therapie denk: je krijgt vele kleine stukjes aangeboden, die je op tafel legt. Samen met het kind of de jongere begin je te puzzelen en kijk je verrast naar welk geheel er verschijnt. Het geheel geeft altijd een ander beeld dan al die stukjes apart. En een ander beeld verbindt zich met andere betekenissen.

Ik merk in het vele dagelijkse gebruik van 'de bewegende puzzel' dat dit beeld voor kinderen complexe verbindingen zichtbaar en concreet maakt. Het helpt hen en mij om vanuit het centrale uitgangspunt 'lichaam' vele uitstapjes te maken naar hun leef- en betekeniswereld. Uitstapjes die samen weer een nieuw beeld opleveren, een nieuw patroon weven om de klacht. Klachten hoeven hiermee niet te verdwijnen, maar ze veranderen wel omdat ze worden opgenomen in een ander betekenisweb.

Een metafoor, een beeld uit het dagelijks leven, zegt vaak meer dan welke theoretische uitleg dan ook. In die zin heb ik ervaren dat 'de bewegende puzzel' in de problematiek van psychosomatiek een steentje kan bijdragen.

Praktijkmozaïek

Gewoon ongewoon

Groepstherapie voor kinderen die op ongewone wijze
in de wereld staan

Mark Neyens

De kortsluiting

'Joris is een tienjarig kereltje dat pienter overkomt. Hij is goed in voetbal (technisch gezien), maar heeft veel moeite om de bal af te geven en om samen te spelen. In de klas flapt hij de antwoorden er zomaar uit en heeft hij op alles en iedereen commentaar. Thuis is hij vasthoudend: wat hij in zijn koppie heeft, moet eruit. Uitstellen of toegeven is zeer lastig voor hem.'

Dit is een stukje uit een observatieverslag van Joris. Het is een bondige samenvatting van de manier waarop anderen Joris zien functioneren. Het is tevens een uitspraak over wie hij is, wat hij kan en vooral wat hij niet kan. Wanneer we door de ogen van Joris kijken, zijn perspectief kiezen, zouden we dan hetzelfde waarnemen? Waarschijnlijk niet. Hoe zou Joris zichzelf dan zien? Zou hij het idee hebben dat niemand zijn voetbalkwaliteiten weet te waarderen, omdat hij telkens de bal moet afgeven wanneer hij hem net aan zijn voeten heeft? Of zou hij ervaren dat zijn mening niet telt omdat men, telkens wanneer hij iets zegt, niet luistert of hem het zwijgen probeert op te leggen?

Volwassenen en kinderen gaan met elkaar om, ieder vanuit een eigen biografie en met eigen verwachtingen. Ieder ervaart effecten en reageert daar weer op vanuit zijn eigen ordeningen. (Watzlawick e.a., 1970) In het geval van Joris lijkt er, zoals bij veel andere kinderen die als lastig en druk worden omschreven, sprake te zijn van een kortsluiting. De wijze waarop hij zichzelf ziet en de wijze waarop zijn omgeving hem ervaart, zijn nog maar moeilijk verenigbaar. Er is geen aansluiting meer, enkel nog vuur en vonken. De interacties tussen Joris en anderen krijgen een patroon dat Watzlawick (1974) omschreef als 'meer van hetzelfde', met vérgaande gevolgen voor de zelfbeleving van Joris. Hij krijgt misschien gaandeweg het gevoel dat niemand hem begrijpt of waardeert, dat het ondanks alle goede bedoelingen van zijn kant steevast verkeerd afloopt. De anderen werken hem tegen, kijken met een half oog naar hem, zien hem niet staan. Volwassenen en misschien ook meer en meer leeftijdgenoten proberen hem bij te sturen, maken opmerkingen. Zij snappen niet waarom Joris hen niet snapt, waarom hij niet 'gewoon' luistert. De corrigerende opmerkingen kunnen dusdanige proporties aannemen dat het lijkt – voor Joris en anderen – alsof er niets meer goed loopt. Joris vertoont geen lastig en druk gedrag. Hij is een lastig en druk kind. Er scheelt iets aan hem. Hij is het probleem geworden en de verhalen over hem zijn probleemverzadigd geraakt (Freeman e.a., 1997; Epston & White, 1992).
Meestal trekt de omgeving dan aan de alarmbel. Het gaat niet meer. Ouders, leerkrachten, de huisarts geven aan dat ze zeer bezorgd zijn. Zij ervaren een breuk met

betrekking tot hun verwachtingen rond het proces van groot worden en de reacties van een kind als Joris. Ze zijn zo bezorgd, omdat ze het idee hebben dat de problemen met Joris steeds groter en groter worden. En ze lijken nu al zo onbeheersbaar. Joris is het probleem. Hij moet veranderen. Hij zou minder druk moeten zijn, leren om beter te luisteren, weerbaarder of zelfstandiger moeten worden, meer structuur moeten hebben. Kortom: Joris zou vaardiger moeten worden in het sociale verkeer. Zo worden deze kinderen aangemeld op het Centrum voor Geestelijke Gezondheidszorg[1] PassAnt te Leuven. Het ligt voor de hand om hun een socialevaardigheidstraining aan te bieden, maar deze insteek versterkt volgens ons de al bestaande druk en patronen. De kinderen moet immers ander gedrag aangeleerd worden. Iets waar men in hun omgeving vaak al jarenlang druk doende mee is geweest.

De uitdaging waar wij voor staan, is hoe je met deze kinderen een groepstherapie kan starten, zonder exclusief te focussen op het 'onaangepaste' van hun gedrag. Is het mogelijk om identiteitsversterkend te werken door dergelijke kinderen bij elkaar te zetten? Kunnen er in en door een groep 'rijkere verhalen' (Freeman e.a., 1997) ontstaan omtrent wie ze zijn? Zijn er paadjes te ontdekken waarlangs ze kunnen aansluiten bij de grote delta van kinderinteracties en vaardigheden?

Inmiddels hebben we al enige jaren ervaring met systemische groepstherapieën voor kinderen (van 8 tot 14 jaar) met een ontwikkelingsstoornis. Als deze kinderen beantwoorden aan het profiel nemen ze met een achttal leeftijdgenoten deel aan vijftien keer anderhalf uur groepstherapie. In deze groepswerking gaan we, met behulp van communicatietheoretische principes, aan de slag met hun eigen aardigheden in interacties.

Hieronder volgt een verslag van de opbouw en grondslagen van deze systeemgeoriënteerde groepstherapie en staan we stil bij de – volgens ons – werkbare factoren.

De groep als systeem: interacties en beïnvloedingen

Wanneer je zes à acht impulsieve, concentratiezwakke kinderen bijeenzet, hen laat werken en spelen, bieden ze je onmiddellijk een massa materiaal aan.

- De kinderen stormen door de klapdeur naar binnen en proberen de specifieke stoel waar ze op willen zitten (naast de begeleider of net niet, naast een specifiek groepslid of net niet, toevallig met z'n tweeën voor één stoel) te bemachtigen.
- In het kringgesprek zijn ze constant aan het woord, of luisteren ze juist niet.
- Bij de speluitleg zie je dat ze niet luisteren naar de uitleg of in discussie gaan over die ene regel.
- Het lukt hen niet om iets goeds uit de sessie te verwoorden.
- De snoepreep waar ze hun oog op hebben laten vallen, wordt net door de voorgaande jongen genomen, en er is er geen meer van die soort.

---

1. *Het Centrum Geestelijke Gezondheidzorg in Vlaanderen is een tweedelijns dienst vergelijkbaar met een RIAGG in Nederland.*

Het samenzijn wordt door deze kinderen heel vlug en heel vaak negatief ervaren en vertaald: 'Ik moet het onderspit delven' óf 'Ik voel dat ze mij niet mogen'. Inherente groepsmechanismen ervaren ze als aanvallen op hun persoon. Deze beleving wordt vaak bevestigd in de klas, op straat, thuis. De bijsturingen die ze krijgen zijn voor hen onverstaanbaar, dus onbereikbaar, en verdichten steeds meer hun negatieve gevoelens: 'Zie je wel, ik heb het steeds gedaan; mij lukt het niet; ik ben weer gepest ...', met moedeloosheid en hopeloosheid tot gevolg.

Door het opmerken van en insteken op enkele van deze schakels in dit hele netwerk proberen we een ander spoor met hen te trekken, proberen we draadjes van invloed te spinnen.

In deze homogene groep komt ieder kind wel eens in een moeilijke situatie terecht. Lastige en onaangename ervaringen verlopen voor deze kinderen min of meer gelijk, maar niet op hetzelfde moment. Van dit verschil maken we gebruik.

> Pieter en Thomas hebben beiden een idee voor een kringspel. Via een stemronde wordt het spel van Pieter als eerste gekozen. De afspraak is dat het spel van Thomas de volgende keer gespeeld wordt. Toch zint deze afspraak Thomas niet: hij moet toegeven (en dat is altijd zo).
> Therapeut: 'Ik merk dat Pieter nu wel tevreden is, maar dat Thomas dit niet fijn vindt. Wie kent dat ook, dat jouw idee niet gekozen wordt en dat je altijd moet toegeven?'

We beluisteren en ordenen de verhalen en proberen deze concreet te maken. We noteren de inhouden op het bord en parafraseren wat de kinderen vertellen. Daarbij bewaken we de beginvraag én de rode draad (in feite acht rode draden, want ieder kind heeft zijn verhaal). Dit zijn onze hulpmiddelen om gedeelde ervaringen zichtbaar te maken.

'De anderen hebben ook wel eens dat gevoel dat ik heb' is een conclusie van deze ronde.
- Zijn Thomas en Pieter goed aan het meewerken?
- Hebben beiden ideeën (dus zijn ze creatief, werkt hun geheugen, hebben ze spelervaring)?
- Klopt het dat, als je iets bedenkt en voorstelt, je graag wilt dat anderen dit doen?
- Zijn de voorstellen die geopperd worden voorstellen of verplichtingen?
- Kun je twee spellen tegelijk doen?
- Als de groep jouw voorstel niet kiest, is dat dan omdat ze jou niet mogen?
- Is stemmen of een aftelversje een goede manier om uit te maken wie mag beginnen?
- Hoe kun je er zeker van zijn dat de groep zich houdt aan de belofte om jouw spel de volgende keer te doen?

Dergelijke vragen geven taal aan het gevoel van Thomas. Ze expliciteren tevens de knopen waar kinderen onder elkaar mee te maken krijgen. Van het feit dat dit door de kinderen herkend wordt, getuigt de grote eensgezindheid over de antwoorden en het feit dat ze aandachtig deze analyse volgen. De groep is aan het werk gegaan met het voorgelegde materiaal en heeft het probleem losgemaakt van de persoon en herleid tot: 'zo werkt het als je samen wilt spelen'.

Het ervaringsgerichte samen zoeken doet goed én beïnvloedt het spel in positieve mate.

Dit intermezzo duurt ongeveer tien minuten, maar wordt door de kinderen niet als tijdverlies ervaren. De kinderen reflecteren heel graag en creëren zo een krachtige ervaring van 'samen weten'. Oog hebben voor andere beïnvloedingssporen tilt bij deze kinderen blijkbaar een tip van de sluier op rond omgaan met elkaar, zonder in conflicten te verzanden.

Omdat wij als therapeuten waken over de veiligheid in de groep wordt de mogelijkheid geboden om 'uit te proberen', om af te stappen van de dwingende manieren van reageren, om verschillen te ervaren. Daarbij gebruiken we telkens weer het concrete verloop van groepsinteracties als werkmateriaal.

Denken en spelen

Het nauwlettend volgen van interacties in de groep betekent ook dat wij als therapeuten de mogelijkheid inbouwen van reflectiemomenten, en daarmee enige structuur aanbrengen. Met andere woorden, wij zien het inbouwen van een groepsstructuur niet als het introduceren van afgebakende regels en gedragsgeoriënteerde interventies, maar als het weloverwogen creëren van omgangsvormen waarbinnen reflectie mogelijk wordt. Het introduceren van spelletjes in de groep biedt ons daartoe gelegenheid. Het spel is immers altijd meer dan enkel een spelletje spelen.

> Er wordt met de groep een balspel gespeeld waarin iemand de bal omhoog gooit, een naam zegt en die jongen moet de bal opvangen.
> Als algemene regel hebben we gesteld: zacht gooien.
> Na enkele wisselingen is Jasper aan de beurt, die de bal keihard gooit. We zien dit aankomen, kunnen de bal net onderscheppen en vermijden een bal-kind-botsing.
> De therapeut die de bal heeft, staat in het midden van de kring en reageert met:
> Therapeut: 'Blijkbaar nodigt de bal uit tot hard gooien. Wie doet dat nog meer graag?'
> Alle kinderen beamen dat ze, als ze zelf mogen kiezen, het liefste hard met de bal gooien.
> Therapeut: 'Wie kan nog meer hard gooien met de bal?' Opnieuw wordt de kring afgegaan. De kinderen vinden van zichzelf dat ze hard kunnen gooien.
> Therapeut: 'Hard gooien met een bal lijkt me inderdaad wel fijn, maar zijn er ook gevaren aan verbonden?'
> Iedereen wordt uitgenodigd om te antwoorden. Er komen antwoorden zoals:

- iemand pijn doen
- ruit, plafond of lamp stuk
- ...

Therapeut: 'Als we hadden afgesproken dat we zacht zouden gooien, en iemand gooit toch keihard. Wat vind je daarvan?'
Je ziet de kinderen denken en innerlijk de twee standpunten afwegen: leuk of lastig?

Spelen wordt door kinderen als fijn ervaren. Vraag je hun wat ze het liefste doen, dan antwoorden ze veelal: spelen. Met elkaar spelen vinden ze het summum: mee mogen spelen, erbij horen, samen iets maken, fantaseren, de leider zijn, een tegenspeler hebben, winnen... De kinderen die aan de therapiegroep deelnemen, zijn door anderen vaak onkundig verklaard op het terrein van het samenspel. Te wild, te veel conflicten, pestgedrag... is het meestal eensluidende oordeel.

Om deze 'impulsieve' kinderen met zeer veel negatieve samenspel-ervaringen de communicatieve realiteit van de 'spel'-wereld te laten herontdekken, worden de reflectiemomenten opgebouwd rond de volgende dimensies:
• bevragen wat er in een spel gebeurt of gebeuren kan;
• bespreken wat de effecten van hun gedrag zijn;
• onderzoeken wat de impact is van de reactie van iemand anders op henzelf;
• checken of ze dit verwacht hadden.

In de groep gebruiken we veelvuldig eenvoudig opgebouwde kring- en gezelschapsspellen als aanloop. De eenvoudige opstart maakt het mogelijk om samenspel te 'vertalen' en voor hen (be)grijpbaar te maken.

Via voor-, tussendoor- en nabesprekingen – en hier spenderen we nogal wat tijd aan – reflecteren we over het spelverloop. Ondanks hun impulsiviteit en associatieve vermogen blijven de meeste kinderen alert en betrokken tijdens deze gedachte-uitwisselingen. Bij sommigen merk je een expliciete 'aha-beleving'. Ze krijgen meer zicht op de beïnvloedingen en gelaagdheid van het samenspel.

Reflectie op samen spelen

Voordat we met de groep een spel spelen, houden we een uitgebreide afspraken- en bevragingsronde. We vragen waar we op moeten letten, wat er fout kan lopen, wat ze het liefste doen, bijvoorbeeld de leider en zijn volgeling, en wat hier de gevolgen van zijn. Wij stellen de vragen en zij reiken elkaar oplossingen en ideeën aan (Cooklin, 2001).

Meestal wil iedereen wel een spel spelen, maar niet iedereen wil hetzelfde. Je stoot op de wetmatigheid dat je maar één spel per keer kunt doen. Dit ontdekken is op zich al iets nieuws voor deze kinderen; ermee leren omgaan is een ander punt.

Als er een spel is gekozen, vragen wij aan de kinderen: *'Wat is de moeilijkste spelregel om je aan te houden?'* Hiermee refereren we aan het dilemma: merken dat je gaat verliezen en dit ombuigen naar het begeerde winnen door 'vals' te spelen, of samen blijven spelen volgens de afgesproken regels en jezelf bijsturen. Je in het heetst van het spel houden aan vooraf gemaakte afspraken en spelregels is immers niet gemakkelijk.

Wanneer deze kinderen volledig opgaan in een spel, verliezen ze de anderen uit het oog. Dit kan leiden tot conflicten. Dit buigen we om door een hogere dimensie in de spelorde te introduceren, namelijk het samenspel. Om kinderen hier gevoelig voor te maken vragen we in onze voorbespreking: *'Hoe kunnen we ervoor zorgen dat dit spel mislukt?'* Deze misschien paradoxaal klinkende vraag veronderstelt dat een goed en leuk spel meer is dan als individu winnen of verliezen. Een spel laten lukken houdt een engagement in. Hierdoor ontstaan naast winnen en verliezen andere ervaringsdimensies zoals:
- Ik heb fijn gespeeld.
- Ik heb de ander een 'voorsprong' gegeven.
- Ik stond op het juiste moment op de juiste plaats.
- Het spel was leuk en daar heb ik een aandeel in.

Voor deze kinderen, die spelen meestal associëren met het behalen van resultaten in termen van winnen-verliezen, is dit een verrassende dimensie.

In een volgende fase vragen we aan de kinderen: *'Wat ga je doen wanneer je het moeilijk vindt om verder te blijven spelen?'* Op dergelijke momenten kunnen ze vele zaken doen. Vals spelen, weglopen, anderen lastig vallen, iets stukmaken... Door niet-veroordelend stil te staan bij deze gedragingen en de eventuele gevolgen daarvan, krijgen kinderen een breder zicht. Op zo'n moment creëren we een veld waarin zowel gedragingen en gevoelens als effecten een plaats hebben. Op dit onbedreigde moment nemen ze verschillende perspectieven in en reiken ze elkaar alternatieven aan, denken ze creatief over mogelijkheden na en over de haalbaarheid daarvan. In deze besprekingen worden de inspanningen die een kind dient te leveren geëxpliciteerd. Tegelijkertijd krijgen de kinderen het gevoel dat ze de betekenis van het spel mee beïnvloeden en dat ze nodig zijn. Ten slotte delen ze deze positieve gewaarwording met elkaar.

Na het spel staan we stil bij het verloop. Via vragen en het kijken naar de video proberen we hen attent te maken op het complexe samenspel en op de momenten waarop zij het verloop in een positieve richting beïnvloedden. Samen kijken naar de video wordt zo een constructieve ervaring. Ook omdat we ervoor zorgden dat het spel zonder aanvaringen eindigde.

Anders dan bij het verbale reflecteren laten de visuele beelden een schat van niet-verbale beïnvloedingen zien. Door de band voor- en achteruit te spoelen, kunnen we voorafgaande gebeurtenissen en de effecten daarvan bij verschillende groepsleden bekijken. Verbindingen tussen en perspectief-uitwisselingen over de verschillende gedragingen kunnen gereconstrueerd worden en aangevuld met wat dit betekende voor het groepslid. In deze besprekingen kunnen kinderen tot besef komen dat (sommige) ervaringen (bijvoorbeeld: 'Als het niet verloopt zoals ik gedacht had, dan word ik boos en ga ik vals spelen') ongeveer gelijklopen bij de verschillende groepsleden. Dit geeft nog een extra dimensie.

Veel kinderen vragen naar dit programmaonderdeel omdat het blijkbaar op een concrete wijze illustreert wat er tussen hen en anderen gebeurt. Het aan den lijve ondervinden, het benoemen door ons en door de andere groepsleden van de succeservaring is een beklijvende ervaring van erbij horen, van zijn zoals de anderen.

Verschillende taken

Terwijl wij de lopende interacties in de groep bespreken, proberen we de communicatieniveaus te onderscheiden, te weten het inhouds- en betrekkingsniveau (Watzlawick e.a., 1970). We doen dit door een onderlinge taakverdeling af te spreken. Een van de therapeuten volgt het verhaal en het groepsgebeuren. Hij legt de oefeningen of het spel uit en begeleidt dit (inhoudsniveau). De andere therapeut houdt in de gaten wat de effecten zijn en wat er gebeurt (betrekkingsniveau).

> Stefan is een vurige voetbalfanaat en vertelt – op het moment dat hij aan de beurt is – zeer gedetailleerd over een situatie in de wedstrijd waarin hij een centrale rol had. Roeland, die ook verteld had dat hij van voetballen houdt, stelt zich naarmate het verhaal vordert steeds afweziger op. Terwijl therapeut A het verhaal van Stefan mee probeert te structureren (anders is het niet begrijpbaar) zegt therapeut B: 'Stop eens even... Ik wil tussendoor even aan Roeland vragen waar hij over denkt, want ik zie aan zijn gezicht dat er iets is.' Roeland reageert: 'Hij denkt dat hij alleen een goede voetballer is, maar er zijn er nog meer.' Therapeut B: 'Daar zit volgens mij een verhaal achter. Kan jij het even bewaren tot Stefan klaar is?'

Deze therapeutische taakverdeling is volgens ons ook een structuurelement dat reflectie bevordert. Kinderen leren zo al doende het onderscheid te maken tussen 'wat doe ik?' en 'hoe komt dit over bij een ander?'. Door de opsplitsing van therapeuten kunnen ook zij een metapositie ten opzichte van hun eigen en andermans gedrag innemen. Ze vallen er niet meer mee samen.

Een kijk op jezelf

> Koen is verbaal een zeer alert kereltje. Op alles wat tegen hem gezegd wordt, weet hij wel een antwoord te verzinnen. Zijn associatievermogen is groot. Hij bouwt telkens verder op wat er op hem afkomt en op wat er in hem opkomt.

Aangezien Koen verbaal niet te overtreffen is, wordt hij telkens door klasgenoten tot de orde geroepen. Koen wordt door de klas ervaren als een vervelende en agressieve jongen. Maar wie je bent en welke spiegels je daarover krijgt, is afhankelijk van de context.

> Tijdens een schoolfeest gaat Koen in op de voorzetten die door zijn klasgenoten worden gegeven en staat hij in het middelpunt van de belangstelling. Er wordt gelachen, er is ambiance. Koen brengt leven in de brouwerij en is op dat moment de gangmaker.

> Op school wordt Koen door de leerkrachten tot de orde geroepen: hij moet, net als de anderen, het uitgezette spoor volgen; hij moet zich schikken naar de regels, zijn interrupties passen niet in het programma. Koen wordt iemand die niet luistert, die zich niet houdt aan de regels, die geen respect vertoont.
> Jongere kinderen hangen aan Koens lippen. Zijn fantasie, zijn afwisselende tempo, zijn ideeën en zijn gedrag sluiten naadloos aan bij de verwachtingen van deze kinderen. Koen wordt door hen ervaren als een van hen.

Wie Koen is, wordt mede bepaald door hoe hij overkomt bij de anderen. Wanneer kinderen om een of andere reden uit de groep vallen, worden ze hiermee op een negatieve en dwingende wijze geconfronteerd. Wie je bent wordt immers beïnvloed door hoe je jezelf ziet en hoe de anderen je zien: een steeds voortgaande wisselwerking.

Dat deze verhouding van complexe aard is, getuigen de voorbeelden. De omgeving bestaat niet als vast gegeven, laat staan dat er een eenduidige manier van reageren is.

Deze kluwen bekijken, analyseren, ingangen zoeken om uit de impasse te geraken, de tegenstrijdige omschrijvingen onderkennen, zijn de werkpunten waar we in de groep mee aan de slag gaan. Op deze wijze trachten we identiteitsversterkend te werken.

Aangezien negatieve omschrijvingen van hun identiteit in het dagelijks leven zo overweldigend op de voorgrond staan, is onze eerste ingang het ondersteunen van constructieve facetten van hun identiteit. Iemand zijn, een eenheid vormen, bevat een kern van positieve, geaccepteerde elementen.

Kijk naar jezelf, maar kijk naar het goede

Als je aan deze kinderen rechtstreeks de vraag stelt 'Wat doe je goed, wat kun je goed?' krijg je vaak als antwoord 'Niets.' Een antwoord dat de uitdrukking lijkt van negatieve omschrijvingen over wie zij zijn. Om hen andere aspecten te laten ontdekken doen we 'voorwerk'.

> Wanneer de kinderen binnenstormen, zeggen de therapeuten tegen elkaar: 'Vier van de zeven kinderen kwamen binnen zonder dat de klapdeur tegen de muur kwam en drie waren zo enthousiast dat ze heel hard tegen de deur duwden.'
> De kinderen zitten in de kring en een van de therapeuten zegt: 'Wie van jullie houdt nu zijn benen en armen stil en zit klaar om naar ons te luisteren?'
> Wanneer iemand rustig zit te luisteren vraagt de therapeut: 'Hoe zie je nu aan Frank dat hij naar jou zit te luisteren? Wanneer hij nou erg met zijn benen zou wiebelen, zou hij dan ook goed luisteren?'
> Nadat een spel gespeeld is vragen wij: 'Wie van jullie heeft naar de regels geluisterd? Wie heeft er meegespeeld? Wie vond het leuk?'

Het gaat hier over heel gewone zaken. De meeste mensen – en de kinderen ook – vinden dit zo evident dat er niet meer bij wordt stilgestaan. Wij expliciteren met de groepsleden deze vanzelfsprekendheid. Op deze wijze tonen wij aan dat wat zij doen oké is. Telkens opnieuw proberen we op constructieve wijze de kinderen aan te sporen om te kijken wat er binnen bepaalde contexten verwacht wordt. In plaats van ze opmerkingen te geven of bij te sturen en aan te geven wat ze niet goed doen, gaan we in op wat ze al gedaan hebben overeenkomstig het gestelde doel en letten we op de evidente goedgelopen interacties.

Kinderen krijgen zo de ervaring dat ze kunnen beantwoorden aan verwachtingen, dat ze dit zelfs gewoon doen, zonder het te beseffen. Zij voelen zich gezien en dat nodigt weer uit om verder te proberen (McAdam, 2002).

Nadat we enige tijd goedlopende interacties hebben opgemerkt, proberen we rechtstreekser te werken. We doen dit door middel van gerichte en afgebakende opdrachten in de groep. We maken hierbij veelvuldig gebruik van visualisaties op het bord. Op deze wijze worden de kinderen in een observatiepositie gebracht, waardoor een creatief en collectief zoekproces ontstaat.

> 'Kinderen doen thuis en in de klas dingen waar volwassenen opmerkingen over maken. Maar kinderen doen ook dingen waar dezelfde volwassenen tevreden over zijn. Wij gaan nu eens tien van die goede dingen zoeken die kinderen kunnen doen, en schrijven die op het bord.'
> Nadat ze een lijst hebben gemaakt, dringen we wat aan om verder te zoeken: 'Zouden we nu nog meer goede dingen kunnen vinden?'... En jawel, dat lukt ook. Wanneer we een lange lijst hebben, vragen we aan de kinderen om zelf drie dingen uit die lijst te zoeken die ze zelf goed kunnen en waar volwassenen tevreden over zijn.

Het is van belang dat het zoeken naar en vinden van eigen voorbeelden in de groep wordt besproken. De groep kan zo getuigen van de andere en nieuwe facetten die deze kinderen over zichzelf te berde brengen (Andersen, 1991). De therapeuten proberen in de verhalen van de kinderen over wat ze goed kunnen of doen zoveel mogelijk het identiteitsaspect op de voorgrond te stellen. *'Jij bent een goede moppentapper, want op dat moment moest iedereen lachen.'* Een interactie wordt zo verbonden aan een constructieve zelfomschrijving. Dit kan alleen wanneer deze werkelijkheid door meerderen en vooral door het kind (h)erkend wordt.

Als therapeuten stellen wij ons de opdracht om voor elk kind zulke interactiemomenten op te merken en expliciet te verwoorden. Dit benoemen en overbrengen van een constructief interactiemoment is belangrijk. Zonder dit verdwijnen dergelijke constructieve interacties in de veelheid en chaos van talloze interacties met negatieve effecten. Constructieve interacties blijven dan ongezien en onbestaand.

Kinderen kunnen positieve zaken bij zichzelf ontdekken, maar deze verhalen over wie zij zijn worden rijker gevuld wanneer ook anderen daar aspecten aan toevoegen. Wij maken dan ook gericht gebruik van de opmerkingsgave van de kinderen naar elkaar toe. Aan het einde van een bijeenkomst zegt iedereen iets wat zijn linkerbuurman tijdens de sessie goed gedaan heeft. Wij vragen hun een positief geformuleerde boodschap op te schrijven voor iemand in de groep. Bij deze opdracht doen wij ook mee en zorgen er zo voor dat ieder kind een boodschap krijgt.

Deze wijze van werken brengt bij de kinderen iets in beweging. Het is te merken aan hun gedrag en uitspraken. Ze zijn betrokken, enthousiast, wijzen ons erop dat het weer tijd is om 'briefkaartjes' te maken. Ze nemen de kaartjes mee naar huis en hangen ze op in hun kamer.

De kinderen voelen dat ze gewone, leuke, grappige en goede kanten hebben naast al die lastige. Ze verschijnen als iemand anders dan gebruikelijk: minder als het probleem, eerder als een kind met een probleem. Door op een andere wijze onderling te communiceren, worden ze anders en dit heeft uitstraling op hun zelfbeeld en hun interacties.

Ik ben anders, maar niet slecht

Pas wanneer de kinderen merken dat zij ook gewone en constructieve facetten 'bezitten', hebben ze enig houvast om hun anders-zijn te exploreren. Het apart-zijn, het lastige, is nu immers minder absoluut. Om hun anders-zijn te verkennen maken we gebruiken van de gelijklopende ervaringen tussen de groepsleden. Het is immers hun apart-zijn wat deze kinderen verbindt.

> Wanneer Sam een verhaal vertelt, gaat hij staan en loopt hij rond. Karel merkt dit op. De therapeut vraagt aan de groep: 'En wat doen jullie zoal als je een verhaal vertelt?' Karel blijkt te wiebelen en gebruikt altijd een stopwoordje. Simon wipt volgens Koen op zijn stoel en Ben beweegt zelfs op zulke momenten wild met armen en benen. Blijkbaar spreken deze kinderen allemaal met heel hun lijf.

'Zo reageer ik; zo ben ik' wordt een gedeelde werkelijkheid. Het krijgt een plek. Aan de overwegend negatieve betekenis van hun anders-zijn koppelen wij een positief georiënteerde. Het herkennen van soortgelijke situaties bij anderen geeft kansen om metaposities in te nemen.

> Stefan zit nu in een situatie waarbij hij stellig vasthoudt aan zijn idee. Hij raakt hierdoor in een conflictueuze interactie met een aantal kinderen. Toekijkend merkt Paulus op dat hij in deze situatie toch anders zou reageren.

Dergelijke vergelijkingen zijn identiteitsversterkend. Door de frequente, wisselende en intense interacties kunnen alle groepsleden zich bij momenten positief vergelijken met anderen. Het geeft hun de ervaring iets te kunnen wat een ander (nog) niet kan, waardoor hun kunnen extra kleur en diepte krijgt. Door deze indrukken en interacties met de verschillende groepsleden in het hier en nu op te nemen, komt hun ervaringsbalans in beweging. Vanuit verwondering kijken ze naar zichzelf en zien en ervaren in de groep iets anders dan elders. Ze ervaren invloed. Ze worden een beetje gewoner ongewoon.

De buitenwereld binnen de groep

Kinderen die afwijken van het gangbare zitten in een lastige positie. Hun wijze van in de wereld staan heeft bepaalde patronen bij hen uitgeslepen; sporen die echter veelvuldig negatieve effecten uitlokken. Rekening houden met de buitenwereld is voor hen dus een dwingend gegeven. Om dit te kunnen is het meegenomen dat ze zicht hebben op de buitenwereld, op de wereld van de anders-anderen, op hun patronen in het intermenselijk verkeer. Observeren, stilstaan, gericht kijken wat er gebeurt, vergroot hun reflectievermogen en maakt de buitenwereld meer begrijpbaar. De groep is het medium dat deze reflectie mogelijk maakt.

Contextverschillen
Er wordt tijdens de sessies veel energie geïnvesteerd in het duidelijker krijgen van de omgeving, verschillende contexten, codes en omgangsvormen. Wegen om dit te doen zijn onder meer:
- samen zoeken naar codes en omgangsvormen:
  - Wat moet je in de klas anders doen dan op de speelplaats? Waarom is dit zo? Wie vraagt dit?
  - Wat is er thuis anders als er bezoek komt?
  - Wat verwacht je leerkracht als jullie op klassenuitje gaan?
- naar verschillen zoeken:
  - Waarin is een zevenjarige anders dan een vierjarige? Waarin is een twaalfjarige anders dan een zevenjarige?
  - Wat doe je als je tien euro vindt, thuis, op school of op straat?
- naar effecten kijken:
  - Wat kan er gebeuren als je in de regen wilt gaan spelen?
  - Hoe krijg jij je ouders boos?
  - Hoe kunnen we ervoor zorgen dat een spel mislukt?
- speuren naar alternatieve scenario's:
  - Stel dat jij een reep chocolade hebt en je klasgenoot vraagt een stukje.
  - Stel dat je verdwaald raakt in een groot warenhuis.

De vragen vertrekken vanuit hun leefwereld. Door ongedwongen samen te reflecteren, krijgen ze meer zicht op situaties, omgangsvormen en systeemregels. De kinderen denken in en met de groep over de interacties buiten de groep. Ze zitten er niet middenin. Dit maakt dat ze over verschillende mogelijkheden en oplossingsstrategieën kunnen blijven nadenken.
      Kennis en informatie over de anderen koppelen aan zelf meegemaakte ervaringen, er een eigen betekenis aan geven, er zelf over reflecteren, dit opmerken en bekrachtigen is volgens ons een manier om het perspectief van deze kinderen te verbreden: *'Het andere is anders dan het mijne; dit is een gegeven en dit zegt niets over mij. Het is gewoon zo, maar het is misschien wel te veranderen.'*

Afstemmen op 'buiten'
Het ontdekken van de patronen, regels, ideeën en verwachtingen van 'buiten' is een eerste stap. Er iets mee doen buiten de groep is van een andere orde en van een andere moeilijkheidsgraad. Weten dat je links en rechts moet kijken als je de straat oversteekt en het ook effectief doen als je aan de overkant een winkel met interessante spullen ontdekt, zijn twee verschillende zaken. Weten is niet hetzelfde als doen.
      In de sessies proberen we – en de kinderen coachen ons daarin – handvatten aan te reiken, hen te leren kijken naar effecten en verschil.

We verkennen met hen het 'buiten'-spel en enkele basisregels; we zoeken naar een taal die voor hen én voor de buitenwereld begrijpbaar is, met verbindingen naar beide kanten. We proberen hen meer te laten zien dan ze zien, zodat ze beter kunnen inschatten en wat meer kunnen manoeuvreren.

De terugkoppelingen uit de buitenwereld zijn veelal negatief: 'Dit is fout gelopen; je had beter moeten weten; je had het anders moeten doen'. Wij proberen daarentegen in de groep andere wegen en houvasten te verkennen, waardoor de kinderen en hun interacties op een constructieve wijze belicht worden.

In de groep oefenen de kinderen hiermee binnen een veilig (wij waken erover dat de interacties niet exploderen) en expliciet (zichtbaar maken, taal geven aan) kader. Eerder dan bijsturen van een fout gelopen interactie worden mogelijkheden en alternatieven bedacht en besproken. Kinderen leren zien dat ze best wat rekening houden met bepaalde regels en beïnvloedingen. Ze leren dat er geen garantie is dat het zal verlopen volgens hun verwachting, maar weten ook dat als er niets verandert, de afloop sowieso een negatieve betekenis krijgt.

Aan het einde van iedere groepssessie wordt de 'buitenwereld' expliciet als inhoud genomen. Via kringgesprekken rond virtuele inhouden koppelen de kinderen hun opgebouwde betekenisgeving en interactiepatronen van de groep aan een situatie van buiten.

> Als je in je klas tegenover een pestkop komt te staan, hoe zou je daarmee kunnen omgaan? Hoe zou de pestkop reageren als je even niets terugzegt? Wat kun je doen als het weer eens niet lukt met schooltaken?

Hun negatieve gevoelens en ervaringen – en het gedrag dat hieruit voortvloeit – worden zo 'onderbouwd' door andere betekenisgevingen. Ze merken dat de situaties anders kunnen verlopen en voelen zich meer gewapend om de wereldse onderhandeling aan te gaan.

De kinderen zoeken, denken, en maken nieuwe verbindingen. Ze geven elkaar feedback, goede raad en stimuleren elkaar om dingen uit te proberen. Zulke 'probeersels' bespreken we in een volgende sessie. Het doet er niet toe of dit 'probeersel' nu geslaagd is of niet. De kinderen worden gestimuleerd om erover na te denken en halen er op die manier tips uit voor hun eigen 'onderhandelingen-site'. Experimenteren wordt een boeiende onderneming.

Tot slot

Deze vorm van groepstherapie is een ongewone. Ongewoon, omdat deze kinderen meestal een socialevaardigheidstraining wordt aangeboden. In een dergelijke, meer gedragstherapeutische aanpak staat het trainen van nieuw en beter aangepast gedrag voorop (Baert & Cottyn, 1998). In onze systeemtheoretische groepstherapie wordt echter niet gefocust op het aanleren van vaardigheden, maar op het samen reflecteren. We maken daarbij veelvuldig gebruik van de interacties in de groep, waardoor systeemregels en omgangsvormen binnen en buiten de groep belicht, besproken en ervaren kunnen worden. Door middel van externaliseren (niet jij bent het probleem, het probleem is het probleem) in de brede zin van het woord, proberen we samen de vaak verbrokkelde, negatieve zelfomschrijvingen van deze kinderen aan te vullen met constructieve identiteitsfacetten.

In een veilig, niet bestraffend en niet-pedagogisch kader proberen we een context te creëren waardoor deze kinderen anders 'verschijnen'; van lastige kinderen naar kinderen die kunnen denken en creatief zijn.

Werken in groepsverband met deze kinderen wordt door hen als leuk ervaren. Binnen het programma op hun maat merken wij bij hen een grote gretigheid om dit zelf in te vullen. Interactiepatronen die voor anderen gewoon zijn, maar die bij hen zeer zelden voorkomen, worden in de sessies merkbaar en zichtbaar. Dit ervaren maakt deze kinderen wat meer gewoon.

Wegens hun andere 'aard' zullen deze kinderen meer dan andere kinderen enige alertheid moeten bewaren in dagelijkse relaties. Als zij constructiever naar zichzelf kunnen kijken, meer zicht hebben op de regels van spel en op hun omgeving, dan zijn ze beter toegerust om reflectief te blijven. Zo creëren zij verbindingen die verschillen van het voorgaande, waardoor hun vaak overweldigende gevoel nergens invloed op te hebben, geen betekenis te kunnen geven of slecht te zijn, afneemt en soms verandert.

Als de omgeving dan ook nog wat welwillend is, dan worden deze nieuwe verbindingen verstevigd. Er verandert iets. De effecten die zo gecreëerd worden, zijn soms voldoende om het ongewone iets meer gewoon te laten zijn.

- Andersen, T. (1991). *The reflecting team: Dialogues and dialogues about dialogues.* New York: Norton.
- Anderson, H. (1997). *Conversation, language and possibilities: A postmodern approach to therapy.* New York: Basic Books.
- Anderson, H. & Goolishian, H. (1988). Human systems as linguistic systems. *Family Process*, 27, 371-393. Vertaald als: Menselijke systemen als linguïstische systemen. In L. Migerode & P. Rober (red.). (1997). *Conversaties en verhalen* (pp. 25-39). Leuven: Garant.
- Anderson, H. & Goolishian, H. (1992). The client is the expert: A not knowing approach to therapy. In S. McNamee & K.J. Gergen (red.). *Therapy as social construction.* London: Sage.
- Andolfi, M. (1979). *Family therapy: An interactional approach.* New York: Plenum Press.
- Anthone, R. & Mortier, F. (1997). *Socrates op de speelplaats. Filosoferen met kinderen in de praktijk.* Leuven/Amersfoort: Acco.
- Axline, V.M. (1976). *Dibs.* Baarn: Bosch & Keuning.
- Axline, V.M. (1994). *Play therapy.* Edinburgh: Churchill Livingstone.
- Baert, D. & Cottyn, L. (1998). Watjes en stoere binken: sociale (in)competentie; een kwestie van zijn of van verschijnen? Schijnwerper. *Systeemtheoretisch Bulletin*, 16(4), 317-337.
- Baert, D. (1991). Identiteit en identiteitsontwikkeling: een poging tot systeemtheoretische benadering. I: Theoretisch zoekwerk. *Systeemtheoretisch Bulletin*, 9(2), 52-94.
- Baert, D. (1993). Identiteit en identiteitsontwikkeling: een poging tot systeemtheoretische benadering. II: De ontwikkeling van identiteit. *Systeemtheoretisch Bulletin*, 11(4), 277-300.
- Bateson, G. (1972). *Steps to an ecology of mind.* New York: Ballantine Books.
- Bateson, G. (1979). *Mind and nature, a necessary unit.* New York: Dutton.
- Blatner, A. (2000). *Foundations of psychodrama: History, theory, and practice.* New York: Springer Publications.
- Boscolo, L. & Bertrando, P. (1996). *Systemic therapy with individuals.* London: Karnac Books.
- Boszormenyi-Nagy, I. & Spark, G. (1973). *Invisible loyalties.* New York: Harper and Row.
- Boszormenyi-Nagy, I. & Krasner, B. (1994). *Tussen geven en nemen. Over contextuele therapie.* Haarlem: De Toorts.
- Breeuwsma, G. (1993). *Alles over ontwikkeling: over de grondslagen van de ontwikkelingpsychologie.* Amsterdam: Boom.
- Brinkgreve, C. (2004). *Vroeg mondig, laat volwassen.* Amsterdam: Augustus.
- Byng-Hall, J. (1995). Creating a secure family base: Some implications of attachment theory for family therapy. *Family Process*, 34(1), 45-58.
- Cecchin, G., Lane, G. & Ray, W.A. (1992). *Irreverence. A strategy for therapists' survival.* London: Karnac Books.
- Cladder, J. & Lens, J. (1990). *Moderne hypnotherapie: een leerboek voor psychotherapeuten.* Amsterdam/Lisse: Swets & Zeitlinger.
- Cluckers, G., Gijsen, E., Monthaye, M. & Smis, W. (1982). *Op weg met de therapeut. Een kennismaking met de psychodynamische kindertherapie.* Antwerpen/Deventer: Van Loghum Slaterus.

- Cluckers, G. (1986). *Steungevende psychotherapie, een andere weg*. Deventer-Antwerpen: Van Loghum Slaterus.
- Cluckers, G. (Ed.). (1994). *Andere therapeuten, andere wegen. Variaties op het thema Iksteun*. Leuven/Apeldoorn: Garant.
- Cooklin, A. (2001). Eliciting children's thinking in families and family therapy. *Family Process*, 40(3), 293-312.
- Cooper, J.C. (1981). *Jin & Jang Tauïsme en de harmonie van ons leven in tegenpolen*. Katwijk aan Zee: Servire Uitgevers B.V.
- Cottyn, L. (2001). Wie is bang voor kinddiagnosen? *Systeemtheoretisch Bulletin*, 19(1), 40-54.
- Cottyn, L. (2001). Kindvisies. *Systeemtheoretisch Bulletin*, 19(4), 250-257.
- Cronen, V.E. (1987). Het individu vanuit systeemtheoretisch perspectief. *Systeemtheoretisch Bulletin*, 5(3), 167-197.
- Custers, S., Meurs, P. & Cluckers, G. (2000). Ontmoeting met destructiviteit. De moeizame opbouw van het eerste speltherapeutisch contact met een emotioneel getraumatiseerd kind. *Tijdschrift voor Klinische Psychologie*, 30(4), 256-269.
- Damasio, A.R. (1995). *De vergissing van Descartes. Gevoel, verstand en het menselijk brein*. Amsterdam: Wereldbibliotheek.
- De Bruin-Beneder, R., Nijhoff-Huysse, M., Oosterhuis, E. & Donker-Raijmakers, T. (1992). *Kinderpsychotherapie*. Muiderberg: Coutinho.
- Deckoven Fischbane, M. (2001). Relational narratives of the self. *Family Process*, 40, 273-291.
- Decraemer, K. (1997). De dader en de mens achter de daad: hoe valt dit te rijmen. *Systeemtheoretisch Bulletin*, 15(4-5), 222-240.
- Decraemer, K. (2001). Gestolde verbindingen. *Systeemtheoretisch Bulletin*, 19(2), 104-133.
- Deveugele, M., Monthaye, M., Reysen, A., Smis, W. & Verscheuren, R. (1998). Themanummer. Psychotherapie en Bijzondere Jeugd. *Tijdschrift voor orthopedagogiek, kinderpsychiatrie en klinische kinderpsychologie*, 23(2).
- Dijk, L. van (1997). Macht en machtsstrijd in partnerrelaties en therapeutische systemen. *Tijdschrift voor Systeemtherapie*, 9(3), 165-178.
- Dijk, L. van & Blom, T. (2003). Een systeemtheoretisch kader voor relatietherapie. *Tijdschrift voor Systeemtherapie*, 15(1), 4-26.
- Dolto, F. (1998). *Kinderen aan het woord*. Nijmegen: Sun.
- Eliacheff, C. (1995). *Het kind dat een kat wilde zijn: psychotherapie en de allerkleinsten*. Amsterdam: De Bezige Bij.
- Epston, D. & White, M. (1992). *Experience, contradiction, narrative & imagination: Selected papers of David Epston & Michael White (1989-1991)*. Adelaide: Dulwich Center Publications.
- Erikson, E.H. (1979). *Spel en visie*. Utrecht/Antwerpen: Het Spectrum.
- Faes, M. (2001). Speelse krachten in therapie. *Systeemtheoretisch Bulletin*, 19(4), 364-379.
- Faes, M. (2002). Verbeeldingskracht. *Systeemtheoretisch Bulletin*, 20(1), 20-32.
- Fisher, A. & Jansz, J. (1995). Emotions and western personhood. *Journal for the Theory of Social Behaviour*, 25, 59-81.
- Fisher, A. & Manstead, A. (1998). Emotionele Intelligentie. *Psychologie en maatschappij*, 22(4), 373-383.

- Flaskas, C. (1997). Reclaiming the idea of truth: Some thoughts on theory in response to practice. *Journal of Family Therapy*, 19(1), 1-20.
- Fonagy, P., Steele, M., Steele, H., Leigh, T., Kennedy, R. & Target, M. (1995). Attachment, the reflective self and borderline states. In: S. Goldberg, R. Muir & J. Kerr (Eds.). *Attachment theory: Social, developmental and clinical perspectives* (pp. 233-278). Hillsdale NJ: The Analytic Press.
- Forward, S., & Buck, C. (1990). *Eindelijk je eigen leven leiden; loskomen van een beschadigde jeugd*. Utrecht/Antwerpen: Kosmos.
- Freeman, J., Epston, D. & Lobovib, D. (1997). *Playful approaches to serious problems*. New York/London: W.W. Norton & Company.
- Freud, A. (1980). *Het normale en het gestoorde kind*. Rotterdam: Ad Donker.
- Garmezy, N. (1991). Resilience and vulnerability to adverse developmental outcomes associated with poverty. *American Behavioral Scientist*, 34, 416-430.
- Garvey, C. (1981). *Spel* (uit serie Kind in Ontwikkeling). Amsterdam: Wetenschappelijke Uitgeverij B.V.
- Geldard, K. & Geldard, D. (1997). *Counseling children. A practical introduction*. London: Sage Publications.
- Gergen, K.J. (1991). *The saturated self: Dilemmas of identity in contemporary life*. New York: Basic Books.
- Gergen, K.J. (1999). *An invitation to social construction*. London: Sage Publications.
- Gergen, K.J. & Davis, K.E. (Eds.). (1985). *The social construction of the person*. New York: Springer Verlag.
- Glas, G. (2004). Emotie, neurobiologie en de toekomst van de psychotherapie. *Tijdschrift voor Psychotherapie*, 30(1), 6-21.
- Goleman, D. (1995). *Emotional Intelligence*. New York: Bantam Books.
- Griffith, J.L. & Griffith, M.E. (1994). *The body speaks: Therapeutic dialogues for mind-body problems*. New York: Basic Books.
- Grossman, D. (1995). *Het zigzagkind*. Antwerpen: Ambo.
- Güldner, M.G. & Veerman, J.W. (2003). Ontkenning als verklaring van zelfidealisatie bij kinderen in een psychiatrisch centrum. *Kind en Adolescent*, 24, 17-30.
- Handelman, D. (2001). Framing, braiding, and killing play. *Focaal*, 37, 145-156.
- Harré, R. (1998). *The singular self: An introduction to the psychology of personhood*. London: Sage Publications.
- Hart, O. van der (Ed.). (1991). *Trauma, dissociatie en hypnose*. Amsterdam: Swets & Zeitlinger.
- Heusden, A. van & Van den Eerenbeemt, E. (1983). *Balans in beweging: Ivan Boszormenyi-Nagy en zijn visie op individuele en gezinstherapie*. Haarlem: De Toorts.
- Hellendoorn, J. (1985). *Therapie, kind en spel. Bijdragen tot de beeldcommunicatie*. Deventer: Van Loghum Slaterus.
- Hellendoorn, J. (2000). Naar een integratieve psychotherapie. *Kind en Adolescent*, 21(1), 9-12.
- Hellinger, B. (2001). *De verborgen dynamiek van familieverbanden*. Bloemendaal: Altamira-Becht.
- Herman, J.L. (1993). *Trauma en herstel. De gevolgen van geweld, van mishandeling thuis tot politiek geweld*. Amsterdam: Uitgeverij Wereldbibliotheek.
- Hermans, T. (1980). Het gevecht om een pijnlijke waarheid in de context van een huisartspraktijk. *Systeemtheoretisch Bulletin*, 7(1), 3-18.

- Hoffman, L. (1990). Constructing realities: An art of senses. *Family Process*, 29(1), 1-12.
- Imber-Black, I. (1988). *The family and larger systems*. New York: Guilford Press.
- Keeney, B.P. (1983). *Aesthetics of change*. New York: Guilford Press.
- Kellerman, P.F. (1992). *Focus on psychodrama: The therapeutic aspects of psychodrama*. London: Jessica Kingsley Publications.
- Kik, H. & Baars, J. (2000). Systeemtherapeutisch behandelen van fysiek geweld in partnerrelaties. *Tijdschrift voor systeemtherapie*, 2(3), 162-179.
- Laing, R.D. Phillipson, H. & Lee, A.R. (1966). *Interpersonal perception: A theory and a method of research*. London: Tavistock Publications Limited.
- Lang, P. & McAdam, E. (1997). Narrative eating: Future dreams in present living human systems. *Journal of Systemic Consultation and Management*. Londen: Leeds family therapy research centre and Kensington consultation centre.
- Larner, B.A. (1996). Narrative child family therapy. *Family Process*, 35(4), 423-440.
- Laurens, C. (2001). *In zijn armen*. Breda: De Geus.
- Leveton, E. (2001). *A clinician's guide to psychodrama*. New York: Springer Publication.
- Lindgren, A. (1995). *De kinderen van Bolderburen*. Amsterdam: Uitgeverij Ploegsma.
- Mattheeuws, A. (1983). Het verband tussen samenlevingsregels en identiteit: grenzen als correlatie. *Systeemtheoretisch Bulletin*, 1(2), 4-35.
- Mattheeuws, A. (1983). Omtrent sociale perspectieven. *Systeemtheoretisch Bulletin*, 1(3), 13-25.
- Mattheeuws, A. (1985). Diagnose vanuit een systeemtheoretisch referentiekader. *Systeemtheoretisch Bulletin*, 3(2), 65-79.
- Mattheeuws, A. (1986). Systeemtheoretische vraagtekens bij partnerrelatietherapie. *Systeemtheoretisch Bulletin*, 4(3), 140-162.
- Mattheeuws, A. (1987). Nadenken over weerstandsgedrag. *Systeemtheoretisch Bulletin*, 5(4), 229-239.
- Mattheeuws, A. (1990). Het spel der vanzelfsprekendheden. *Systeemtheoretisch Bulletin*, 8(4), 255-287.
- Maturana, H. & Varela, F. (1988). *The tree of knowledge*. Denver: The Shambala Press.
- McAdam, E. (1995). Tuning into voices of influence: The social construction of therapy with children. *Human Systems: The journal of systemic consultation and management*, 6, 171-188.
- McAdam, E. (2002). Reflecties: waar bevinden we ons nu? *Systeemtheoretisch Bulletin*, 20(3), 177-191.
- McLeod, J. (1998). *Narrative and psychotherapy*. London: Sage Publications.
- McNamee, S. & Gergen, K. (1992). *Therapy as social construction*. London: Sage Publications.
- Michielssen, A. (1996). Dood-zwijgen... Omtrent verlies en rouw bij kinderen. *Systeemtheoretisch Bulletin*, 14(3), 137-149.
- Migerode, L. & Rober, P. (red.). (1997). *Conversaties en verhalen. Op zoek naar een nieuwe taal voor de gezinstherapie*. Leuven/Apeldoorn: Garant.
- Minuchin, P. (1995). Children and family therapy: Mainstream approaches and the special case of multicrisis poor. In R.H. Mikesell, D.-D. Lusterman & S.H. McDaniel (Eds.). *Integrating family therapy: Handbook of family psychology and systems therapy* (pp. 113-124). Washington: American Psychological Association.
- Minuchin, S. & Fischman, H.C. (1981). *Gezinsstructuur en therapeutische technieken*. Deventer: Van Loghum Slaterus B.V.

- Moscovici, S. (2001). *Social representations: Explorations in social psychology.* New York: New York University Press.
- Nelson, W.E. (2003). *Textbook of Pediatrics.* Philadelphia, USA: Saunders Company.
- Nichols, M.P. & Schwartz, R.C. (2001). *Family therapy: Concepts and methods* (5e ed.). Boston: Allan & Bacon.
- Olthof, J. & Rober, P. (2001). Het nomadisch team; op zoek naar een vruchtbaar therapeutisch kader. *Tijdschrift voor Systeemtherapie,* 13(3), 156-157.
- Olthof, J. & Vermetten, E. (1994). *De mens als verhaal. Narratieve strategieën in psychotherapie voor kinderen en volwassenen.* Utrecht: De Tijdstroom.
- Pakman, M. (2004). On imagination: Reconciling knowledge and life, or what does 'Gregory Bateson' stand for? *Family Process,* 43(4), 413-423.
- Papp, P. & Imber-Black, E. (1996). Family themes: Transmission and transformation. *Family Process,* 35(1), 5-20.
- Real, T. (1990). The therapeutic use of self in constructionist/systemic therapy. *Family Process,* 29(3) 255-272.
- Reijmers, E. (1999). Systeemtheorie en psychopathologie. *Tijdschrift voor Systeemtherapie,* 11(4), 214-232.
- Reijmers, E. (2003). Wanneer de aanwezigen afwezig zijn: over individuele systeemtheoretische psychotherapie. *Systeemtheoretisch Bulletin,* 21(3), 261-274.
- Reijmers, E. & Cottyn, L. (2001). Speelse werkelijkheden. Over spel en speltherapie. *Systeemtheoretisch Bulletin,* 19(4), 278-304.
- Reynolds, P. (1976). Play, language and human evolution. In: J. Bruner, A. Jolly & K. Sylva (Eds.). *Play: Its role in development and evolution.* London: Penguin Books.
- Rijnders, P. & Nicolai, N. (1992). Systeemtheorie en psychotherapie: een paar apart. *Tijdschrift voor Psychotherapie,* 18(2), 70-87.
- Rober, P. (1998). Reflections on ways to create a safe therapeutic culture for children in family therapy. *Family Process,* 37(2), 201-213.
- Rober, P. (1999). The therapist's inner conversation in family therapy practice: some ideas about the self of the therapist, therapeutic impasse and the process of reflection. *Family Process,* 38(2), 209-228.
- Rober, P. (2002). *Samen in therapie. Gezinstherapie als dialoog.* Leuven: Acco.
- Rubin, L. (1997). *Het onverwoestbare kind. Verhalen over overwinningen op het verleden.* Schoten: Uitgeverij Westland.
- Rutter, M. (1987). Psychosocial resilience and protective mechanisms. *American Journal of Orthopsychiatry,* 57, 316-331.
- Satir, V. (1978). *Your many faces.* Berkeley, California: Celestial Arts.
- Schmidt, A.M.G. (1995). *Pluk van de Petteflet.* Amsterdam: Querido.
- Schuurmans, I. (1999). Een zelf als geen ander. *Psychologie en Maatschappij,* 88, 218-227.
- Sluys, L. van der (2002). Supervisie vanuit een narratief perspectief: verslag van een congres. *Tijdschrift voor Systeemtherapie,* 14, 180-182.
- Spaink, K. (1992). *Het strafbare lichaam: de orenmaffia, kwakdenkers en het placebo-effect.* Amsterdam: De Balie.
- Spariosu, M.I. (1989). *Dionysus reborn: Play and aesthetic dimension in modern philosophical and scientific discourse.* Ithaca: Cornell University Press.
- Steens, R. (1987). Weerstandige stellingnames. *Systeemtheoretisch Bulletin,* 5(4), 240-251.

- Steens, R. (1988). Het weerstandsbegrip vanuit een systeem- en communicatiemodel. *Tijdschrift voor Psychotherapie*, 14(4), 216-224.
- Steens, R. (1989). Waarheid en binding in partnerrelatiegesprekken. *Systeemtheoretisch Bulletin*, 7(2), 94-107.
- Steens, R. (1993). De niet-coöperatieve partner. *Systeemtheoretisch Bulletin*, 11(3), 159-174.
- Steens, R. (1993). *Menselijke communicatie. Een zoektocht naar haar complexiteit.* Werkboek. Antwerpen: Interactie-Academie.
- Stern, D. (1990). *Dagboek van een baby. Wat je kind ziet, voelt en beleeft.* Antwerpen/Utrecht: Kosmos.
- Stewart, K., LaNae, V. & Amundson, J. (1992). Het gevecht rond de probleemdefinitie: het probleem met 'het probleem'. *Gezinstherapie*, 3(1), 93-110.
- Straus, M.B. (1999). *No-talk therapy for children and adolescents.* New York/London: W.W. Norton & Company.
- Sutton-Smith, B. (1997). *The ambiguity of play.* Cambridge: Harvard University Press.
- Tilmans-Ostyn, E. (1999a). La démarche vers le thérapeute: de la plainte à la demande. In: E. Tilmans-Ostyn & M. Meynckens-Fourez (Eds.). *Les ressources de la fratrie* (pp. 71-84). Toulouse: Erès.
- Tilmans-Ostyn, E. (1999b). Quand la démarche parentale vers la thérapie est centrée sur un enfant. In E. Tilmans-Ostyn & M. Meynckens-Fourez (Eds.). *Les ressources de la fratrie* (pp. 85-110). Toulouse: Erès.
- Verhofstadt-Deneve, L. (1994). *Zelfreflectie en persoonsontwikkeling. Een handboek voor ontwikkelingsgerichte psychotherapie.* Leuven/Amersfoort: Acco.
- Vermeulen, M. (1994). *Methodiek voor integrale gezinsbegeleiding. Visies vanuit de dagcentra Bijzondere Jeugdbijstand.* Leuven/Amersfoort: Acco.
- Viorst, J. (1998). *Greep op het leven. Ons levenslange gevecht tegen macht en overgave.* Antwerpen: Uitgeverij Hadewijck.
- Wachtel, E.F. (2001). The language of becoming: Helping children change how they think about themselves. *Family Process*, 40(4), 369-384.
- Watzlawick, P., Beavin, J.H. & Jackson, D.D. (1970). *De pragmatische aspecten van de menselijke communicatie.* Deventer: Van Loghum Slaterus.
- Watzlawick, P., Weakland, J.H. & Fisch, R. (1974). *Het kan anders: over het onderkennen en oplossen van menselijke problemen.* Deventer: Van Loghum Slaterus. (Origineel gepubliceerd 1973).
- Weingarten, K. (1991). The discourses of intimacy: Adding a social constructionist and feminist view. *Family Process*, 30(3), 285-305.
- Weingarten, K. (1998). The small and the ordinary: The daily practice of a postmodern narrative therapy. *Family Process*, 37(1), 3-15.
- Werner, E. (1993). Risk, resilience and recovery: Perspectives from the Kauai longitudinal study. *Development and Psychopathology*, 5, 503-515.
- Whitaker, C. (1977). Process techniques in family therapy. *Interaction*, 1, 4-19.
- White, M. (1989). *The externalizing of the problem and the reauthoring of lives and relationships. M. White, Selected papers.* Adelaide: Dulwich Center Publications.
- White, M. (1995). *Re-authoring lives: Interviews & essays.* Adelaide: Dulwich Centre Publications.
- White, M. & Epston, D. (1990). *Narrative means to therapeutic ends.* New York: WW Norton.
- Wilson, J. (1998). *Child focused practice: A collaborative systemic approach.* London: Karnac Books.

Nel Alblas (1948) is relatie- en gezinstherapeut. Zij is werkzaam als behandelverantwoordelijke en therapeut van de klinische jeugdafdeling bij Emergis, sector kinder- & jeugdpsychiatrie 'Ithaka' te Kloetinge. Zij schreef eerder een artikel over de dynamiek van settingkeuzen.

Dany Baert (1950) is psycholoog-psychotherapeut. Hij is algemeen directeur van de Interactie-Academie, opleider en coach-supervisor. Dany Baert heeft vele publicaties op zijn naam staan, onder meer over ouderbegeleiding, pleegzorg, identiteit, arbeidsgerelateerde psychische problematiek, groepswerk en organisatiedimensies. Hij was tot 2005 hoofdredacteur van het Systeemtheoretisch Bulletin.

Lieve Coppens (1950) heeft als psycholoog-psychotherapeut twintig jaar gewerkt in het Vertrouwenscentrum Kindermishandeling Antwerpen. Momenteel werkt ze als ziekenhuispsycholoog in het Algemeen Ziekenhuis Sint-Jozef te Malle. Daarnaast is zij als psychotherapeut verbonden aan het Centrum voor Traumaverwerking en Psychotherapie te Antwerpen. Zij schreef artikelen over incest en dissociatie.

Lieve Cottyn (1956) is als psycholoog-psychotherapeut werkzaam in het Centrum voor Geestelijke Gezondheidszorg Andante, jeugdteam Berchem, en als opleider verbonden aan de Interactie-Academie te Antwerpen. Lieve Cottyn is supervisor van de Nederlandse Vereniging voor Relatie- en Gezinstherapie. Zij publiceerde over de onderwerpen ouderschap, echtscheidingsproblematiek, nieuw samengestelde gezinnen en spel.

Mieke Faes (1961) is psycholoog-psychotherapeut in en coördinator van het Centrum voor Geestelijke Gezondheidszorg Andante, team Antwerpen. Zij geeft cursussen over het werken met kinderen en gezinnen. Zij schreef artikelen over problemen bij ongewenste zwangerschap en de belevingswereld van kinderen.

Paulien Kuipers (1955) is kinder- en jeugdpsycholoog en heeft samen met Jan Olthof een eigen praktijk voor kinder- en jeugdhulpverlening en psychotherapie. Zij verzorgt een rubriek over opvoedingsvraagstukken in het provinciale dagblad. Ook geeft zij cursussen over opvoeding en superviseert ze teams binnen het terrein van de kinder- en jeugdhulpverlening. Voorheen werkte ze als gedragsdeskundige bij de Kinderbescherming.

Mark Neyens (1959) is als orthopedagoog-psychotherapeut verbonden aan het Centrum voor Geestelijke Gezondheidszorg PassAnt te Leuven, afdeling kinderen en jongeren, en geeft vorming en nascholing rond emotionele en psycho-sociale thema's met betrekking tot deze doelgroep.

Jan Olthof (1952) is psychotherapeut en heeft samen met Paulien Kuipers een eigen praktijk voor psychotherapie en kinder- en jeugdhulpverlening. Hij is als consulent behandeling verbonden aan het RMPI te Barendrecht, centrum voor kinder- en jeugdpsychiatrie. Samen met Eric Vermetten schreef hij het boek *De mens als verhaal* (De Tijdstroom 1994). Hij is supervisor van de Nederlandse Vereniging voor Relatie- en Gezinstherapie en opleider en supervisor van de Nederlanse Vereniging voor Hypnose.

Ellen Reijmers (1957) is psycholoog-psychotherapeut. Zij is directeur Onderzoek en Ontwikkeling van de Interactie-Academie te Antwerpen en hoofd van de psychotherapieopleiding. Zij is opleider, supervisor en leertherapeut van de Nederlandse Vereniging voor Relatie- en Gezinstherapie. Ellen Reijmers is hoofdredacteur van het Systeemtheoretisch Bulletin. Zij publiceerde over psychopathologie, heroineprostitutie, spel en individuele systeemtheoretische psychotherapie.

Peter Rober (1961) is als psycholoog-psychotherapeut verbonden aan het kinder- en jeugdteam Mensana van het Centrum voor Geestelijke GezondheidsZorg VAGGA te Antwerpen. Hij is tevens werkzaam aan de Universiteit Gent. Hij is als supervisor en opleider verbonden aan het trainingsinstituut Kern (Sint Niklaas). Hij is medeoprichter van Feelings&Context (Antwerpen). Peter Rober heeft meerdere publicaties in vaktijdschriften in binnen- en buitenland op zijn naam staan. Hij is auteur van het boek *Samen in therapie. Gezinstherapie als dialoog* (Leuven: Uitgeverij Acco, 2002) en *De Naakte Therapeut* (Leuven: Uitgeverij Acco, 2003). Hij publiceerde samen met Lieven Migerode het boek *Conversaties en verhalen. Op zoek naar een nieuwe taal voor de gezinstherapie.* (Antwerpen/Apeldoorn: Uitgeverij Garant, 1997).

Clara Vaes (1951) werkt als psychotherapeut in het Orthopedagogisch Centrum De Tuimelaar te Houthalen. Zij heeft ruime ervaring in speltherapie en het werken met spelmateriaal. Zij schreef eveneens over dit onderwerp.

Patsy van Beek (1955) is psycholoog-psychotherapeut in het Universitair Centrum Kinder- en Jeugdpsychiatrie Antwerpen (UCKJA) van het ZiekenhuisNetwerk Antwerpen (ZNA). Zij publiceerde over groepen in kinderpsychiatrische setting.

Mieke van Daele (1967) is orthopedagoog-psychotherapeut. Zij werkte binnen de ambulante kinderpsychiatrie en de Bijzondere Jeugdzorg met kinderen en gezinnen. Zij is als opleider verbonden aan de Interactie-Academie te Antwerpen en schreef eerder een artikel over de maatschappelijke druk op ouderschap en hulpverlening bij kindermishandeling.

Eric Vercruyssen (1953) is kinderarts, master of psychology en psychotherapeut. Hij werkt als kinderarts in het Oosterscheldeziekenhuis te Goes en is tevens als psychotherapeut zelfstandig gevestigd te Brasschaat in ACCU, centrum voor behandeling en psychosomatiek bij kinderen en jongeren. Eric Vercruyssen schreef eerder een artikel over de betekenis van eten voor ouders.

GPSR Compliance

The European Union's (EU) General Product Safety Regulation (GPSR) is a set of rules that requires consumer products to be safe and our obligations to ensure this.

If you have any concerns about our products, you can contact us on

ProductSafety@springernature.com

In case Publisher is established outside the EU, the EU authorized representative is:

Springer Nature Customer Service Center GmbH
Europaplatz 3
69115 Heidelberg, Germany

www.ingramcontent.com/pod-product-compliance
Lightning Source LLC
LaVergne TN
LVHW080313260326
834688LV00038B/1091